区域旅游经济

空间结构、产业绩效与协调发展研究

冯晓兵 著

中国旅游出版社

序　言

促进区域协调发展，是贯彻新发展理念的重要内容，是建设现代化经济体系的重要组成部分，是推进共同富裕的内在要求和重要途径。深入实施区域协调发展战略，对推动区域经济持续发展，形成主体功能明显、优势互补的区域协调发展新格局，具有重要意义。旅游业作为关联性很强的行业，是实现区域经济可持续发展的有效切入点。作为满足人们美好生活需要的五大幸福产业之一，旅游业的协调发展不仅能够为全国居民提供高品质的旅游服务，更能为区域经济的发展做出巨大贡献。旅游业的协调发展、充分发展是推动人民实现美好生活需求的路径，是实现区域旅游高质量发展的重要内涵。

川渝地区生态禀赋优良、文化和旅游资源富集，是我国重要的旅游接待目的地和旅游客源输出地。在“成渝地区双城经济圈建设”“巴蜀文化旅游走廊建设”国家重大战略部署和四川省委省政府《关于大力发展文旅经济　加快建设文化强省旅游强省的意见》、重庆市人民政府《重庆市推动旅游业高质量发展的政策举措》等利好政策的支持下，川渝地区的旅游产业规模不断扩大，旅游接待人次和旅游接待收入均保持了较高速度的增长。区域旅游经济协调发展是当前川渝地区旅游业发展的客观要求，旅游效率与规模的区域差异和协调发展研究，对优化旅游生产要素配置和投放结构，实现区域经济协调发展具有重要的理论意义和现实价值。

本书以四川省、成渝地区双城经济圈作为研究区域，从网络密度、网络中心性、网络派系、结构洞、核心—边缘结构、网络权力等指标，分析区域旅游经济空间结构特征及演变规律；根据旅游空间结构特性与旅游产业绩效空间差异程度，分析旅游空间结构演化对旅游产业绩效的空间响应；以高速铁路和高速公路的最短旅行时间为基础，分析旅游交通可达性与旅游经济发展的耦合协调性，探讨高速铁路运行与发展对区域旅游交通可达性、旅游经济联系、旅游空间结构的影响；以两两地区间旅游信息的互相搜索量为基础数据，构建旅游信息流空间网络矩阵，分析旅游信息流空间网络结构特征，探讨旅游信息流空间网络结构演变对旅游经济发展的溢出效应。

作者长期以来从事区域旅游经济方面的研究，前期立足四川省、成渝地区双城经济圈等区域，从空间网络视角分析区域旅游经济协调发展，主持完成了多项省部级、市厅级科研项目。目前对于旅游流的空间研究视角大多以单一维度的“流”为主，各旅游要素流既是旅游流的多维度表征，也是实现区域旅游经济协调发展的重要支撑因素。本研究从旅游客流、旅游交通流、旅游信息流多种视角下探讨旅游空间网络结构特征及对区域旅游经济的影响，较为全面的揭示了旅游要素流的综合效用，是对单一流视角下旅游空间网络结构研究内容的完善。希望本研究能够为川渝地区建设“全国文化和旅游协同发展样板”“世界级休闲旅游胜地”“世界重要旅游目的地”提供一定的参考借鉴。

本书的部分章节内容是四川省哲学社会科学研究规划项目（SC23E032、SC21C018）和四川省文化和旅游厅文化和旅游科研项目（2023YB16）的阶段性研究成果。感谢乐山师范学院科研处为本书出版提供的学术著作基金资助；感谢四川旅游发展研究中心提供的平台支撑，为本研究的开展提供了充裕的时间保障；感谢华侨大学旅游学院李勇泉教授、乐山师范学院旅游与地理科学学院郭剑英教授、邱云志教授、徐秀云书记在工作和生活上提供的关心、指导与帮助；感谢中国旅游出版社的编辑老师在本书编辑、校对、出版过程中付出的辛勤劳动，感谢成长路上遇到的每一位良师益友。

2024 年 5 月于乐山

目 录

第一章 绪 论

第一节 研究背景

一、区域协调发展战略背景

党的二十大报告指出：“深入实施区域协调发展战略、区域重大战略、主体功能区战略、新型城镇化战略，优化重大生产力布局，构建优势互补、高质量发展的区域经济布局和国土空间体系。”促进区域协调发展，是贯彻新发展理念的重要内容，是建设现代化经济体系的重要组成部分，是推进共同富裕的内在要求和重要途径。深入实施区域协调发展战略，对推动区域经济持续发展，形成主体功能明显、优势互补的区域协调发展新格局，具有重要意义[1]。习近平总书记指出：“新形势下促进区域协调发展，总的思路是：按照客观经济规律调整完善区域政策体系，发挥各地区比较优势，促进各类要素合理流动和高效集聚，增强创新发展动力，加快构建高质量发展的动力系统，增强中心和城市群等经济发展优势区域的经济和人口承载能力，形成优势互补、高质量发展的区域经济布局。”党的二十大报告还指出：“着力提高全要素生产率，着力提升产业链供应链韧性和安全水平，着力推进城乡融合和区域协调发展，推动经济实现质的有效提升和量的合理增长。”区域经济的发展更加注重质的内涵，更注重通过全要素生产率的提高来提升经济发展质量。

2020 年 1 月 3 日，习近平总书记主持召开中央财经委员会第六次会议，作出推动成渝地区双城经济圈建设、打造高质量发展重要增长极的重大决策部署。2021 年 10 月 20 日，中共中央、国务院印发了《成渝地区双城经济圈建设规划纲要》，提出“强化重庆和成都中心城市带动作用，引领带动成渝地区统筹协同发展，推动成渝地区形成有实力、有特色的双城经济圈，打造带动全国高质量发展的重要增长极和新的动力源”。为把成渝地区双城经济圈建成具有全国影响力的重要经济中心、科技创新中心、改革开放新高地、高品质生活宜居地，打造区域协作的高水平样板，重庆四川两省市印发贯彻落实《成渝地区双城经济圈建设规划纲要》联合实施方案。四川省委十二届二次全会全面贯彻党的二十大精神，作出以“四化同步、城乡融合、五区共兴”为总抓手，全面推进四川现代化建设的战略部署；四川省委十一届三次全会指出：构建“一干多支、五区协同”区域发展新格局，通过发挥成都“主干”的辐射带动作用、积极培育经济增长极等方式，推动成都平原、川南、川东北、攀西、川西北区域协同发展，推动区域内各市（州）之间协同发展。

二、区域旅游产业发展背景

旅游业作为关联性很强的行业，是实现区域经济可持续发展的有效切入点。作为满足人们美好生活需要的五大幸福产业之一，旅游业的协调发展不仅能够为全国居民提供高品质的旅游服务，更能为区域经济的发展做出巨大贡献。旅游产业的发展要“以转型升级、提质增效为主线”，兼顾旅游发展“质”与“量”的平衡。旅游业的协调发展、充分发展是推动人民实现美好生活需求的路径，是实现区域旅游高质量发展的重要内涵。川渝地区生态禀赋优良、文化和旅游资源富集，是我国西部人口最密集、产业基础最雄厚、创新能力最强、市场空间最广阔、开放程度最高的区域。同时，川渝地区的旅游经济发展基础较好，在我国旅游市场中占据重要的位置，是我国的重要旅游目的地和旅游客源输出地。2022 年 5 月 11 日，《巴蜀文化旅游走廊建设规划》的印发，提出建设全国文化旅游发展创新改革高地、全国文化和旅游协同发展样板、世界级休闲旅游胜地的发展定位，为川渝地区文化旅游业的发展提供了顶层设计与指导方向。

在《巴蜀文化旅游走廊建设规划》国家重大战略部署和四川省委省政府《关于大力发展文旅经济　加快建设文化强省旅游强省的意见》、重庆市人民政府《重庆市推动旅游业高质量发展的政策举措》等利好政策的支持下，四川省和重庆市的旅游产业规模不断扩大，旅游接待人次和旅游接待收入均保持了较高速度的增长。据四川省国民经济和社会发展统计公报和重庆市旅游业统计公报数据显示，2019 年，四川省全年实现旅游总收入 11594.3 亿元，接待国内游客 7.5 亿人次，实现国内旅游收入 11454.5 亿元；接待入境游客 414.8 万人次，实现旅游外汇收入 20.2 亿美元。重庆市 2019 年全市接待境内外游客 6.57 亿人次，实现旅游总收入 5739.07 亿元；接待入境游客 411.34 万人次，实现旅游外汇收入 25.25 亿美元。除重庆外，在成渝地区双城经济圈的 16 个地区中，成都市 2019 年接待旅游总人数达 2.8 亿人次，总收入突破 4663.5 亿元，入境游客 381.4 万人次。与重庆、成都相比，其他地区的旅游产业规模差距较大。区域旅游经济协调发展是川渝地区旅游业发展的客观要求，旅游效率与规模的区域差异和协调发展研究，对优化旅游生产要素配置和投放结构，实现区域经济协调发展具有重要的理论意义和现实价值。

三、旅游业信息化发展背景

旅游业作为现代服务业的重要组成部分，已经成为我国国民经济的战略性支柱产业。以互联网为代表的现代信息技术的持续更新迭代，为我国旅游业的高质量发展提供了强大的动力。文化和旅游部、国家发展改革委等 10 个部门联合印发了《关于深化“互联网 + 旅游”推动旅游业高质量发展的意见》，意见指出从建设智慧旅游景区、完善旅游信息基础设施、创新旅游公共服务模式、加大线上旅游营销力度等方面着力，持续深化“互联网+旅游”，推动旅游业高质量发展，发挥旅游业在促进社会经济发展、满足人民美好生活需要等方面的作用。根据网经社发布的《2019年度中国在线旅游市场数据报告》显示，2019年，我国在线旅游用户规模达4.13亿人，同比增长5.36%，在线旅游市场规模达10059亿元，首次突破万亿元规模。根据Questmobile监测数据显示，截至2020年10月，同程旅行网总用户量达到1.69亿人，携程旅行网总用户量为1.19亿人，去哪儿旅行和飞猪旅行的总用户量分别为0.4亿人和0.26亿人。携程旅行网和去哪儿旅行网月活跃用户规模均超过2000万，稳居在线旅游市场第一梯队。

据中国互联网络信息中心（CNNIC）发布的第50次《中国互联网络发展状况统计报告》显示，截至2022年6月，我国网民规模达10.51亿人，互联网普及率达74.4%，互联网已经成为人们日常生活不可或缺的工具。随着互联网信息技术及移动智能终端的普及，旅游者通过网络搜索旅游资讯信息、制定旅游行程规划、进行旅游行为决策[2]。旅游决策是一个涉及信息搜集、处理、比较、判断的复杂过程[3]，旅游产品的生产消费同时性、无形性、异地性等特点，增加了旅游者购买旅游产品的消费风险[4]。因此，旅游者在决策过程中对于旅游信息的需求依赖较为明显。随着旅游者数量的增加和对旅游体验的深度需求，旅游者对信息服务的需求愈加强烈，尤其旅游是在开放性的、不同空间之间的流动，旅游过程具有很大的不确定性和不可预见性，因此实时实地、随时随地获取信息是提高旅游体验质量的重要方式。随着旅游信息化的快速发展，网络平台成为旅游者出游前获取旅游信息的主流渠道，网络搜索数据也成为旅游研究者分析某一区域或事物的有效工具[5]。

四、旅游交通快速发展背景

铁路、公路、民用航空等交通技术的每一次突破，都使旅游者以更快的速度、更低的花费、更舒适的环境，走得更远。高速铁路是世界“交通革命”的一个重要标志，高速铁路克服了普通铁路和公路汽车运行速度较低的不足，在安全性、舒适度、准确性、便捷性等方面又优于航空。2008 年，京津（北京—天津）城际高速铁路的开通，拉开了我国高速铁路快速发展的序幕。“四纵四横干线网”、重要的区域网，以及大城市之间城际高铁网络的建设完善，推动我国逐渐全面进入高铁时代。成渝地区是我国西部发展水平最高的城镇化区域。2009 年 9 月，我国西部首列“和谐号”动车组列车在成遂渝（成都—遂宁—重庆）铁路开通运营，成都与重庆之间的时空距离被压缩至 2 小时；2015 年 12 月，成渝（成都—重庆）高速铁路正式通车运营；2020 年 4 月，我国首条跨省高速铁路环线（川渝黔）开行，高速铁路在成渝节点城市间的交通连接作用日益凸显。在 2015—2019 年间，四川省铁路运输旅客量和旅客周转量分别从 9078 万人公里、272 亿人公里上升到 17211 万人公里和 403 亿人公里；重庆市铁路运输旅客量和旅客周转量分别从 3993.6 万人公里和 151.03 亿人公里上升到 8406.8 万人公里和 236.35 亿人公里。

成渝地区双城经济圈共辖 16 个地市（含直辖市），其中重庆市主城区建有 4 个高铁站点，成都市主城区有 4 个高铁站点，南充市区有 2 个高铁站点，其他地区主城区均设有 1 个高铁站点（自贡、泸州的高铁开通时间为 2021 年 6 月 28 日，不在研究选取的时间段内）。四川省共辖 21 个市（州），目前除巴中、广安、阿坝州、甘孜州外，其他市（州）主城区均设有高铁站。高速铁路的开通大幅提升了四川省各市（州）和成渝地区双城经济圈内各地区的交通可达性，缩短了区域间的最短旅行时间，降低了旅游经济要素空间流动的成本，加强了区域内成员间的旅游经济空间联系。交通运输条件的改善会提升旅游客流的空间转移效率，进而对区域旅游经济发展产生积极影响。但是，四川省各市（州）及成渝地区双城经济圈内各地区高速铁路开通时间、运行的高铁列车班次等存在差异，交通基础设施建设还存在明显的区域不均衡现象，严重影响高速铁路交通网络对旅游经济带动作用的发挥。因此，对区域旅游交通可达性与旅游经济耦合协调发展的分析就尤为必要。

第二节 文献综述

一、旅游空间结构研究文献综述

旅游空间结构是在一定地域范围内，旅游经济客体相互作用所形成的空间聚集状态，体现了旅游活动的空间属性和相互关系[6]。旅游空间结构不仅是旅游活动的空间状态，更是旅游要素组织在空间上的地理投影[7]。旅游活动的本质是旅游者的异地流动，频繁的旅游活动使得地区之间的联系日益紧密，形成一个复杂的空间网络体系。因此，在空间网络背景下研究区域旅游发展是一个新的方向[8]。在旅游空间结构研究方面，国外对于旅游空间结构的研究侧重于城市旅游内部组织理论与实证研究[9]、旅游流及城市旅游空间结构模式[10]、旅游与边缘经济研究[11]等。国内对于旅游空间结构的研究侧重于结构特征演变与驱动因素分析，集中于旅游客流、城市群、省域、跨区域旅游等多个方向。在旅游客流研究方面，杨曦（2014）对湖南省旅游流空间集聚与扩散程度进行了测算[12]；杨新菊（2014）研究了上海入境外国游客旅游流的分布和扩散网络结构特征[13]；马晓龙（2004）对西安旅游区入境旅游流流动规律和空间结构进行了刻画和测度[14]。在城市群的旅游空间结构研究中，涉及的研究区域主要包括：长三角城市群[15]、中部地区城市群[16]、江淮城市群、环渤海地区[17]、珠江三角洲地区[18]、海西区域[19]、京津冀地区[20]、东北地区[21]等。在省域层面的旅游空间结构研究方面，周慧玲（2015）对湖南省旅游经济空间结构特征进行了研究，并提出湖南旅游经济区域一体化发展的优选组合[22]；孙勇（2016）研究了云南省旅游线路网络与空间结构特征[23]；于洪雁（2015）对黑龙江省旅游经济联系的空间结构和空间发展模式进行了研究[24]。

成渝地区作为中国西部重要的经济增长极，对其旅游空间结构的研究也日益受到学者的关注。冯晓兵（2018）使用社会网络分析方法，对川渝地区的旅游经济空间网络结构进行了研究[25]；王佳（2019）基于引力模型，利用社会网络理论与方法，对成渝城市群的旅游经济空间结构进行了研究[26]；冯晓兵（2020）基于交通条件优化改善城市时间距离成本的视角，对成渝城市群的旅游空间结构进行了研究[27]；谢正蕾（2022）借助社会网络分析法，对成渝地区双城经济圈旅游经济联系的空间结构及驱动因素进行了研究[28]。对于四川省旅游空间结构的研究主要涉及旅游城市、航空旅游、旅游景区、旅游经济等多个角度，刘大钧（2007）从空间聚集性、关联性和可达性等方面，对四川省优秀旅游城市的空间结构进行了定量刻画与分析[29]；周蓓（2008）利用程度中心性、接近中心性和中介中心性 3 个空间向量指标，对四川省航空旅游网络空间结构特征的变化进行了评估[30]；郭凌（2015）[31]、唐雯雯（2016）[32]和梅燕（2021）[33]分别对四川省 A 级旅游景区的空间结构特征及演变进行了分析。在旅游经济空间结构研究方面，杨国昌（2007）采用分形理论，使用空间引力模型对四川省旅游系统空间结构和内部经济联系进行了研究[34]；冯晓兵（2017）从网络密度、点度中心性、中间中心性等方面，分析了四川省旅游经济空间结构网络特征[35]。可以看出，现有关于成渝地区、四川省旅游经济空间结构的研究成果，注重对旅游空间结构特征的数据分析，缺乏对其结构特征演变趋势及驱动因素的分析，空间结构特征与区域旅游发展之间的关系更是鲜有学者关注。

二、区域旅游经济发展文献综述

区域之间旅游经济的动态联系使得旅游空间发生重组，区域旅游协调发展是旅游业发展的客观要求。重庆和成都双核引领区域高质量发展的良好态势，为共建巴蜀文化旅游走廊打下了坚实基础，但成渝地区、四川省旅游发展不平衡的矛盾仍较为突出。因此，对于成渝地区、四川省区域旅游协调发展的研究也越来越受到学者的重视。崔永慧（2010）分析了川渝旅游合作的模式选择与保障机制[36]；鲁宜苓（2021）认为川渝旅游协同发展应从构建成都—重庆区域旅游双核结构和加强川渝非旅游核心城市间旅游合作两个方面入手[37]。唐志浩（2022）利用耦合协调度、灰色关联度等方法和工具，对成渝地区双城经济圈内 16 个城市的旅游产业与区域经济的协调发展水平进行了研究[38]；廉梦柯（2021）对高铁开通前后成渝城市群城市的可达性变化的空间格局变化及高铁与旅游的耦合协调关系进行了研究[39]；孙婉颖（2021）分析了成渝城市群交通优势度与旅游地空间格局的耦合协调度[40]。

关于四川区域旅游发展的相关研究文献主要集中在旅游发展格局、区域旅游经济和区域旅游合作三个方向。在旅游发展格局研究方面，史春云（2007）利用首位分布和规模—位序分布等理论，揭示了四川省旅游区域核心—边缘空间格局的演变过程[41]；耿宇（2008）分析了四川旅游资源的空间分布，提出了四川旅游资源交通系统综合布局的相关建议[42]；王领（2018）基于生态地位理论分析了四川省的区域旅游发展空间格局，对四川省各地市在整体区域中的地位与层次进行了研究[43]。在区域旅游经济研究方面，张舒宁（2017）利用 DEA 分析方法，测度了成渝经济区 2010—2015 年的旅游发展效率，验证了旅游发展效率的影响因素及其作用强度[44]；李想（2021）运用空间计量模型，探究了成渝地区双城经济圈旅游经济的空间溢出效应[45]；周贝婕（2021）对川渝地区区域性旅游经济合作发展竞争力研究，认为川渝两地的旅游经济合作可从规划统筹、旅游形象、产品提升、公共基建等方面着手[46]；杨红（2021）结合成渝区域旅游联动发展特点及现状，提出了成渝地区双城经济圈旅游联动开发的模式[47]；叶沐阳（2019）探讨了交通基础设施对川渝地区旅游经济发展的影响[48]。在四川省旅游经济研究方面，方澜（2010）和徐乙尹（2010）在分析四川省旅游产业竞争力存在问题的基础上，并从旅游营销、基础设施建设、旅游市场拓展、政府正常支持等方面，提出了提升旅游产业竞争力的对策建议[49-50]；景光裕（2012）和聂桢祯（2013）分别探讨了旅游业发展对四川省区域经济的影响[51-52]；董子容（2020）对四川省五大经济区旅游产业和区域经济的耦合协调发展水平进行了评价，并提出旅游产业与区域经济互动协调发展的管理建议[53]；杨凤（2018）运用变异系数等指标对四川省旅游经济的空间差异进行了测算，并分析了影响四川旅游经济空间差异的因素[54]。在区域旅游合作方面，与邻近的重庆、云南开展跨区域合作是学者关注的重点，陈志峰（2008）和武光（2008）探讨了重庆与四川的区域旅游合作战略[55-56]；丁向华（2009）分析了四川与云南的跨区域旅游合作战略[57]；任鹏飞（2020）分析了川渝旅游合作的基础及发展面临的问题，提出了川渝旅游合作的建议[58]。

三、旅游信息流空间结构文献综述

旅游流是在一个或大或小的区域上，由于旅游需求的近似性而引起的旅游者集体空间位移现象[59]。旅游流是旅游的核心要素，旅游流空间特征是游客在其旅游活动中的空间状态，能够反映出一定区域内旅游要素的空间组织形态[60]。网络信息搜索体现了人们对某种事物或现象的现实关注与潜在需求情况[61]。旅游者在搜集旅游信息的基础上前往旅游目的地消费旅游产品，形成旅游者在真实地理空间上的人员位移现象，即旅游者在虚拟空间的信息搜索和在现实空间的流动现象之间存在一定的因果关系。旅游信息以各种形式为载体在信源与信宿之间流动形成旅游信息流，区域之间产生的跨空间旅游信息流，伴随互联网信息技术的发展逐渐形成旅游信息流网络，区域通过旅游信息流网络交换旅游信息，形成区域旅游信息流空间格局[62]。城市旅游信息流空间是旅游者借助互联网搜寻城市旅游目的地信息行为的空间响应，有规模的旅游信息搜索行为使得城市旅游信息流空间呈现网络化发展格局，形成城市旅游信息流空间网络[63]。

旅游信息搜索与客流量在时序维度和区域空间维度上均具有较高的耦合性，二者具有明显呼应的关系[64]。网络旅游信息流不仅对本地旅游流有正向影响，还会通过空间效应促进邻近地区旅游流增长[65]。由于旅游信息流对现实旅游行为的强指示作用[66]，基于百度指数、微博数据等大数据信息流视角下的城市旅游空间网络正成为新的研究方向[67]。张广海（2023）以国内286个地级及以上城市间旅游信息流数据为基础，分析发现中国城市旅游信息流量空间异质性显著，旅游信息流空间网络表现出以高级别行政中心为集聚点的“核心—外围”放射状结构[68]。周慧玲（2019）利用百度指数平台，对中国337个地级市旅游信息流空间网络结构特征分析发现，中国城市旅游信息流空间网络连接上具有空间跳跃性、多中心极核、层级明显、结构相对稳定的特征[6]。吴睿怡（2020）对长三角区域26个城市旅游信息流网络结构特征及影响因素分析发现，旅游信息流网络整体密度状态不理想、核心—边缘层级结构明显、子群有跨地区特征，4A/5A级旅游景区数量、星级酒店数量、国内旅游人次、网页检索结果数量和第三产业所占比重会影响旅游信息流网络结构的形成[69]。刘利利（2022）在对甘肃省旅游信息流的研究中发现，经济发展水平是旅游信息流入的核心因素，旅游资源禀赋是旅游信息流出的核心因素，空间距离是阻碍客源地与旅游目的地之间旅游信息流动的核心因素[70]。

基于网络搜索数据的旅游信息流研究主要集中在以下三个方向：一是对网络关注度和旅游客流间关系及预测的研究，龙茂兴（2011）以百度指数为基础，发现四川旅游网络关注度与客流量在时序维度和区域空间维度上均具有较高的耦合性，旅游网络关注度变化相比现实客流量具有半个月左右的超前性[71]；马莉（2018）发现城市游客量与网络关注度存在稳定的格兰杰因果关系，在时间上表现为网络关注度是游客量的前兆[72]；刘玉芳（2020）研究发现，贵州各月、各年、各行政区的旅游网络关注度与实际游客客流量之间存在较高的正相关关系[73]。二是对旅游目的地网络关注时空特征及影响因素的研究，南京旅游网络关注度在全国区域间差异显著，网络关注度位序与旅游客源地客流位序存在一定相关性[74]；厦门的旅游网络关注度时间集中分布在夏季、空间集中分布在东南沿海地区，旅游网络关注度受地区经济发展水平、网络发达程度、社会人口统计特征、两地间经济联系、两地间距离等因素影响[75]；淮海经济区旅游网络关注度在时间上存在齿状波动，季节、闲暇时间、旅游资源数量、空间距离及知名度等因素综合影响旅游目的地的网络关注度[76]。三是对旅游网络舆情[77-78]、旅游安全[79-80]等旅游现象和工业旅游[81]、自驾游[82]、温泉旅游[83]、邮轮旅游[84]、研学旅游[85]、红色旅游[86]等旅游业态的网络关注时空特征的研究。

四、高速交通与旅游发展文献综述

旅游活动在空间上表现为旅游者从客源地到目的地的转移和流动，旅游交通是实现旅游者从客源地到目的地空间转移行为的设施依托。高速铁路的运行大幅提升了沿线地区的交通可达性，由于其准时性的特点，节省旅行时间的价值和可靠性也更高。Okada 认为日本新干线的开通大大缩短了城市之间的旅行距离[87]，日本东京到大阪的行程时间从 7h 缩短到 2.5h[88]。Gutierrez（2001）研究发现欧洲高铁系统建设不仅具有显著的时空压缩或空间收敛效应，还改善了其他邻近城市的可达性水平[89]。高速铁路大幅降低了伦敦到英国各大城市的旅行时间，城市可达性的提高促进了英国旅游业的发展[90]。法国第一条高铁（TGV）线开通后，巴黎到里昂行程时间从 4.5h 缩短到 2h[91]。Javier 研究发现高铁缩短了马德里至巴塞罗那的时间距离，使西班牙国内旅游业向可达性高的中心城市聚集[92]。Randolph 认为高速铁路使美国加利福尼亚州南部和北部的联系更加紧密，旅游者可以一次游览整个加州[93]。高铁网络化使得中国城市可达性整体得到优化，中国城市旅游场强空间格局呈现出“多中心”环状发散和“枝状”扩散的双重特征，且高铁提升了区域中心城市旅游场强值[94]。

高速铁路的出现对旅游方式产生了变化，对沿线城市的旅游发展起到了积极的推动作用，进一步促进了旅游经济要素的空间流动和旅游经济联系的空间优化[95-96]。高铁交通系统改善了欧洲各城市活动中心的旅行时间，扩大了欧洲主要经济活动区范围，进而影响到欧洲的旅游空间布局[97-98]。高速铁路大幅提升了中国城市群的旅游交通可达性水平，促使区域旅游交通格局发生变化，从而对区域旅游经济联系带来了积极的影响[99]。高铁开通以后，沿线地区的旅游业发展水平都得到了不同程度的提高。高铁的开通使得旅游要素向大城市和发达地区聚集[100]，推动沿线城市的集聚和扩散作用，旅游空间结构由点状模式向链状模式转变[101]。随着影响能力和影响范围的不断扩大，将形成圈层式的旅游地空间结构[102]。高速铁路带来的时空压缩效应，使沿线城市的旅游引力随区位优势的发挥进一步提升[103]；旅游经济出现沿高铁线路的空间集聚现象，形成高铁旅游经济带[104]，沿线城市“一日游”和“两日游”受益明显。同时，高速铁路的发展极大地扩展了旅游等时圈，催生沿线城市的同城效应，促进旅游经济圈的形成[105]。

交通通达性和区域旅游经济存在互动发展关系，相互影响构成耦合交互体[106]。高速铁路网络的建设完善使得旅游交通可达性空间格局趋于均衡，产生了区位叠加、时空收敛效应[107]，交通可达性已成为影响区域经济联系强度和空间指向的重要因素[108]。路网建设带来显著的“时空压缩”效应，交通—旅游耦合协调度整体改善明显，旅游地域结构耦合于城市可达性时空轨迹[109]。交通运输网络的演化与区域旅游空间结构的优化存在互为反馈的机制，交通网络的优化驱动旅游产业发展，进而优化区域旅游空间结构，减小交通与旅游经济耦合协调度的地区差异[110]。快速交通优势度与旅游流强度耦合存在显著空间差异性，旅游发展水平低、远离交通枢纽和主要交通干线的边缘地区，旅游流与快速交通耦合效应处于一般水平[111]。郭向阳在对云南省的案例研究中也得出了类似的观点，云南省旅游经济与交通耦合协调性总体处于中等水平，低耦合协调型的区位指向偏向于远离旅游集散中心城市北部和偏远的西部山区[112]。

由于高速交通的时空压缩和空间组织协同效应，旅游发展对高速交通具有明显的空间依附性，交通可达性与旅游经济在空间上存在的耦合性受到关注。王永明（2011）在对西安市旅游经济与交通发展的研究中发现，西安市旅游经济系统和交通系统耦合互动效应明显，耦合协调度逐年提升；受限于交通系统发展的“短板效应”，旅游经济系统与交通系统的协调等级较低[113]。中国西南地区交通系统与旅游经济系统的耦合互动效应显著，但耦合协调等级还处于较低水平[114]。罗金阁（2020）在对粤港澳大湾区交通可达性与旅游经济联系的研究中发现，粤港澳大湾区旅游经济联系总量呈现出中间强四周弱的形态，交通可达性与旅游经济联系整体耦合协调发展水平一般，高铁对旅游经济发展的推动作用还未完全体现[115]。王新越（2021）在对青岛与黄河流域主要旅游城市间的交通可达性和旅游经济联系的测度中发现，交通可达性和旅游经济联系存在长期均衡关系并互为格兰杰因果关系，交通可达性和旅游经济联系的发展互为促进[116]。

五、文献述评

现有关于旅游空间结构的研究注重对其结构及演变特征的数据分析，尚未对空间联系及其影响进行深入定性分析，尤其是空间结构演变与区域旅游发展的关系鲜有学者关注。旅游活动作为一种社会经济现象，其发生、发展需要作用于物质空间维度之中。频繁的旅游活动使得区域之间的联系日益紧密，区域旅游系统已经成为一个高度互联的合作与竞争网络。因此，从空间网络结构视角研究区域旅游协调发展是一个新的方向。现有旅游空间结构的研究文献，内容上侧重于对旅游经济空间联系的数据分析，缺乏对空间经济联系的图形表达。研究方法方面，在传统地理学等学科基础上，社会网络分析方法由于能够将空间单元之间的联系转化为量化的关系数据，正被越来越多的学者应用于空间结构及区域经济联系方面的研究。在对旅游空间结构评价模型及指标选取上，通过建立旅游引力模型，将旅游收入、旅游人次、旅游距离等旅游经济指标套入模型，分析区域旅游空间结构特征是学界最常用的研究范式。

目前对于城市旅游信息流空间网络结构研究的文献数量较少，研究内容也有待拓展。现有文献主要侧重于对旅游信息流空间结构特征的评价及空间结构形成的影响因素分析，缺乏对于旅游信息流与旅游经济地位的关系研究，即对旅游信息流空间网络的溢出效应研究较为欠缺。此外，城市旅游信息流空间的研究区域还较为单一，以宏观的我国整体区域的研究为主，对于中西部区域的研究还有待开展。相较而言，高速交通与旅游经济发展关系的研究成果较为丰富，学者们从交通可达性、旅游经济联系、旅游空间结构等多方面，分析高速铁路对旅游经济发展的影响。由于高速交通与旅游经济发展存在显著的系统耦合性和空间重叠性，揭示高速交通优势度与旅游经济发展互动关系的研究日渐增加。纵观现有文献，高速铁路发展显著提升沿线地区的交通可达性已形成共识，但高速铁路对旅游经济发展促进作用的发挥存在区域不均衡性，旅游交通与旅游经济发展的协同效应不全面。

第三节　研究内容及目标

一、深化对区域旅游空间结构的规律性认识

在网络科学理论背景下，网络图示可用于揭示区域旅游空间结构特征，深化对其旅游空间整体结构的规律性认识。研究响应国家的“区域协调发展”“成渝地区双城经济圈建设”“巴蜀文化旅游走廊建设”重大战略和四川省委“四化同步、城乡融合、五区共兴”“一干多支、五区协同”等战略部署，通过旅游引力模型构建旅游空间网络矩阵，从网络密度、网络中心性、网络派系、核心—边缘结构、结构洞水平等，分析旅游经济空间关联结构特征及演变规律。其中，网络密度用来衡量区域间旅游经济空间联系的紧密度，网络中心性评价旅游经济空间网络节点的权力地位进行分析，网络派系分析旅游空间网络内部的子结构，核心—边缘结构用来反映空间单元在整个旅游网络中的位置和重要程度，结构洞水平用来表示节点在旅游网络中的联络地位。

二、分析旅游空间结构对旅游绩效的空间响应

根据旅游空间结构特性与旅游产业绩效空间差异程度，分析旅游空间结构演化对旅游产业绩效的空间响应并厘清区域旅游产业绩效差异的内在机制，有利于优化旅游产业空间布局结构，促进区域旅游协调发展。研究利用旅游业绩指数和 DEA-BBC 模型测算区域旅游产业绩效，使用耦合协调评价模型对各市（州）的旅游产业发展业绩和效率的协调度进行评价；并根据协调程

度将其分为高绩高效、低绩高效、低绩低效、高绩低效四种类型，分析影响旅游产业绩效的因素；通过相关分析和耦合协调度评价模型，分析旅游经济空间网络权力与旅游发展业绩、旅游发展效率之间的关系，研究旅游空间结构演变对旅游绩效的空间响应。现有文献注重对旅游空间结构及演变特征的分析，鲜有文献研究旅游空间结构演变与旅游产业绩效之间的关系。

三、探求高速铁路发展对旅游经济的影响

旅游经济和旅游交通均是由多种要素通过彼此间相互作用而形成的复杂系统，两系统间相互影响、相互制约，存在显著的耦合互动特征。旅游交通系统的发展有助于提高旅游目的地的交通可达性，减少游客旅游交通成本，对游客的旅游决策行为、目的地旅游产品开发及旅游空间结构优化产生重要影响。旅游经济系统与旅游交通系统的高质量耦合可以促进二者可持续发展，增强互动发展效应。因此，揭示区域旅游交通可达性与旅游经济的空间耦合关系具有重要的研究意义。研究基于加权平均旅行时间和旅游经济潜力分析有无高铁交通可达性的变化情况，探讨高速铁路发展对区域旅游交通可达性的提升改善情况；使用修正引力模型测算区域间的旅游经济联系强度，评价区域旅游交通可达性与旅游经济联系度的耦合协调性，探求高速铁路网络对区域旅游经济联系的影响，以期充分发挥高速铁路交通网络的带动作用，促进区域旅游经济均衡协调发展。

四、明晰旅游信息流空间网络的溢出效应

旅游者在搜集旅游信息的基础上前往旅游目的地消费旅游产品，形成旅游者在真实地理空间上的人员位移现象。旅游信息以各种形式为载体在信源与信宿之间流动形成旅游信息流，区域之间产生的跨空间旅游信息流，伴随互联网信息技术的发展逐渐形成旅游信息流网络，区域通过旅游信息流网络交换旅游信息，形成区域旅游信息流空间格局。旅游信息搜索与客流量在时

序维度和区域空间维度上均具有较高的耦合性，二者具有明显呼应的关系。网络旅游信息流不仅对本地旅游流有正向影响，还会通过空间效应促进邻近地区旅游流增长。研究以百度指数两两地区间旅游信息的互相搜索量为基础数据，根据地区间旅游信息流的传递流动情况，构建旅游信息流空间网络矩阵，使用社会网络分析方法对其旅游信息流空间网络结构特征进行分析，分析旅游信息流空间网络结构演变对旅游经济发展的溢出效应，以期为各地区精确把握游客出游需求、科学定位目标客源地、加强区域间旅游经济联系、促进区域旅游经济高质量协调发展提供理论参考。

五、优化旅游经济空间结构与协调发展机制

基于区域旅游经济空间结构的演变规律、驱动因子的解释力、旅游经济空间网络权力与旅游绩效的关联性、旅游绩效的影响因素，研究提出：完善旅游交通网络建设，发挥核心节点旅游辐射作用，加快高速铁路路网的建设，促进高速铁路网络化格局的形成；利用地理空间邻近优势，发挥区域旅游发展协同效应，地理空间相邻对区域旅游协同发展起到了重要作用，空间相邻的市（州）开展跨区域旅游合作的可能性较大，旅游资源要素流动的成本也较低；旅游产业的发展要以新时代游客需求变化为驱动，以旅游产业融合发展为导向，深化旅游产品供给侧结构性改革，培育新型旅游业态产品；加强互联网信息技术在旅游产品的生产、经营、流通、消费等产业链环节的应用，提升旅游产业信息化水平；优化旅游要素资源投放结构，提高旅游要素资源利用效率，以期优化旅游经济空间结构、创新区域旅游协调发展机制。

第四节 研究意义与价值

一、研究意义

（一）响应国家与地方相关重要发展战略

旅游业作为关联性很强的行业，是实现区域经济可持续发展的有效切入点。研究紧密围绕国家的“区域协调发展”“成渝地区双城经济圈建设”“巴蜀文化旅游走廊建设”重大战略和四川省委“四化同步、城乡融合、五区共兴”“一干多支、五区协同”“四向拓展、全域开放”等战略部署，以旅游业这一关联性较强的行业为切入点，从空间网络视角探讨区域旅游经济协调发展，以期发挥旅游产业对区域经济发展的带动作用。

（二）推动人民实现美好生活需求的路径

作为满足人们美好生活需要的五大幸福产业之一，旅游业的协调发展不仅能够为全国居民提供高品质的旅游服务，更能为区域经济的发展做出巨大贡献。旅游业的协调发展、充分发展是推动人民实现美好生活需求的路径，是实现区域旅游高质量发展的重要内涵。对区域旅游经济空间结构、产业绩效与协调发展机制的研究，能够整体提升区域旅游产业发展水平，完善旅游目的地的供给水平与结构，促进建设世界重要旅游目的地。

（三）促进区域旅游经济协调发展

区域间旅游客流的空间流动，会引起区域间交通运输流、网络信息流、资金物质流等要素的交互，进而对区域旅游经济产生影响。不同类型的旅游要素流既是旅游流的多维度表征，也是实现区域旅游经济协调发展的重要支撑因素。基于多元旅游流视角分析区域旅游空间结构及对不同旅游要素流网络结构的比较研究，有助于构建区域旅游空间网络，优化旅游产业空间布局结构，促进区域旅游经济高质量协调发展。

二、学术价值

（一）丰富旅游要素流空间研究的内涵

旅游流是一个包含多元旅游要素流的复杂空间系统，现有旅游流网络结构特征的研究大多通过单一旅游要素流数据进行定量分析。研究从旅游客流、旅游交通流、旅游信息流多种视角探讨旅游空间网络结构特征及其对区域旅游经济的影响，能够较为全面地揭示旅游要素流的综合效用，更是对单一流视角下旅游经济空间网络结构研究内容的完善。

（二）拓宽旅游流空间结构的研究视角

目前，区域旅游空间网络结构的研究大都基于旅游客流或者旅游交通流数据，从大数据信息流视角探讨区域旅游空间网络结构特征的研究有待加强。对旅游信息流的研究主要分析其对现实客流的指引作用及前兆效应，从区域空间尺度研究旅游信息流空间结构与网络特征的文献较少，也并未关注旅游信息流的空间扩散对区域旅游经济发展的影响。

（三）揭示交通与旅游经济的耦合关系

旅游经济系统与旅游交通系统的高质量耦合可以促进二者可持续发展，增强互动发展效应。交通基础设施建设的区域不均衡现象，严重影响高速铁路交通网络对旅游经济带动作用的发挥，揭示交通可达性与旅游经济的空间耦合关系可以促进二者协同发展效应的发挥。

（四）为旅游市场精准营销提供指导

旅游信息搜索与客流量在时序维度和区域空间维度上均具有较高的耦合性，二者具有明显呼应的关系，旅游信息流对现实旅游客流具有强指示作用。区域间双向旅游信息的流动与交换情况分析，有助于旅游地精准把握游客出游需求，科学地进行旅游客源市场细分，开展有针对性的旅游市场营销。

第二章　旅游经济空间网络结构及驱动因素分析

第一节　研究方法与数据来源

一、旅游经济联系模型

（一）旅游经济引力模型

旅游经济引力模型来源于物理学中的万有引力定律，Zipf将万有引力定律引入至城市空间维度而建立引力模型[117]，并被广泛应用于城市空间相互作用的研究[118]。在对引力模型的相关参数重新定义和修正后，该模型被广泛应用于目的地、城市群旅游经济联系等方面的研究。

研究以周慧玲[119]构建的旅游经济引力模型为基础，构建四川省区域旅游经济联系网络矩阵，对四川省21个市（州）的旅游经济联系强度进行测算，见下式：

$$R_{ij}=K_{ij}\cdot\frac{\sqrt{P_i\times Q_i}\sqrt{P_j\times Q_j}}{D_{ij}^2},\ \mathrm{K}_{ij}=\frac{Q_i}{Q_i+Q_j}\ (i\neq j) \quad (2\text{-}1)$$

式中，R_{ij} 是区域空间单元 i 和 j 的旅游经济联系；K_{ij} 为空间单元 i 和 j 对 R_{ij} 的贡献率；P_i 和 P_j 是空间单元 i 和 j 的旅游接待人数；Q_i 和 Q_j 是空间单元 i 和 j 的旅游收入；D_{ij} 是空间单元 i 和 j 之间的距离。

（二）旅游经济联系量

R_i 是市（州）i 的旅游经济联系量，是市（州）i 和区域内其他市（州）的旅游经济联系的总和，反映市（州）i 在区域旅游经济中的地位和作用大小。

$$R_i = \sum_{j=1}^{n} R_{ij} \tag{2-2}$$

（三）旅游经济联系隶属度

旅游经济联系隶属度 L_{ij} 是市（州）i 和 j 的旅游经济联系度占市（州）i 旅游经济联系量的比重，反映四川省 21 个市（州）区域旅游经济联系的主要方向。

$$L_{ij} = R_{ij} \Big/ \sum_{j=1}^{n} R_{ij} \tag{2-3}$$

二、旅游经济空间网络结构评价指标

（一）网络密度

网络密度是衡量区域空间成员紧密关系的重要指标。网络密度越大，说明区域间的旅游空间联系越紧密，区域整体的竞争能力越强。网络密度的计算公式如下：

$$D = \frac{\sum_{i=1}^{n}\sum_{j=1}^{n} d(n_i,\ n_j)}{n(n-1)} \tag{2-4}$$

式中：D 为网络空间的整体密度；n 为网络空间节点的数量；如果节点 i

和节点 j 有联系，则 $d(n_i, n_j)=1$，反之为 0；$n(n-1)$ 为整体网络中理论中存在的关系总数；$\sum_{i=1}^{n}\sum_{j=1}^{n}d(n_i, n_j)$ 为对空间网络中存在的实际关系数进行求和。

（二）度数中心度

度数中心度反映的是网络中个体成员与其他成员的交往能力，如果一个成员与网络中的很多成员有直接的联系，那么该成员就居于网络中心地位，拥有较大的权力，也就是具有较高的度数中心度。C_i 代表地区 i 的度数中心度，R_{ij} 是地区 i 和地区 j 的旅游经济联系。

$$C_i = \sum_{j=1}^{n} R_{ij} \tag{2-5}$$

（三）中间中心度

中间中心度测量的是网络中成员对其他成员的控制能力，如果一个成员处于多个成员之间的最短途径上，则认为该成员具有较高的中间中心度。中间中心度越大，说明该地区在旅游空间网络中对其他地区旅游流的控制力就越大。如果一个成员在空间网络中的中间中心度为 0，那就意味着该成员不能控制任何行动者。式中 B_i 代表单元 i 的中间中心度，D_{jk} 是单元 j 和单元 k 存在的捷径数目，$D_{jk}(i)$ 是单元 j 和单元 k 存在的经过单元 i 的捷径数目。

$$B_i = \sum_{i=j\neq \mathrm{k}} \frac{D_{jk}(i)}{D_{jk}} \tag{2-6}$$

（四）接近中心度

如果一个点与网络中所有其他点的距离都很短，则称该点具有较高接近中心度，一个点的接近中心度是该点与图中所有其他点的捷径距离之和。接近中心度是测量一个行动者独立于其他行动者控制的一个指标，是一个行动者不受其他行动者“控制”的能力。接近中心度的计算公式如下，其中 d_{ij} 是节点 i 和 j 之间的捷径距离（即捷径中包含的线数）。

$$C_{APi}^{-1}=\sum_{j=1}^{n} d_{ij} \tag{2-7}$$

（五）结构洞水平

结构洞水平用来表示节点在旅游空间网络中的联络地位，通常用有效规模、效率性、限制度等指标来量化，结构洞水平高的节点在空间竞争中处于优势地位，能够控制资源的流动。有效规模越大，说明该节点在旅游空间网络中的行动越自由；效率性是对旅游网络空间节点行动效率的测度，效率性越大的节点在空间网络中的行动越高效；限制度指的空间节点在自己的网络中在多大程度上拥有运用结构洞的能力或者协商的能力。空间节点的有效规模和效率越高，限制度越低，说明该节点的结构洞水平越高。

（六）“核心—边缘”结构

核心—边缘结构分析主要是为了直观反映空间单元在整个旅游空间网络中的重要程度，处于核心位置的节点在和处于边缘位置节点的旅游流交换过程中占据优势地位。

三、研究区域与数据来源

四川省位于中国西南部，地处长江上游，素有“天府之国”的美誉。全省面积 48.6 万平方公里，辖 21 个市（州）、183 个县（市、区）。四川省是我国重要的旅游目的地，拥有世界自然遗产 3 处（九寨沟、黄龙、大熊猫栖息地），世界文化遗产 1 处（青城山—都江堰），世界文化和自然遗产 1 处（峨眉山—乐山大佛）。国家 A 级旅游景区 928 个，其中 5A 级景区 16 个。据四川省国民经济和社会发展统计公报显示，2019 年全省实现旅游总收入 11594.3

亿元，接待国内游客 7.5 亿人次；实现国内旅游收入 11454.5 亿元，接待入境游客 414.8 万人次；实现旅游外汇收入 20.2 亿美元。2020 年受新冠疫情的影响，全省实现旅游总收入 7173.3 亿元，接待国内游客 4.5 亿人次；实现国内旅游收入 7170.1 亿元，接待入境游客 24.6 万人次；实现旅游外汇收入 4679.1 万美元。2022 年，四川省全省接待国内游客 63641.06 万人次，实现国内旅游收入 7059.94 亿元。研究以四川省的 21 个市（州）作为研究区域，分析其旅游经济联系和空间结构特征，探求旅游经济空间结构特征演变的驱动因素。研究涉及的旅游收入和旅游人次的数据来源于 2016—2023 年《四川统计年鉴》，21 个市（州）之间的空间距离以高德地图自驾的最短公路距离为基础数据。

第二节　旅游经济空间网络结构特征分析

一、四川省旅游经济空间联系分析

（一）四川省区域旅游经济联系量分析

研究使用旅游经济联系量计算公式，对四川省 21 个市（州）的旅游经济联系量和每个市（州）在整个空间网络结构中的旅游经济联系所占比例进行计算。从表 2-1 可以看出，2015—2019 年四川省区域整体旅游经济联系量处于快速增长的趋势，2015 年四川省区域旅游经济联系量整体均值为 362.99，2019 年增长到 1283.69，增长率达到 254%。2015—2019 年，旅游经济联系量在整体均值以上的市（州）只有 3 个、4 个、4 个、5 个、4 个，说明四川省区域旅游经济联系量较为集中，不同市（州）间的旅游经济联系量差异较大。2020 年，由于受到新冠疫情的影响，游客的出游欲望和行为受到限制，四川省旅游经济联系量整体下降较为明显；区域旅游经济联系量整体均值仅为 786.42，已经低于 2018 年的旅游经济联系量均值。2020—2022 年，四川省旅游经济联系量继续保持明显下降的态势。2022 年，旅游经济联系量整体均值已经下降到 443.39。

从表 2-1 可以看出，2015 年，成都的旅游经济联系量占比为 51.39%，乐山、自贡的旅游经济联系量占比分别为 6.09% 和 5.11%，宜宾、南充、绵阳、遂宁、眉山、内江、资阳的旅游经济联系量也在 3% 以上。2016 年，成都的旅游经济联系量占比为 49.87%，在整体均值以上的乐山、绵阳、自贡旅游经济联系量分别占比 6.39%、5.17%、5.24%，旅游经济联系量在 3% 以上的地区还有宜宾、南充、绵阳、遂宁、眉山、内江。2017 年，成都的旅游经济联系量占比为 48.06%，乐山的旅游经济联系量占比（6.47%）仍然排名第 2，依次是绵阳、自贡、宜宾、南充、眉山、内江、遂宁。2018 年，成都的旅游经济联系量占比为 48.38%，乐山、绵阳、自贡、宜宾的旅游经济联系量占比均在区域整体均值以上，分别为 6.12%、6.08%、5.01% 和 4.80%，绵阳的旅游经济联系量占比首次超过 6%。

2019 年，成都的旅游经济联系量占比为 49.65%，排名第二的市（州）仍然是乐山，旅游经济联系量占比为 6.17%；宜宾的旅游经济联系量排名第三，南充、绵阳、自贡分列 4—6 位；宜宾、南充的旅游经济联系量占比分别达到 4.87% 和 4.84%，绵阳、自贡的旅游经济联系量占比分别为 4.73% 和 4.44%，其他城市的旅游经济联系量占比均低于 4%。2020 年，受到新冠疫情的影响，四川省 21 个市（州）的旅游经济联系量均有明显的减少，区域旅游经济联系量均值已经低于 2018 年的整体水平，成都的旅游经济联系量仍然最多，但旅游经济联系量占比相比前几年有一定程度的下降，乐山、南充、绵阳的旅游经济联系量位于区域第 2—4。2022 年，四川省旅游经济联系量仍然呈现明显下滑的趋势，但是绵阳、宜宾、内江、资阳、泸州的旅游经济联系量占比有明显的提升，其中绵阳的旅游经济联系占比为 12.43%，宜宾为 8.98%，内江为 7.64%，资阳和泸州的旅游经济联系占比分别为 5.15% 和 4.12%。乐山、南充、遂宁的旅游经济联系量占比下降的较为明显，乐山的旅游经济联系占比下降到 3.67%，南充、遂宁分别为 3.76% 和 1.67%。

表 2-1　2015—2022 年四川省 21 个市（州）旅游经济联系量及占比

市（州）	2015 年		2017 年		2019 年		2020 年		2022 年	
	联系量	占比 / %	联系量	占比 / %	联系量	占比 / %	联系量	占比 / %	联系量	占比 / %
成都	3917.37	51.39	6845.45	48.06	13384.39	49.65	7183.93	43.50	3890.43	41.78
乐山	464.44	6.09	922.26	6.47	1664.43	6.17	1432.79	8.68	341.79	3.67
宜宾	275.44	3.61	636.47	4.47	1313.80	4.87	824.38	4.99	835.98	8.98
南充	311.24	4.08	579.32	4.07	1303.65	4.84	1283.36	7.77	349.84	3.76
绵阳	361.31	4.74	818.52	5.75	1275.94	4.73	1103.65	6.68	1157.27	12.43
自贡	389.34	5.11	763.68	5.36	1197.67	4.44	427.79	2.59	169.47	1.82
德阳	169.65	2.23	449.65	3.16	1004.60	3.73	447.99	2.71	185.02	1.99
遂宁	249.95	3.28	512.53	3.60	999.21	3.71	811.19	4.91	155.14	1.67
眉山	273.63	3.59	556.51	3.91	914.87	3.39	554.77	3.36	214.38	2.30
内江	251.31	3.30	543.79	3.82	906.90	3.36	596.26	3.61	711.47	7.64
泸州	189.36	2.48	474.24	3.33	772.42	2.87	399.48	2.42	383.23	4.12
广安	160.16	2.10	287.64	2.02	481.25	1.79	214.49	1.30	109.54	1.18
雅安	90.85	1.19	214.25	1.50	451.10	1.67	338.35	2.05	170.56	1.83
广元	71.56	0.94	160.03	1.12	310.35	1.15	251.83	1.52	56.45	0.61
资阳	276.88	3.63	174.17	1.22	288.97	1.07	138.66	0.84	479.13	5.15
巴中	37.35	0.49	88.72	0.62	173.45	0.64	130.97	0.79	18.07	0.19
达州	25.08	0.33	53.24	0.37	164.02	0.61	134.76	0.82	47.88	0.51
甘孜州	17.55	0.23	38.56	0.27	147.64	0.55	120.41	0.73	20.22	0.22
凉山州	36.81	0.48	66.95	0.47	119.33	0.44	42.50	0.26	1.74	0.02
攀枝花	13.51	0.18	24.72	0.17	46.71	0.17	25.98	0.16	4.88	0.05
阿坝州	39.95	0.52	34.12	0.24	36.83	0.14	138.66	0.84	8.68	0.09
均值	362.99	4.76	678.32	4.76	1283.69	4.76	786.42	4.76	443.39	4.76

总体来看，四川省区域旅游经济联系量的分布较为集中，成都与其他市（州）的旅游经济联系量占比在整个四川省达到 47% 左右；四川省区域旅游经济联系量占比第二、第三高的是绵阳和乐山，但与其他地市间的旅游经济联系量占比也仅有 6% 左右，相比成都的差距较大；宜宾、南充的旅游经济

联系量占比在区域整体平均值以上，在 5% 左右；内江的旅游经济联系占比也超过 4%，上述五个市（州）属于四川省区域旅游经济联系量占比的第二集团。德阳、资阳、遂宁、眉山、自贡、泸州等市（州）的旅游经济联系量占比在 2%~4% 之间，广安、雅安、广元等市（州）的旅游经济联系量占比在 1%~2% 之间。巴中、达州、甘孜州、凉山州、攀枝花、阿坝州等市（州）的旅游经济联系量占比均在 1% 以下，其中攀枝花的旅游经济联系量占比在整个四川省处于垫底的位置，说明这些地区与区域内其他市（州）的旅游经济联系不紧密，旅游客流空间交互较少。这些市（州）大都处于四川省地理空间的边缘位置，距离中心城市较远，难以接受中心城市旅游客流的辐射。

在 2015—2019 年的区域旅游经济联系量占比变化中，成都市的旅游经济联系量占比略有下降，从 51.39% 下降到 49.65%，但在区域内的核心优势地位仍然明显；乐山、绵阳、攀枝花、内江的旅游经济联系量占比变化在 0.1% 范围内，变化较小；资阳、自贡、眉山、广安、凉山、阿坝的旅游经济联系量占比也存在下降的趋势，其中资阳的下降幅度最大，旅游经济联系量占比从 3.63% 下降到 1.07%；其他市（州）的旅游经济联系量占比存在一定程度的增加，其中宜宾、德阳的增长幅度最大，2015—2019 年旅游经济联系量占比分别增加 1.26% 和 1.5%。2020 年，由于区域旅游经济联系量整体处于下降的趋势，旅游经济联系量空间分布集中的趋势略有下降，旅游经济联系量高于区域整体均值的市（州）是成都、乐山、南充、绵阳、宜宾、遂宁，旅游经济联系量分别为 7183.93、1432.79、1283.36、1103.65、824.38、811.19。2022 年，旅游经济联系量高于区域整体均值的市（州）是成都、绵阳、宜宾、内江、资阳，旅游经济联系量分别为 3890.43、1157.27、835.98、711.47、479.13。

（二）四川省区域旅游经济联系隶属度分析

研究根据公式计算四川省 21 个市（州）的旅游经济联系隶属度，以旅游经济联系隶属度 10% 为界，分析旅游经济联系的主要方向，结果详见表 2-2、表 2-3，图 2-1 至图 2-7。可以看出，2015 年，成都与眉山、资阳、德阳、乐山的旅游经济联系较为紧密，旅游经济联系分别占成都旅游经济联系量的22.53%、16.08%、12.63%、9.74%，说明这几个市（州）构成成都旅游客流的主要流动方向。自贡与内江的旅游经济联系最为紧密，旅游经济联系量占比达到41.66%；其次是宜宾、泸州，旅游经济联系量占比分别为15.54%和10.48%。泸州与自贡、内江、宜宾的旅游经济联系紧密，旅游经济联系分别占比21.95%、19.00%、20.27%。德阳与绵阳的旅游经济联系紧密，且均与成都保持较高的旅游客流交互频次，德阳与成都、绵阳的旅游经济联系分别占比22.12%和42.31%，绵阳与成都、德阳的旅游经济联系分别占比15.87%和43.82%。广元的旅游客流主要流向绵阳、巴中、南充，旅游经济联系量占比分别为15.37%、15.97%和11.37%。遂宁的旅游经济联系主要集中在南充、广安方向，旅游经济联系量占比为28.60%、10.93%。内江与自贡、资阳的旅游经济联系紧密，旅游经济联系量占比达到44.27%和11.40%。乐山与成都、自贡、眉山、雅安的旅游经济联系较为紧密，旅游经济联系分别占比19.96%、11.82%、11.37%、11.15%。南充的旅游经济联系主要集中在遂宁和广安，旅游经济联系量占比达到29.44%和24.75%。眉山与成都、雅安的旅游经济联系量占比达到36.19%和10.33%，宜宾与自贡、泸州、内江的旅游经济联系分别占比29.36%、18.29%、12.35%，广安与南充、遂宁的旅游经济联系量分别占比36.71%、16.69%，达州与巴中、广安、南充的旅游经济联系量占比达到21.66%、16.96%、15.04%。雅安的旅游客流主要流向眉山（20.59%）、乐山（17.41%）和成都（16.20%），巴中的旅游客流主要流向广元（19.59%）、达州（16.90%）和南充（13.02%），资阳的旅游客流主要流向成都、内江、眉山，旅游经济联系量分别占比24.55%、13.45%、12.20%。阿坝州的旅游客流主要流向成都，甘孜州主要流向雅安，凉山州与攀枝花互为旅游客流流动方向。

表2-2　2015—2019年四川省区域旅游经济联系方向及隶属度变化

市（州）	2015年 旅游经济联系方向及隶属度	2019年 旅游经济联系方向及隶属度
成都	→眉山（22.53%）→资阳（16.08%） →德阳（12.63%）	→眉山（22.87%）→德阳（16.65%） →乐山（10.24%）

续表

市（州）	2015 年 旅游经济联系方向及隶属度	2019 年 旅游经济联系方向及隶属度
自贡	→内江（41.66%）→宜宾（15.54%） →泸州（10.48%）	→内江（42.32%）→宜宾（17.15%） →泸州（10.31%）
攀枝花	→凉山州（41.57%）	→凉山州（37.85%）
泸州	→自贡（21.95%）→宜宾（20.07%） →内江（19.00%）	→宜宾（22.89%）→自贡（21.66%） →内江（18.63%）
德阳	→绵阳（42.31%）→成都（22.12%）	→绵阳（44.66%）→成都（21.72%）
绵阳	→德阳（43.82%）→成都（15.87%）	→德阳（49.06%）→成都（12.79%）
广元	→巴中（15.97%）→绵阳（15.37%） →南充（11.37%）	→巴中（16.62%）→绵阳（15.77%） →南充（11.78%）
遂宁	→南充（28.60%）→广安（10.93%）	→南充（30.75%）
内江	→自贡（44.27%）→资阳（11.40%）	→自贡（46.01%）
乐山	→成都（19.96%）→自贡（11.82%） →眉山（11.37%）→雅安（11.15%）	→成都（18.29%）→雅安（13.06%） →自贡（11.83%）→眉山（11.55%）
南充	→遂宁（29.44%）→广安（24.75%）	→遂宁（31.08%）→广安（21.97%）
眉山	→成都（36.19%）→雅安（10.33%）	→成都（34.02%）→雅安（12.13%）
宜宾	→自贡（29.36%）→泸州（18.29%） →内江（12.35%）	→自贡（29.35%）→泸州（18.65%） →内江（12.39%）
广安	→南充（36.71%）→遂宁（16.69%）	→南充（37.12%）→遂宁（16.73%）
达州	→巴中（21.66%）→广安（16.96%） →南充（15.04%）	→巴中（22.66%）→南充（16.01%） →广安（15.22%）
雅安	→眉山（20.59%）→乐山（17.41%） →成都（16.20%）	→眉山（20.24%）→乐山（18.14%） →成都（15.26%）
巴中	→广元（19.59%）→达州（16.90%） →南充（13.02%）	→广元（20.23%）→达州（19.59%） →南充（13.07%）
资阳	→成都（24.55%）→内江（13.45%） →眉山（12.20%）	→成都（18.07%）→内江（15.08%） →眉山（12.92%）
阿坝州	→成都（18.43%）	→成都（12.23%）
甘孜州	→雅安（26.52%）	→雅安（27.28%）
凉山州	→攀枝花（18.88%）	→攀枝花（18.89%）→雅安（10.62%）

表 2-3 2020—2022 年四川省区域旅游经济联系方向及隶属度变化

市（州）	2020 年 旅游经济联系方向及隶属度	2022 年 旅游经济联系方向及隶属度
成都	→眉山（21.99%）→德阳（13.87%） →乐山（11.88%）→绵阳（10.66%）	→资阳（20.47%）→眉山（18.25%） →绵阳（14.54%）→德阳（10.88%）
自贡	→内江（43.93%）→宜宾（16.50%）	→内江（46.19%）→宜宾（16.07%）
攀枝花	→凉山州（34.12%）	→凉山州（20.90%）
泸州	→宜宾（23.53%）→自贡（18.21%） →内江（19.81%）	→宜宾（27.59%）→内江（23.77%） →自贡（12.94%）
德阳	→绵阳（46.15%）→成都（19.95%）	→绵阳（46.62%）→成都（19.54%）
绵阳	→德阳（44.46%）→成都（14.77%）	→德阳（39.10%）→成都（21.90%）
广元	→巴中（16.20%）→绵阳（16.87%） →南充（13.34%）	→绵阳（19.98%）→巴中（12.33%） →南充（11.25%）
遂宁	→南充（34.67%）	→南充（26.76%）→资阳（11.25%）
内江	→自贡（41.56%）	→自贡（31.58%）→资阳（16.24%） →泸州（11.55%）→宜宾（11.30%）
乐山	→成都（20.62%）→雅安（13.73%） →眉山（11.17%）	→成都（15.33%）→资阳（13.12%） →雅安（12.57%）→眉山（11.03%） →宜宾（10.17%）
南充	→遂宁（34.16%）→广安（17.86%）	→遂宁（25.18%）→广安（21.93%）
眉山	→成都（34.41%）→雅安（12.55%） →乐山（10.07%）	→成都（31.18%）→资阳（17.32%） →雅安（11.13%）
宜宾	→自贡（24.34%）→泸州（18.35%） →内江（13.59%）→乐山（10.49%）	→泸州（21.82%）→内江（18.38%） →自贡（17.88%）
广安	→南充（38.43%）→遂宁（16.91%）	→南充（35.93%）→遂宁（14.39%）
达州	→巴中（22.06%）→南充（17.86%） →广安（13.06%）	→巴中（16.79%）→南充（16.52%） →广安（15.69%）
雅安	→眉山（19.39%）→乐山（19.12%） →成都（16.03%）	→眉山（19.95%）→乐山（18.06%） →成都（17.38%）
巴中	→广元（21.83%）→达州（19.65%） →南充（13.96%）	→广元（21.03%）→达州（16.27%） →南充（12.12%）
资阳	→成都（18.03%）→内江（15.30%） →眉山（12.94%）	→成都（24.16%）→内江（17.41%） →眉山（11.96%）

续表

市（州）	2020 年 旅游经济联系方向及隶属度	2022 年 旅游经济联系方向及隶属度
阿坝州	→成都（12.49%）	→成都（13.36%）
甘孜州	→雅安（27.62%）→乐山（10.35%） →成都（10.04%）	→雅安（26.41%）→眉山（10.83%）
凉山州	→攀枝花（18.27%）→雅安（11.21%）	→攀枝花（20.11%）→雅安（10.34%）

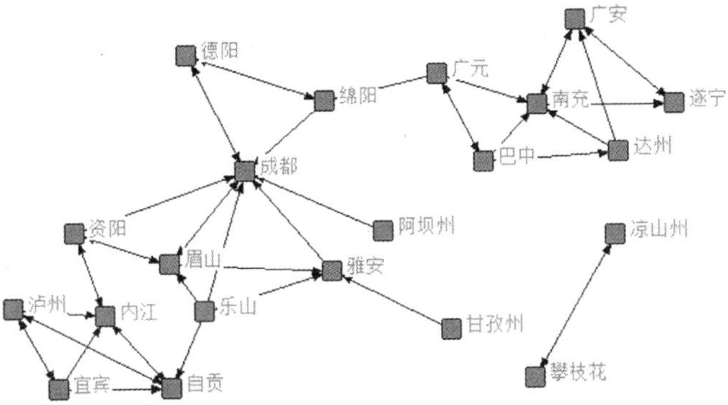

图 2-1　2015 年四川省区域旅游经济联系隶属度空间流向

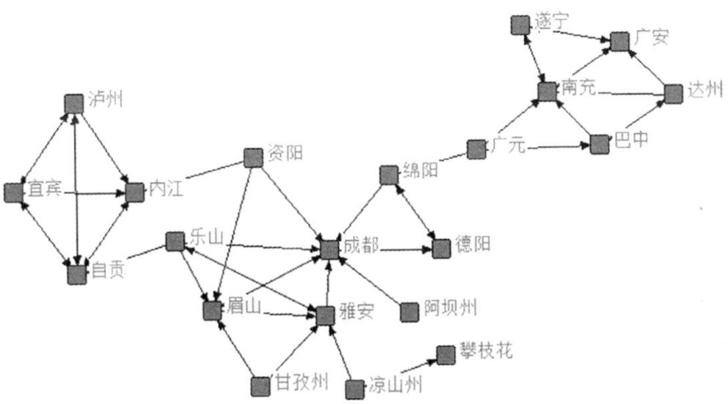

图 2-2　2016 年四川省区域旅游经济联系隶属度空间流向

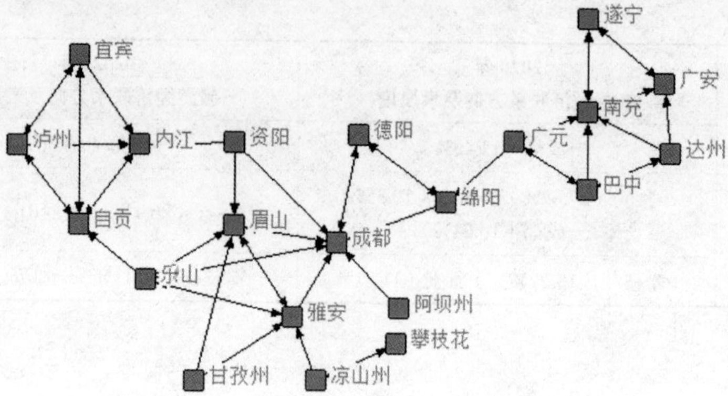

图 2-3　2017 年四川省区域旅游经济联系隶属度空间流向

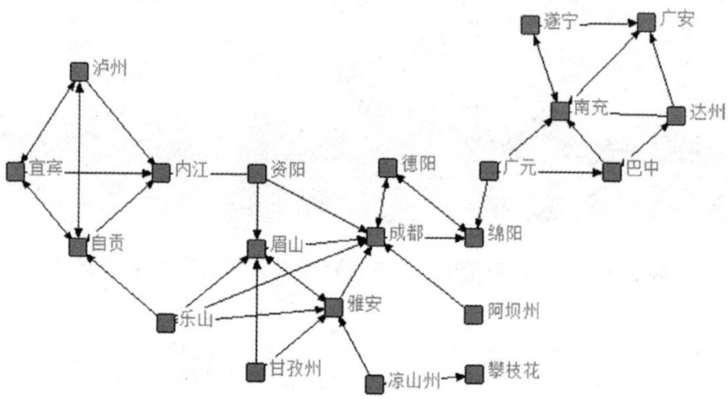

图 2-4　2018 年四川省区域旅游经济联系隶属度空间流向

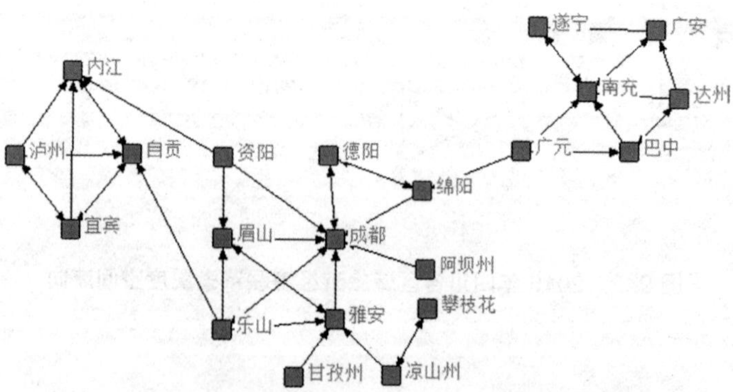

图 2-5　2019 年四川省区域旅游经济联系隶属度空间流向

相比2015年，2019年四川省区域旅游经济联系方向及隶属度变化不大，不同市（州）旅游客流的主要联系方向变化不明显。眉山、德阳仍然是成都主要的客流流动方向，且旅游经济隶属度在增加，尤其是德阳方向增加明显，旅游经济联系隶属度从12.63%增加到16.65%；成都与资阳方向的旅游经济联系在减弱，旅游经济联系隶属度从16.08%下降到8.31%，增加了与乐山的旅游经济联系。内江、宜宾、泸州依然是自贡主要的旅游客流流向，且与内江、宜宾的旅游经济联系在增加，旅游经济联系隶属度分别从41.66%、15.54%增加到42.32%、17.15%。泸州、德阳、绵阳、广元的旅游经济联系主要方向及隶属度在2015—2019年间变化不大，泸州与宜宾的旅游经济联系呈现增加的趋势，德阳与绵阳之间的旅游经济联系也更加密切。遂宁、内江的旅游经济联系方向变得更为集中，遂宁的旅游客流主要流向南充，内江的旅游客流主要流向自贡，遂宁与南充的旅游经济联系隶属度达到30.75%，内江与自贡的旅游经济联系隶属度达到46.01%。乐山的旅游客流流向相对较为分散，成都、雅安、自贡、眉山是乐山的主要客流方向，其中与成都的旅游经济联系隶属度最高，达到18.29%；其次是雅安，旅游经济联系隶属度为13.06%，与自贡、眉山的旅游经济联系隶属度差别不大。南充与遂宁的旅游经济联系在加强，与广安的旅游经济联系在减弱；眉山与雅安的旅游经济联系在加强，与成都的旅游经济联系略有下降；宜宾、广安、达州、雅安的旅游经济联系方向及旅游经济联系隶属度在2015—2019年间基本没有变化；巴中与达州的旅游经济联系在加强，旅游经济联系隶属度从16.90%增加到19.59%，与广元、南充的旅游经济联系基本保持不变；资阳与成都的旅游经济联系在减弱，与内江、眉山方向的旅游客流移动在加强；阿坝州与成都的旅游经济联系在减弱，甘孜州、凉山州与雅安之间的旅游经济联系在加强，攀枝花与凉山州的旅游经济联系较为密切。

2019—2020年，四川省区域旅游经济联系方向及隶属度变化不大，不同市（州）旅游客流的主要联系方向变化不明显。成都的旅游客流朝向乐山、绵阳方向的趋势在加强，眉山、德阳仍然是成都主要的客流流动方向，但旅游经济隶属度在降低，旅游经济联系隶属度分别从22.87%、16.65%下降到

21.99%、13.87%，乐山的旅游经济联系隶属度在增加。自贡与内江的旅游经济联系在增加，与宜宾、泸州的旅游经济联系在减弱，泸州的旅游经济联系隶属度已经低于10%。泸州与宜宾、内江方向的旅游经济联系在加强，与自贡方向的联系在减弱，自贡的旅游经济联系隶属度从21.66%下降到18.21%。德阳、绵阳、广元、遂宁、内江的旅游经济联系方向及隶属度在2019—2020年变化不大，德阳与绵阳、绵阳与成都、广元与南充、遂宁与南充的旅游经济联系方向进一步加强。乐山与成都方向的旅游经济联系进一步加强，旅游经济联系隶属度从18.29%增加到20.62%；与自贡、眉山方向的旅游经济联系在减弱，自贡方向的旅游经济联系隶属度已经低于10%。眉山、宜宾与乐山的旅游经济联系也在加强，成都、雅安是眉山的主要客流方向，宜宾的旅游客流则主要流向自贡、泸州、内江。南充、广安、遂宁三个市（州）间的旅游经济联系也较为密切，互为主要旅游经济联系方向；遂宁与南充方向的旅游经济联系隶属度为34.67%，南充与遂宁方向的旅游经济联系隶属度为34.16%，广安与遂宁、南充方向的旅游经济联系隶属度分别为38.43%、16.91%。达州、雅安、巴中、资阳、攀枝花、阿坝州、凉山州的旅游经济联系主要方向变化不大，甘孜州与成都、乐山方向的旅游经济联系在加强。

如图2-6、图2-7所示，2020—2022年，成都的旅游客流朝向资阳、绵阳方向的趋势在加强，乐山、眉山、德阳方向的流动在减少；资阳的旅游经济联系隶属度最高，达到了20.47%；绵阳的旅游经济联系隶属度从10.66%增加到14.54%。内江、宜宾仍然是自贡旅游经济联系的主要方向，与内江的旅游经济联系在增加，与宜宾的旅游经济联系变化不大。凉山州是攀枝花的旅游经济联系主要方向，但是旅游经济联系隶属度有明显的下降。泸州与宜宾、内江方向的旅游经济联系在加强，旅游经济联系隶属度分别从23.53%、19.81%增加到27.59%、23.77%；与自贡方向的联系在减弱，自贡的旅游经济联系隶属度从18.21%下降到12.94%。德阳、绵阳、广元的旅游经济联系方向变化不大，绵阳与成都、广元与绵阳的旅游经济联系方向得到加强，绵阳与德阳、广元与巴中的旅游经济联系有减少。遂宁、内江、乐山的旅游经济联系方向更加分散，南充、资阳是遂宁的旅游经济联系主要方向，内江与泸州、资阳、宜宾的旅游经济联系方向在加强，乐山与资阳、宜宾方向的旅游经济联系也在加强。南充与遂宁方向的旅游经济联系在减弱，加强了与广安方向的旅游经济联系。眉山加强了与资阳方向的旅游经济联系，与乐山的旅游经济联系有下降。宜宾与自贡、乐山方向的旅游经济联系在减弱，与泸州、内江方向的旅游经济联系在加强。广安、达州、雅安、巴中、资阳、阿坝州、凉山州的旅游经济联系主要方向没有变化，甘孜州与眉山方向的旅游经济联系在加强，与乐山、成都方向的旅游经济联系在减弱。

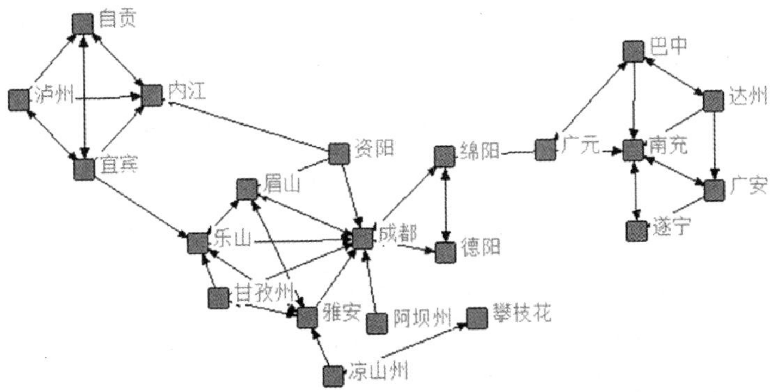

图 2-6　2020 年四川省区域旅游经济联系隶属度空间流向

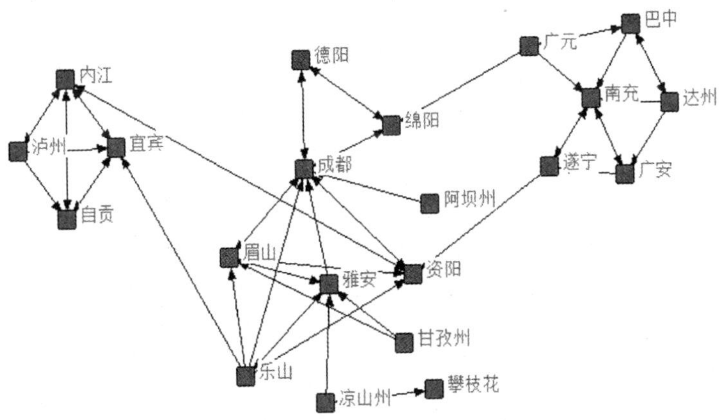

图 2-7　2022 年四川省区域旅游经济联系隶属度空间流向

二、四川省旅游经济空间网络密度分析

（一）四川省旅游经济空间网络整体密度分析

从表2-4可以看出，2015—2020年，四川省旅游经济空间网络的整体密度分别是0.1619、0.1857、0.2584、0.3286、0.4071、0.3143，成员之间的平均距离分别为2.091、1.827、1.793、1.669、1.607、1.728，建立在“距离”基础上的凝聚力指数分别为0.347、0.397、0.474、0.534、0.622、0.549。网络密度值在0—1，凝聚力指数在0—1，指数越大，表明网络成员之间越具有凝聚力。可以看出，2015—2019年四川省区域旅游经济空间网络的整体密度在不断提高，旅游经济空间网络成员之间的平均距离在不断缩短，建立在“距离”基础上的凝聚力指数在不断提高，区域旅游经济联系呈现从松散向紧密的趋势发展。2020年，四川省区域旅游经济空间网络整体密度有明显下降，区域成员间的平均距离在增加，说明新冠疫情对四川省旅游经济空间网络的整体紧密度产生了影响，区域成员间的经济联系变得松散。2022年，四川省区域旅游经济空间网络的整体密度和网络凝聚力进一步下降，分别下降到0.2095和0.346，再次说明四川省21个市（州）之间的旅游客流空间交互在减少。

表2-4　四川省区域旅游经济空间网络整体密度

年份	网络密度	平均距离	网络凝聚力
2015	0.1619	2.091	0.347
2016	0.1857	1.827	0.397
2017	0.2548	1.793	0.474
2018	0.3286	1.669	0.534
2019	0.4071	1.607	0.622
2020	0.3143	1.728	0.549
2022	0.2095	1.686	0.346

（二）四川省旅游经济空间网络个体密度分析

表 2-5 至表 2-9 是 2015—2022 年四川省旅游经济空间网络 21 个市（州）单元的个体密度，表中“Size”是个体网的规模，“Ties”是个体网络成员之间的关系总数，“Pairs”是个体网络中各个成员之间在理论上所有可能存在的关系总和，“Densit”即个体网络的密度，是“实际存在的关系总数”除以“理论上可能存在的最多关系总数”。从表 2-5 可以看出，2015 年，在四川省区域旅游经济空间网络中，成都的个体网规模为 18，说明与成都有旅游经济联系的市（州）有 18 个。四川省区域旅游经济空间网络单元的个体网络规模的均值是 4.190，乐山的个体网规模为 8，个体网规模“Size”在均值以上的市（州）还有自贡、绵阳、资阳、宜宾、内江、遂宁、泸州，说明这几个空间单元与区域内其他市（州）存在较为紧密的旅游经济联系。成都在旅游经济空间网络中与其他成员的关系总数为 44，理论上所有成员之间存在的关系总和为 306，成都的旅游经济空间网络个体网络密度为 14.38。关系总数较多的市（州）还有乐山、内江、自贡、资阳、宜宾、泸州和遂宁。达州和攀枝花的个体网规模和关系总数均为 0，说明这两个市（州）在区域旅游经济空间网络中与其他市（州）不存在旅游经济联系，较为孤立。

表 2-5　2015 年四川省旅游经济空间网络个体密度

市（州）	Size	Ties	Pairs	Densit	旅游经济联系量	占比 /%
成都	18	44	306	14.38	3917.37	51.39
乐山	8	28	56	50.00	464.44	6.09
自贡	6	20	30	66.67	389.34	5.11
绵阳	5	8	20	40.00	361.31	4.74
南充	4	8	12	66.67	311.24	4.08
资阳	6	16	30	53.33	276.88	3.63
宜宾	5	15	20	75.00	275.44	3.61
眉山	4	8	12	66.67	273.63	3.59
内江	7	26	42	61.90	251.31	3.30

续表

市（州）	Size	Ties	Pairs	Densit	旅游经济联系量	占比 /%
遂宁	6	12	30	40.00	249.95	3.28
泸州	5	15	20	75.00	189.36	2.48
德阳	2	2	2	100.00	169.65	2.23
广安	3	5	6	83.33	160.16	2.10
雅安	3	6	6	100.00	90.85	1.19
广元	2	2	2	100.00	71.56	0.94
阿坝州	1	0	0		39.95	0.52
巴中	1	0	0		37.35	0.49
凉山州	1	0	0		36.81	0.48
达州	0	0	0	0.00	25.08	0.33
甘孜州	1	0	0		17.55	0.23
攀枝花	0	0	0	0.00	13.51	0.18

从表 2-6 可以看出，2016 年，成都的个体网规模增加到 19，说明只有两个市（州）与成都不存在直接的旅游经济联系；在旅游经济空间网络中与个体成员的关系总数从 44 增加到 49，理论上所有成员之间存在的关系总和达到 342，旅游经济空间网络个体密度为 14.33。个体网规模“Size”超过 5 的市（州）还有乐山、自贡、内江、遂宁、绵阳、资阳、宜宾、眉山、泸州，关系总数较多的市（州）还有乐山、内江、自贡、资阳、遂宁、泸州、宜宾、绵阳，其他市（州）的关系总数均在 10 以下。个体网规模为 0 的市（州）是攀枝花，巴中、达州、攀枝花、阿坝州、凉山州、达州、甘孜州的个体网关系总数也是 0。

表 2-6　2016 年四川省旅游经济空间网络个体密度

市（州）	Size	Ties	Pairs	Densit	旅游经济联系量	占比 /%
成都	19	49	342	14.33	5021.53	49.87
乐山	10	41	90	45.56	643.88	6.39
自贡	7	26	42	61.90	528.13	5.24

续表

市（州）	Size	Ties	Pairs	Densit	旅游经济联系量	占比 /%
绵阳	6	12	30	40.00	520.57	5.17
南充	4	9	12	75.00	417.11	4.14
宜宾	5	16	20	80.00	412.83	4.10
眉山	5	14	20	70.00	400.95	3.98
内江	7	26	42	61.90	385.93	3.83
遂宁	7	19	42	45.24	363.98	3.61
泸州	5	18	20	90.00	292.59	2.91
德阳	2	2	2	100.00	235.05	2.33
广安	3	6	6	100.00	217.54	2.16
雅安	3	6	6	100.00	149.73	1.49
资阳	6	21	30	70.00	131.47	1.31
广元	2	2	2	100.00	106.67	1.06
巴中	1	0	0	0.00	58.58	0.58
阿坝州	1	0	0	0.00	50.60	0.50
凉山州	1	0	0	0.00	49.99	0.50
达州	1	0	0	0.00	37.39	0.37
甘孜州	1	0	0	0.00	25.72	0.26
攀枝花	0	0	0	0.00	19.12	0.19

从表 2–7 可以看出，2017 年，成都的个体网规模为 19，在旅游经济空间网络中与个体成员的关系总数为 76，理论上所有成员之间存在的关系总和为 342，个体网络密度为 22.22。遂宁的个体网规模排名第二，达到 12，依次是乐山、眉山、内江、南充、资阳。攀枝花的个体网规模依然是 0，说明其与区域内其他市（州）仍然不存在旅游经济联系，凉山州、甘孜州、阿坝州的个体网规模均为 1，这四个市（州）与区域内其他成员的关系总数也均为 0。除成都外，遂宁的关系最多，达到 70，再依次是乐山、资阳、眉山、内江、宜宾、自贡，关系总数均在 40 以上。

表 2–7　2017 年四川省旅游经济空间网络个体密度

市（州）	Size	Ties	Pairs	Densit	旅游经济联系量	占比 /%
成都	19	76	342	22.22	6845.45	48.06
乐山	11	62	110	56.36	922.26	6.47
绵阳	8	29	56	51.79	818.52	5.75
自贡	8	44	56	78.57	763.68	5.36
宜宾	8	46	56	82.14	636.47	4.47
南充	9	25	72	34.72	579.32	4.07
眉山	10	53	90	58.89	556.51	3.91
内江	9	48	72	66.67	543.79	3.82
遂宁	12	70	132	53.03	512.53	3.60
泸州	7	36	42	85.71	474.24	3.33
德阳	6	23	30	76.67	449.65	3.16
广安	3	6	6	100.00	287.64	2.02
雅安	3	6	6	100.00	214.25	1.50
资阳	9	55	72	76.39	174.17	1.22
广元	4	8	12	66.67	160.03	1.12
巴中	3	4	6	66.67	88.72	0.62
凉山州	1	0	0	0.00	66.95	0.47
达州	2	2	2	100.00	53.24	0.37
甘孜州	1	0	0	0.00	38.56	0.27
阿坝州	1	0	0	0.00	34.12	0.24
攀枝花	0	0	0	0.00	24.72	0.17

从表 2-8 可以看出，2018 年，四川省旅游经济空间网络中的 21 个单元个体网规模均大于 0，其中成都的个体网规模达到 20，南充为 14、乐山为 13、眉山为 12、绵阳和资阳为 11、内江和宜宾为 10，攀枝花、凉山州和阿坝州的个体网规模最低，只有 1。成都与旅游经济空间网络中个体成员的关系总数为 106，理论上所有成员之间存在的关系总和为 380，个体网络密度为 27.89。遂宁与个体成员的关系总数为 95，排在区域第二位；乐山、南充与旅游经济空

间网络中个体成员的关系总数为 90，眉山是 87，资阳是 86，内江是 71；攀枝花、凉山州、甘孜州、阿坝州的关系总数是 0。

表 2–8 2018 年四川省旅游经济空间网络个体密度

市（州）	Size	Ties	Pairs	Densit	旅游经济联系量	占比 /%
成都	20	106	380	27.89	9630.22	48.38
乐山	13	90	156	57.69	1217.94	6.12
绵阳	11	63	110	57.27	1209.32	6.08
自贡	9	60	72	83.33	996.92	5.01
宜宾	10	67	90	74.44	954.87	4.80
南充	14	90	182	49.45	846.72	4.25
德阳	8	42	56	75.00	760.64	3.82
内江	10	71	90	78.89	719.76	3.62
遂宁	14	95	182	52.20	712.48	3.58
眉山	12	87	132	65.91	704.72	3.54
泸州	8	53	56	94.64	607.20	3.05
广安	5	14	20	70.00	364.19	1.83
雅安	6	20	30	66.67	314.44	1.58
资阳	11	86	110	78.18	231.25	1.16
广元	6	23	30	76.67	228.18	1.15
巴中	5	12	20	60.00	119.66	0.60
凉山州	1	0	0	0.00	89.00	0.45
达州	4	7	12	58.33	77.94	0.39
甘孜州	3	6	6	100.00	65.13	0.33
攀枝花	1	0	0	0.00	33.11	0.17
阿坝州	1	0	0	0.00	21.15	0.11

从表 2–9 可以看出，2019 年，成都的个体网规模为 20，在旅游经济空间网络中与个体成员的关系总数为 138，理论上所有成员之间存在的关系总和为 380，个体网络密度为 36.32。个体网规模“Size”均值为 9.619，其中“Size”超过均值的市（州）还有乐山、宜宾、南充、绵阳、自贡、德阳、遂宁、眉山、内江、资阳。与 2015 年相比，21 个市（州）的个体网规模均呈现增加的

趋势，其中遂宁的增长幅度最大，从 4 增加到 15；其次是南充、资阳、绵阳，分别从 5、2、4 增加到 15、12、13；宜宾、广安、乐山、德阳、眉山、内江、雅安、巴中分别增加 7、7、6、6、6、6、6、6。个体成员的关系总数，阿坝州一直是 0，巴中、达州、甘孜州、凉山州、攀枝花的关系总数分别从 0 增加到 32、16、12、1、1；其他市（州）关系总数的增长则比较明显，其中资阳、南充、遂宁、绵阳、内江、乐山、宜宾等市（州）的增长幅度最大。

表 2–9 2019 年四川省旅游经济空间网络个体密度

市（州）	Size	Ties	Pairs	Densit	旅游经济联系量	占比 /%
成都	20	138	380	36.32	13384.39	49.65
乐山	14	115	182	63.19	1664.43	6.17
宜宾	13	115	156	73.72	1313.80	4.87
南充	15	121	210	57.62	1303.65	4.84
绵阳	13	100	156	64.10	1275.94	4.73
自贡	10	77	90	85.56	1197.67	4.44
德阳	11	84	110	76.36	1004.60	3.73
遂宁	15	122	210	58.10	999.21	3.71
眉山	13	107	156	68.59	914.87	3.39
内江	12	103	132	78.03	906.90	3.36
泸州	9	70	72	97.22	772.42	2.87
广安	9	51	72	70.83	481.25	1.79
雅安	9	50	72	69.44	451.10	1.67
广元	6	25	30	83.33	310.35	1.15
资阳	12	109	132	82.58	288.97	1.07
巴中	7	32	42	76.19	173.45	0.64
达州	5	16	20	80.00	164.02	0.61
甘孜州	4	12	12	100.00	147.64	0.55
凉山州	2	1	2	50.00	119.33	0.44
攀枝花	2	1	2	50.00	46.71	0.17
阿坝州	1	0	0	0.00	36.83	0.14

从表 2-10 可以看出，2020 年，成都的个体网规模为 19，在旅游经济空间网络中与个体成员的关系总数为 102，理论上所有成员之间存在的关系总和为 32，个体网络密度为 29.82。个体网规模“Size”均值为 7.71，其中“Size”超过均值的市（州）还有乐山、南充、绵阳、宜宾、遂宁、眉山、内江、自贡、资阳。与 2019 年相比，21 个市（州）的个体网规模均值有明显的下降，其中广安、德阳、资阳的下降最多，分别下降 6、4、4。个体成员的关系总数，阿坝州一直是 0，凉山州和攀枝花的关系总数从 1 降为 0；其他市（州）关系的旅游经济联系关系总和也有明显的下降，其中资阳、宜宾、德阳、广安、绵阳的下降幅度最大，分别从 109、115、84、51、100 下降到 51、59、37、6、57。

表 2-10　2020 年四川省旅游经济空间网络个体密度

市（州）	Size	Ties	Pairs	Densit	旅游经济联系量	占比 /%
成都	19	102	342	29.82	7183.93	43.50
乐山	13	81	156	51.92	1432.79	8.68
南充	15	94	210	44.76	1283.36	7.77
绵阳	10	57	90	63.33	1103.65	6.68
宜宾	10	59	90	65.56	824.38	4.99
遂宁	15	93	210	44.29	811.19	4.91
内江	10	64	90	71.11	596.26	3.61
眉山	11	70	110	63.64	554.77	3.36
德阳	7	37	42	88.10	447.99	2.71
自贡	8	49	56	87.50	427.79	2.59
泸州	7	38	42	90.48	399.48	2.42
雅安	6	20	30	66.67	338.35	2.05
广元	6	23	30	76.67	251.83	1.52
广安	3	6	6	100.00	214.49	1.30
资阳	8	51	56	91.07	138.66	0.84
达州	4	10	12	83.33	134.76	0.82
巴中	5	16	20	80.00	130.97	0.79
甘孜州	3	6	6	100.00	120.41	0.73

续表

市（州）	Size	Ties	Pairs	Densit	旅游经济联系量	占比 /%
阿坝州	1	0	0	0.00	51.35	0.31
凉山州	1	0	0	0.00	42.5	0.26
攀枝花	0	0	0	0.00	25.98	0.16

从表 2-11 可见，2022 年，成都的个体网规模为 15，在旅游经济空间网络中与个体成员的关系总数为 63，理论上所有成员之间存在的关系总和为 210，个体网络密度为 30。个体网规模“Size”均值为 5.43，其中“Size”超过均值的市（州）还有绵阳、宜宾、资阳、内江、乐山、眉山、南充、泸州、遂宁、自贡。与 2020 年相比，绵阳、宜宾、资阳的个体网规模有所增加，内江、攀枝花的个体网规模没有变化，其他市（州）的个体网规模均有一定程度的下降。个体成员的关系总数为 0 的市（州）数量有所增加，巴中、达州、攀枝花、甘孜州、阿坝州、凉山州的关系总数都为 0，这些市（州）与其他市（州）的旅游经济联系很弱。

表 2-11　2022 年四川省旅游经济空间网络个体密度

市（州）	Size	Ties	Pairs	Densit	旅游经济联系量	占比 /%
成都	15	63	210	30.00	3890.43	41.78%
绵阳	12	53	132	40.15	1157.27	12.43%
宜宾	11	58	110	52.73	835.98	8.98%
资阳	11	55	110	50.00	479.13	5.15%
内江	10	52	90	57.78	711.47	7.64%
乐山	9	47	72	65.28	341.79	3.67%
眉山	7	34	42	80.95	214.38	2.30%
南充	7	26	42	61.90	349.84	3.76%
泸州	6	27	30	90.00	383.23	4.12%
遂宁	6	26	30	86.67	155.14	1.67%
自贡	6	29	30	96.67	169.47	1.82%
雅安	5	17	20	85.00	170.56	1.83%

续表

市（州）	Size	Ties	Pairs	Densit	旅游经济联系量	占比 /%
德阳	3	6	6	100.00	185.02	1.99%
广安	3	6	6	100.00	109.54	1.18%
广元	2	2	2	100.00	56.45	0.61%
甘孜州	1	0	0	0.00	20.22	0.22%
阿坝州	0	0	0	0.00	8.68	0.09%
巴中	0	0	0	0.00	18.07	0.19%
达州	0	0	0	0.00	47.88	0.51%
凉山州	0	0	0	0.00	1.74	0.02%
攀枝花	0	0	0	0.00	4.88	0.05%

三、四川省旅游经济空间网络中心度分析

研究使用社会网络分析方法，从度数中心度、中间中心度、接近中心度等指标，分析 2015—2022 年四川省旅游经济空间网络中心度的变化情况，计算结果见表 2-12。

表 2-12　四川省旅游经济空间网络中心度分析

市（州）	2015 年			2019 年			2020 年			2022 年		
	度数中心度	接近中心度	中间中心度	度数中心度	接近中心度	中间中心度	度数中心度	接近中心度	中间中心度	度数中心度	接近中心度	中间中心度
成都	90.000	33.333	58.684	100.000	100.000	36.654	95.000	50.000	32.918	75.000	16.667	17.982
自贡	30.000	27.778	0.263	50.000	66.667	0.285	40.000	39.216	0.075	30.000	15.504	0.000
攀枝花	0.000	0.000	0.000	10.000	52.632	0.000	0.000	0.000	0.000	0.000	0.000	0.000
泸州	25.000	27.397	0.000	45.000	64.516	0.000	35.000	38.462	0.000	30.000	15.504	0.000
德阳	10.000	26.316	0.000	55.000	68.966	0.899	35.000	38.462	0.211	15.000	15.152	0.000
绵阳	25.000	27.397	1.316	65.000	74.074	2.309	50.000	40.816	1.465	60.000	16.260	6.684
广元	10.000	26.316	0.000	30.000	58.824	0.105	30.000	37.736	0.263	10.000	15.038	0.000
遂宁	30.000	27.778	1.754	75.000	80	4.176	75.000	45.455	7.321	30.000	15.504	0.000

续表

市（州）	2015年			2019年			2020年			2022年		
	度数中心度	接近中心度	中间中心度	度数中心度	接近中心度	中间中心度	度数中心度	接近中心度	中间中心度	度数中心度	接近中心度	中间中心度
内江	35.000	28.169	1.140	60.000	71.429	0.650	50.000	40.816	0.497	50.000	16.000	1.368
乐山	40.000	28.571	2.368	70.000	76.923	2.689	65.000	43.478	4.242	45.000	15.873	0.982
南充	20.000	27.027	0.175	75.000	80.000	4.176	75.000	45.455	7.321	35.000	15.625	0.702
眉山	20.000	27.027	0.175	65.000	74.074	1.893	55.000	41.667	1.299	35.000	15.625	0.211
宜宾	25.000	27.397	.0000	65.000	74.074	1.066	50.000	40.816	0.966	55.000	16.129	2.281
广安	15.000	26.667	0.000	45.000	64.516	0.816	15.000	35.714	0.000	15.000	15.152	0.000
达州	0.000	0.000	0.000	25.000	57.143	0.000	20.000	36.364	0.000	0.000	0.000	0.000
雅安	15.000	26.667	0.000	45.000	64.516	0.775	30.000	37.736	0.592	25.000	15.385	0.000
巴中	5.000	25.974	0.000	35.000	60.606	0.342	25.000	37.037	0.132	0.000	0.000	0.000
资阳	30.000	27.778	0.965	60.000	71.429	0.534	40.000	39.216	0.066	55.000	16.129	2.947
阿坝州	5.000	25.974	0.000	5.000	51.282	0.000	5.000	34.483	0.000	0.000	0.000	0.000
甘孜州	5.000	25.974	0.000	20.000	55.556	0.000	15.000	35.714	0.000	5.000	14.925	0.000
凉山州	5.000	25.974	0.000	10.000	52.632	0.000	5.000	34.483	0.000	0.000	0.000	0.000
均值	20.952	27.343	3.183	48.095	67.612	2.732	38.571	39.656	2.732	27.143	15.654	1.579
标准差	19.311	1.612	12.429	24.323	11.392	7.690	24.647	3.936	7.097	22.550	0.472	3.982

（一）度数中心度分析

如果旅游经济空间网络中某节点具有最高的度数，则称该节点居于旅游空间网络的中心，与该点所对应的行动者也是中心人物，因而拥有最大权力。从表2-12可以看出，2015—2019年间，除阿坝州的度数中心度没有发生变化外，其他市（州）的度数中心度都有一定程度的增加，说明除阿坝州外的20个市（州）在旅游经济空间网络中的权力在提升，开始在区域旅游客流空间交互方面承担更大的角色。在2015年，成都的度数中心度最大，达到90；其次是乐山、内江、自贡、遂宁、资阳，度数中心度值分别达到40、35、30、30、30，说明这个市（州）在四川旅游经济空间网络中的权力较大，处于旅游经济空间网络的中心位置；旅游经济空间网络度数中心度的均值为20.952，度数中心度在均值以上的市（州）还有泸州、绵阳、宜宾；度数中心度的标准差为 19.311，说明不同市（州）的度数中心度差异较大。巴中、阿坝州、甘孜州、凉山州的度数中心度值均为 5，攀枝花和达州的度数中心度值为 0，说明这些市（州）在四川省旅游经济空间网络中的权力处于垫底的位置，对其他市（州）的影响较弱。

2019 年，成都的度数中心度依然是最高的，达到了 100，说明成都在区域旅游经济空间网络中的核心地位进一步提升；南充、遂宁、乐山的度数中心度分列 2—4 位，分别达到 75、75、70，南充和遂宁在旅游经济空间网络中的权力提升明显，尤其是南充，乐山的位次在下降；眉山、宜宾、绵阳、内江、资阳的度数中心度在区域中也处于靠前的位置，具有一定的网络权力；度数中心度的均值为 48.095，在均值以上的区域还有自贡、德阳，其他市（州）在区域旅游经济空间网络中的权力较弱；度数中心度的标准差进一步变大，从 19.311 增长为 24.323，说明市（州）间的网络权力差异进一步加剧。阿坝州、攀枝花、凉山州、甘孜州、巴中的度数中心度仍然处于区域垫底的位置。

2020 年，成都的度数中心度相比 2019 年有所下降，但在区域 21 个市（州）中依然是最高的，达到了 95；南充、遂宁、乐山的度数中心度分列 2—4 位，和 2019 年保持一致，度数中心度值分别达到 75、75、65；眉山、绵阳、内江、宜宾的度数中心度在区域中也处于靠前的位置，说明上述几个市（州）在四川省旅游经济空间网络中处于较为重要的位置。度数中心度的均值为 38.571，在均值以上的区域还有自贡、资阳；其他市（州）在区域旅游经济空间网络中的权力较弱，其中攀枝花的度数中心度值为 0，处于区域垫底的位置，阿坝州和凉山州的度数中心度值均为 5。度数中心度的标准差为 24.647，相比 2019 年略有增加，说明四川省 21 个市（州）的度数中心度差异在变大。

2022 年与 2020 年相比，资阳、绵阳、宜宾的度数中心度有所增加，其中资阳的增加幅度最大，说明这三个城市在四川省旅游经济空间网络中的重要性在提升。内江、广安、攀枝花的度数中心度没有变化，其他 15 个市（州）的度数中心度均存在明显的下降。成都的度数中心度依然是最高的，达到了

75；其次是绵阳、宜宾、资阳、内江、乐山，度数中心度值分别为60、55、55、50、45，上述市（州）在四川省旅游经济空间网络中处于较为重要的位置。度数中心度的均值为27.143，在均值以上的区域还有南充、眉山、自贡、泸州、遂宁；其他市（州）在区域旅游经济空间网络中的权力较弱，其中攀枝花、达州、巴中、阿坝州、凉山州的度数中心度值为0，处于区域垫底的位置，甘孜州的度数中心度值为5。度数中心度的标准差为22.550，相比2020年略有下降，说明四川省21个市（州）的度数中心度差异在变小。

（二）中间中心度分析

中间中心度衡量的是该网络节点对其他节点的控制能力。从2015年四川旅游经济空间网络来看，成都的中间中心度最高，达到了58.684，远远超过其他20个市（州），说明成都在旅游经济空间网络中拥有较大的控制其他市（州）的权力，在四川省旅游客流空间移动中起到中介作用，是四川省旅游客流的中转站。中间中心度的整体均值为3.183，除成都外其他市（州）的中间中心度均低于平均值，说明这些市（州）几乎对旅游客流转移的控制能力较弱。乐山的中间中心度为2.368，排名第二；依次是遂宁、绵阳、内江、资阳、自贡、南充、眉山，这些市（州）的中间中心度均在2以下；其他12个市（州）的中间中心度为0，表示这些市（州）完全没有控制其他市（州）的能力。中间中心度的标准差为12.429，说明四川省21个市（州）的中间中心度差异较大。

2015—2019年，四川省旅游经济空间网络的中间中心度均值和标准差均呈现下降的趋势，说明21个市（州）的中间中心度差异在缩小，开始有更多的市（州）参与到四川省旅游客流的空间移动中来。2019年，中间中心度最高的市（州）是成都，但中间中心度的值从58.684下降到36.654，中间中心度下降的市（州）还有内江和资阳。中间中心度增加的市（州）有12个，分别是自贡、德阳、绵阳、广元、遂宁、乐山、南充、眉山、宜宾、广安、雅安、巴中，其中遂宁、南充的增加最为明显，在区域中旅游客流的中转中开始扮演重要的角色；中间中心度为0的市（州）数量下降为6个，分别是攀枝花、泸州、达州、阿坝州、甘孜州、凉山州，这几个市（州）处于四川省地理空间的边缘，与其他市（州）的交互较少，没有控制其他市（州）旅游客流的能力。

2020 年，四川省旅游经济空间网络中间中心度的均值为 2.732，中间中心度高于区域总体均值的市（州）只有 4 个，分别为成都、遂宁、南充、乐山，和 2019 年的排序保持一致。上述四个市（州）的中间中心度值分别为 32.918、7.321、7.321、7.097，在四川省旅游客流的空间转移中扮演重要的角色和作用。其他市（州）的中间中心度值偏小，说明这些市（州）的旅游客流移动需要依赖于成都、遂宁、南充、乐山，自身控制其他地区旅游客流的能力较差。泸州、达州、广安、甘孜州、阿坝州、凉山州、攀枝花的中间中心度值均为 0，自贡、资阳的中间中心度值也小于 0.1。中间中心度的标准差为 7.097，相比 2019 年有少许下降，说明四川省 21 个市（州）的中间中心度的差异有变小的趋势。

2022 年，四川省旅游经济空间网络中间中心度的均值为 1.579，中间中心度高于区域总体均值的市（州）只有 4 个，分别为成都、绵阳、资阳、宜宾，中间中心度值分别为 17.982、6.684、2.947、2.281，这些市（州）在四川省旅游客流的空间转移中扮演重要的角色和作用。其他市（州）的中间中心度值偏小，其中中间中心度值为 0 的市（州）达到了 13 个，说明这些市（州）控制其他地区旅游客流的能力较弱，受到其他市（州）的限制。内江、乐山、南充、眉山的中间中心度值也偏低，低于区域整体均值。中间中心度的标准差为 3.982，相比 2020 年有明显下降，说明四川省 21 个市（州）的中间中心度的差异继续变小。

（三）接近中心度分析

接近中心度测量的是旅游空间网络节点免受其他节点控制的能力。2015 年四川省旅游经济空间网络中，成都的接近中心度最高，达到 33.333，说明成都在旅游经济空间网络中不受其他市（州）控制的能力最强。除攀枝花和达州的接近中心度为 0 外，其他市（州）的接近中心度较为接近，均在 25—29，接近中心度的均值为 27.343，标准差为 1.612。

2019 年，接近中心度的整体均值为 67.612，标准差为 11.392，相比 2015 年均有大幅的提升，市（州）间的差异开始显现。成都的接近中心度仍然是最高，达到 100；遂宁和南充的接近中心度均为 80，分列区域二、三位，这三个市（州）在旅游经济空间网络中的行动最为自由，旅游客流受到其他市（州）的限制较小。此外，接近中心度在整体均值以上的市（州）还有乐山、绵阳、眉山、宜宾、内江、资阳、德阳，这几个市（州）的旅游客流空间移动中相对较为自由。相比度数中心度和中间中心度，四川省旅游经济空间网络中 21 个空间节点的接近中心度差异较小。

2020 年，四川省旅游经济空间网络接近中心度的整体均值为 39.656，标准差为 3.936，相比 2019 年均有大幅的下降，说明市（州）间的接近中心度差异有明显的缩小，接近中心度的区域差异不大。成都的接近中心度仍然是最高，达到 50；遂宁、南充、乐山、眉山、绵阳、宜宾的接近中心度值分别为 45.455、45.455、43.478、41.667、40.816、40.816、40.816，分列区域 2—7 位，高于区域整体均值，这几个市（州）在四川省旅游经济空间网络中的行动受其他市（州）的限制较小。攀枝花的接近中心度值为 0，除攀枝花外，其他几个市（州）的接近中心度值差别不大，均在 34—40。

2022 年，四川省旅游经济空间网络接近中心度的整体均值为 15.654，标准差为 0.472，相比 2020 年均有大幅的下降，说明四川省 21 个市（州）间的接近中心度区域差异不大。成都的接近中心度仍然是最高，达到 16.667。绵阳、宜宾、资阳、内江的接近中心度值在区域分列 2—5 位，接近中心度值分别为 16.26、16.129、16.129、16。除攀枝花、达州、巴中、阿坝州、凉山州的接近中心度为 0 外，其他市（州）的接近中心度值差别不大，均在 14—16 之间。

四、旅游经济空间网络结构洞水平分析

（一）结构洞水平分析

从表 2-13 可以看出，在旅游空间网络结构洞水平评价指标中，2015 年成

都的有效规模、效率性值在四川省 21 个市（州）中均处于最高的位置，分别达到 15.25 和 0.847，说明成都在四川旅游经济空间网络中的行动最自由、行动效率也最高；旅游客流受其他市（州）的限制影响较小，相应的限制度为 0.179，排名最低，等级为 0.113，说明成都在四川旅游经济空间网络中的结构洞水平最高。乐山的有效规模值为 4.385，效率性值为 0.548，有效规模值排名第二，效率性值排名第五，在区域中也具备较高的结构洞水平；限制度为 0.427，处于倒数第二的位置，说明乐山旅游客流受其他市（州）的影响与限制也较少。除成都、乐山外，遂宁、资阳、内江、绵阳的有效规模值均在 3 以上，在四川省旅游经济空间网络中处于较高的位置；效率性值除内江外，均在 0.5 以上，拥有较高的旅游行动效率；其中遂宁、绵阳、资阳的效率性值在区域中分列 2—4 位，内江的效率性值为 0.464，在区域中排名第十。自贡、泸州、南充、眉山的有效规模在 2 左右，对应的效率性值在 0.4~0.5，在区域中结构洞水平处于中等位置。其他市（州）的有效规模和效率性均较低，其中攀枝花和达州的有效规模和效率性均为 0；广元、德阳、雅安的有效规模为 1，效率性分别为 0.5、0.5、0.333，但限制度却在区域中排名第一、第二、第三；雅安的行动效率在区域中处于倒数的位置，广元、德阳虽然具有中等水平的行动效率，却受到其他市（州）的影响较为明显，自身在区域旅游经济空间网络中的行动不自由；巴中、阿坝、甘孜、凉山四个市（州）的有效规模、效率性、限制度、等级均为 1，四个市（州）在区域旅游经济空间网络中的行动完全没有自由，均被成都所完全限制和影响。

表 2–13　四川省旅游经济空间网络结构洞水平分析（2015—2019 年）

市（州）	2015 年				2019 年			
	有效规模	效率性	限制度	等级	有效规模	效率性	限制度	等级
成都	15.250	0.847	0.179	0.113	12.106	0.605	0.195	0.079
自贡	2.682	0.447	0.532	0.013	2.105	0.211	0.367	0.020
攀枝花	0.000	0.000			1.000	0.500	1.125	0.000
泸州	2.000	0.400	0.650	0.037	1.176	0.131	0.401	0.008
德阳	1.000	0.500	1.125	0.000	3.316	0.301	0.336	0.031

续表

市（州）	2015 年				2019 年			
	有效规模	效率性	限制度	等级	有效规模	效率性	限制度	等级
绵阳	3.143	0.629	0.648	0.210	4.800	0.369	0.303	0.060
广元	1.000	0.500	1.389	0.000	1.833	0.306	0.546	0.011
遂宁	3.900	0.650	0.517	0.084	6.571	0.438	0.252	0.038
内江	3.250	0.464	0.497	0.046	3.071	0.256	0.319	0.037
乐山	4.385	0.548	0.427	0.048	5.385	0.385	0.272	0.038
南充	2.000	0.500	0.769	0.080	6.931	0.462	0.242	0.023
眉山	2.000	0.500	0.694	0.030	4.520	0.348	0.286	0.026
宜宾	1.938	0.387	0.655	0.038	3.667	0.282	0.302	0.048
广安	1.300	0.433	0.947	0.059	3.250	0.361	0.416	0.057
达州	0.000	0.000			1.813	0.363	0.655	0.036
雅安	1.000	0.333	1.024	0.041	3.357	0.373	0.405	0.063
巴中	1.000	1.000	1.000	1.000	2.500	0.357	0.502	0.036
资阳	3.333	0.556	0.505	0.036	2.583	0.215	0.323	0.039
阿坝州	1.000	1.000	1.000	1.000	1.000	1.000	1.000	1.000
甘孜州	1.000	1.000	1.000	1.000	1.000	0.250	0.841	0.033
凉山州	1.000	1.000	1.000	1.000	1.000	0.500	1.125	0.000

2019 年，成都的有效规模仍然在区域中排名第一，但相比 2015 年有一定程度的下降，有效规模值为 12.106；效率性也在下降，限制度在上升，说明成都在区域旅游经济空间网络中的行动效率开始受到其他市（州）的限制和影响。南充和遂宁的有效规模在区域中分别排名第二、第三，分别达到 6.931 和 6.571，相比 2015 年有较大幅度的提升；效率性也分别位于区域旅游经济空间网络的第二、第三，说明南充和遂宁在 2015—2019 年间的旅游行动效率提升显著，在旅游经济空间网络中的行动的自由度也在提升，拥有较高的结构洞水平，在与其他市（州）的旅游客流交互中处于优势地位。乐山的有效规模为 5.385，眉山的有效规模为 4.520，分列区域第四、第五位，乐山的有效规模虽然相比 2015 年有提升，但在区域中的竞争优势在下降，眉山的竞争优势在提

升。攀枝花和达州的有效规模在2015—2019年间从0变化为1，说明这两个市（州）开始与区域内其他市（州）存在旅游经济空间联系，德阳、绵阳、广元、宜宾、广安、雅安、巴中等市（州）的有效规模均保持增加的趋势，自贡、泸州、内江、资阳的有效规模呈现下降的趋势，阿坝州、甘孜州、凉山州的有效规模保持不变。在效率性方面，除攀枝花、达州、雅安和阿坝州外，其他市（州）均呈现下降的态势，阿坝州的效率性没有发生变化，攀枝花、达州和雅安的旅游行动效率在提升。在限制度方面，攀枝花、凉山州、达州的增加明显，成都的限制度略有增加，凉山州的限制度没有变化，其他市（州）的限制度均呈现下降的趋势。进一步说明，四川省区域旅游经济空间网络中市（州）间的旅游经济联系更加紧密，旅游客流空间流动和交互的方向更加多元，市（州）间彼此旅游客流空间移动的限制和影响进一步减弱。

2020年，在旅游空间网络结构洞水平评价指标中，攀枝花由于在区域中和其他市（州）没有旅游经济联系，有效规模和效率性值均为0；阿坝州和凉山州在旅游经济空间网络中的行动完全被成都所限制，其有效规模、效率性、限制度和等级均为1。成都的有效规模、效率性在四川省旅游经济空间网络中均处于最高的位置，分别达到12.867和0.677，限制度为0.207，在区域中最低，拥有最高的结构洞水平。南充、遂宁、乐山、眉山、绵阳、宜宾、内江的结构洞水平分列四川省旅游经济空间网络的2—8位，有效规模、效率性、限制度在区域中均处于优势地位，在旅游经济空间网络中的行动效率和自由度均较好。南充、遂宁的有效规模分别为8.688和8.400，效率性分别为0.579和0.560，限制度分别为0.253和0.260，与排名第四的乐山相比，也具有明显的优势。乐山的有效规模、效率性、限制度分别为6.413、0.493和0.289。其他市（州）的结构洞水平处于偏低的水平，除雅安、广元的有效规模大于2以外，其他市（州）的有效规模均很小，效率性和限制度也处于区域较低的位置。与2019年相比，旅游经济空间网络结构洞水平的有效规模有稍微下降，限制度有稍微增加，说明四川省21个市（州）的旅游经济空间移动效率和自由度有下降。

表 2-14　四川省旅游经济空间网络结构洞水平分析（2020—2022 年）

市（州）	2020 年				2022 年			
	有效规模	效率性	限制度	等级	有效规模	效率性	限制度	等级
成都	12.867	0.677	0.207	0.109	10.260	0.684	0.249	0.107
自贡	1.833	0.229	0.459	0.036	1.125	0.188	0.600	0.033
攀枝花	0.000	0.000			0.000	0.000		
泸州	1.545	0.221	0.511	0.030	1.400	0.233	0.580	0.031
德阳	1.591	0.227	0.516	0.038	1.000	0.333	0.970	0.026
绵阳	4.029	0.403	0.374	0.061	7.176	0.598	0.327	0.139
广元	2.136	0.356	0.552	0.032	1.000	0.500	1.389	0.000
遂宁	8.400	0.560	0.260	0.085	1.786	0.298	0.588	0.016
内江	3.583	0.358	0.359	0.026	4.531	0.453	0.377	0.076
乐山	6.413	0.493	0.289	0.053	3.567	0.396	0.405	0.051
南充	8.688	0.579	0.253	0.085	3.455	0.494	0.466	0.048
眉山	4.474	0.407	0.337	0.050	2.136	0.305	0.504	0.037
宜宾	3.833	0.383	0.369	0.046	5.417	0.492	0.343	0.072
广安	1.000	0.333	0.970	0.026	1.000	0.333	1.024	0.041
达州	1.500	0.375	0.792	0.049	0.000	0.000		
雅安	2.600	0.433	0.549	0.068	1.563	0.313	0.669	0.040
巴中	1.875	0.375	0.644	0.031	0.000	0.000		
资阳	1.600	0.200	0.466	0.030	5.583	0.508	0.350	0.088
阿坝州	1.000	1.000	1.000	1.000	0.000	0.000		
甘孜州	1.000	0.333	1.024	0.041	1.000	1.000	1.000	1.000
凉山州	1.000	1.000	1.000	1.000	0.000	0.000		

2022 年，在旅游空间网络结构洞水平评价指标中，攀枝花、达州、巴中、阿坝州、凉山州，由于在区域中和其他市（州）没有旅游经济联系，有效规模和效率性值均为 0。甘孜州在旅游经济空间网络中的行动完全被成都所限制，其有效规模、效率性、限制度和等级均为 1。成都的有效规模、效率性在四川省旅游经济空间网络中均处于最高的位置，分别达到 10.260 和 0.684，限

制度为 0.249，在区域中最低，拥有最高的结构洞水平。绵阳、资阳、宜宾、内江、乐山、南充的结构洞水平分列四川省旅游经济空间网络的 2—7 位，有效规模、效率性、限制度在区域中均处于优势地位，在旅游经济空间网络中的行动效率和自由度均较好。绵阳的有效规模为 7.176，效率性为 0.598，限制度为 0.327，与成都外的其他市（州）相比优势明显。眉山的有效规模值为 2.136，其他市（州）的有效规模值均低于 2，效率性和限制度也处于区域较低的位置。与 2020 年相比，旅游经济空间网络结构洞水平的有效规模、效率性值均有所下降，限制度在增加。

（二）限制度分析

2015 年和 2019 年四川旅游经济空间网络中 21 个市（州）受其他市（州）影响的限制度分析如表 2-15 和表 2-16 所示。2015 年巴中、阿坝州、甘孜州、凉山州的旅游客流完全被成都所限制和影响，自贡的旅游客流主要受内江、乐山、宜宾和泸州的限制，泸州的旅游客流受自贡、内江和宜宾的限制，绵阳和德阳互相限制并均受到成都的影响，广元受成都和绵阳的限制，遂宁主要受成都和南充的影响，内江主要受自贡和资阳的影响，南充受到成都、遂宁和广安的影响，眉山的旅游客流受到成都、乐山、资阳和雅安的限制，广安的旅游客流受遂宁、南充和成都的限制，雅安的旅游客流被眉山、乐山和成都所限制，资阳的旅游客流被成都和乐山所限制，攀枝花和达州与其他市（州）没有旅游经济联系，在区域旅游经济空间网络中处于孤立的位置。2019 年，四川旅游经济空间网络的限制度在整体降低，市（州）间的限制度在减弱，攀枝花与凉山州的旅游客流互相限制并均受到成都的影响，阿坝州的旅游客流完全被成都所控制，甘孜州的旅游客流受到成都、乐山、眉山和雅安的限制，广元的旅游客流受到成都、绵阳、遂宁和南充的限制，达州的旅游客流受到南充、遂宁、广安、巴中的影响，其他市（州）受到的限制度较小。

表 2-15　2015 年四川旅游经济空间网络限制度分析

	成都	自贯	攀枝	泸州	德阳	绵阳	广元	遂宁	内江	乐山	南充	眉山	宜宾	广安	达州	雅安	巴中	资阳	阿坝	甘孜	凉山
成都	0.00	0.01	0.00	0.01	0.01	0.03	0.00	0.02	0.01	0.02	0.01	0.02	0.01	0.01	0.00	0.00	0.00	0.02	0.00	0.00	0.00
自贯	0.06	0.00	0.00	0.09	0.00	0.00	0.00	0.00	0.11	0.11	0.00	0.00	0.09	0.00	0.00	0.00	0.00	0.08	0.00	0.00	0.00
攀枝花	0.00	0.00	0.00	0.00	0.00	0.00	0.00	0.00	0.00	0.00	0.00	0.00	0.00	0.00	0.00	0.00	0.00	0.00	0.00	0.00	0.00
泸州	0.06	0.19	0.00	0.00	0.00	0.00	0.00	0.00	0.14	0.10	0.00	0.00	0.15	0.00	0.00	0.00	0.00	0.00	0.00	0.00	0.00
德阳	0.56	0.00	0.00	0.00	0.00	0.56	0.00	0.00	0.00	0.00	0.00	0.00	0.00	0.00	0.00	0.00	0.00	0.00	0.00	0.00	0.00
绵阳	0.35	0.00	0.00	0.00	0.13	0.00	0.03	0.08	0.00	0.00	0.06	0.00	0.00	0.00	0.00	0.00	0.00	0.00	0.00	0.00	0.00
广元	0.69	0.00	0.00	0.00	0.00	0.69	0.00	0.00	0.00	0.00	0.00	0.00	0.00	0.00	0.00	0.00	0.00	0.00	0.00	0.00	0.00
遂宁	0.17	0.00	0.00	0.00	0.00	0.03	0.00	0.00	0.04	0.00	0.11	0.00	0.00	0.08	0.00	0.00	0.00	0.09	0.00	0.00	0.00
内江	0.07	0.12	0.00	0.08	0.00	0.00	0.00	0.03	0.00	0.6	0.00	0.00	0.05	0.00	0.00	0.00	0.00	0.10	0.00	0.00	0.00
乐山	0.09	0.07	0.00	0.03	0.00	0.00	0.00	0.00	0.04	0.00	0.00	0.06	0.05	0.00	0.00	0.02	0.00	0.07	0.00	0.00	0.00
南充	0.17	0.00	0.00	0.00	0.00	0.07	0.00	0.32	0.00	0.00	0.00	0.00	0.00	0.21	0.00	0.00	0.00	0.00	0.00	0.00	0.00
眉山	0.22	0.00	0.00	0.00	0.00	0.00	0.00	0.00	0.00	0.22	0.00	0.00	0.00	0.00	0.00	0.10	0.00	0.15	0.00	0.00	0.00
宜宾	0.07	0.19	0.00	0.15	0.00	0.00	0.00	0.00	0.09	0.16	0.00	0.00	0.00	0.00	0.00	0.00	0.00	0.00	0.00	0.00	0.00
广安	0.17	0.00	0.00	0.00	0.00	0.00	0.00	0.44	0.00	0.00	0.34	0.00	0.00	0.00	0.00	0.00	0.00	0.00	0.00	0.00	0.00
达州	0.00	0.00	0.00	0.00	0.00	0.00	0.00	0.00	0.00	0.00	0.00	0.00	0.00	0.00	0.00	0.00	0.00	0.00	0.00	0.00	0.00
雅安	0.27	0.00	0.00	0.00	0.00	0.00	0.00	0.00	0.27	0.00	0.49	0.00	0.00	0.00	0.00	0.00	0.00	0.00	0.00	0.00	0.00
巴中	1.00	0.00	0.00	0.00	0.00	0.00	0.00	0.00	0.00	0.00	0.00	0.00	0.00	0.00	0.00	0.00	0.00	0.00	0.00	0.00	0.00
资阳	0.14	0.07	0.00	0.00	0.00	0.00	0.05	0.08	0.11	0.00	0.06	0.00	0.00	0.00	0.00	0.00	0.00	0.00	0.00	0.00	0.00
阿坝州	1.00	0.00	0.00	0.00	0.00	0.00	0.00	0.00	0.00	0.00	0.00	0.00	0.00	0.00	0.00	0.00	0.00	0.00	0.00	0.00	0.00
甘孜州	1.00	0.00	0.00	0.00	0.00	0.00	0.00	0.00	0.00	0.00	0.00	0.00	0.00	0.00	0.00	0.00	0.00	0.00	0.00	0.00	0.00
凉山州	1.00	0.00	0.00	0.00	0.00	0.00	0.00	0.00	0.00	0.00	0.00	0.00	0.00	0.00	0.00	0.00	0.00	0.00	0.00	0.00	0.00

表 2-16　2019 年四川旅游经济空间网络限制度分析

	成都	自贯	攀枝	泸州	德阳	绵阳	广元	遂宁	内江	乐山	南充	眉山	宜宾	广安	达州	雅安	巴中	资阳	阿坝	甘孜	凉山
成都	0.00	0.01	0.00	0.01	0.01	0.01	0.01	0.02	0.01	0.02	0.02	0.02	0.01	0.00	0.00	0.01	0.00	0.01	0.00	0.00	0.00
自贯	0.04	0.00	0.00	0.04	0.00	0.00	0.00	0.04	0.04	0.04	0.04	0.04	0.04	0.00	0.00	0.01	0.00	0.03	0.00	0.00	0.00
攀枝花	0.56	0.00	0.00	0.00	0.00	0.00	0.00	0.00	0.00	0.00	0.00	0.00	0.00	0.00	0.00	0.00	0.00	0.00	0.00	0.00	0.56
泸州	0.05	0.05	0.00	0.00	0.00	0.00	0.00	0.05	0.05	0.05	0.05	0.05	0.05	0.00	0.00	0.00	0.00	0.02	0.00	0.00	0.00
德阳	0.05	0.00	0.00	0.00	0.00	0.04	0.02	0.04	0.02	0.04	0.04	0.04	0.02	0.00	0.00	0.02	0.00	0.02	0.00	0.00	0.00
绵阳	0.04	0.00	0.00	0.00	0.03	0.00	0.02	0.04	0.01	0.03	0.04	0.03	0.01	0.01	0.00	0.01	0.01	0.01	0.00	0.00	0.00
广元	0.10	0.00	0.00	0.00	0.08	0.10	0.00	0.10	0.00	0.00	0.11	0.00	0.00	0.00	0.00	0.00	0.06	0.00	0.00	0.00	0.00
遂宁	0.03	0.02	0.00	0.01	0.02	0.02	0.01	0.00	0.02	0.02	0.03	0.02	0.02	0.01	0.00	0.00	0.01	0.01	0.00	0.00	0.00
内江	0.04	0.03	0.00	0.03	0.01	0.01	0.00	0.04	0.00	0.04	0.04	0.03	0.03	0.01	0.00	0.00	0.00	0.03	0.00	0.00	0.00
乐山	0.03	0.02	0.00	0.02	0.02	0.02	0.00	0.03	0.02	0.00	0.03	0.03	0.02	0.00	0.00	0.02	0.00	0.02	0.00	0.00	0.00
南充	0.03	0.01	0.00	0.01	0.01	0.02	0.01	0.03	0.02	0.02	0.00	0.02	0.02	0.01	0.01	0.00	0.01	0.01	0.00	0.00	0.00
眉山	0.03	0.02	0.00	0.02	0.02	0.02	0.00	0.03	0.02	0.03	0.02	0.00	0.02	0.00	0.00	0.02	0.00	0.02	0.00	0.00	0.00
宜宾	0.03	0.03	0.00	0.02	0.01	0.01	0.00	0.03	0.03	0.03	0.03	0.03	0.00	0.01	0.00	0.01	0.00	0.01	0.00	0.00	0.00
广安	0.04	0.00	0.00	0.00	0.00	0.03	0.00	0.08	0.03	0.03	0.10	0.00	0.03	0.00	0.05	0.00	0.03	0.00	0.00	0.00	0.00
达州	0.07	0.00	0.00	0.00	0.00	0.00	0.00	0.10	0.00	0.00	0.20	0.00	0.00	0.15	0.00	0.00	0.13	0.00	0.00	0.00	0.00
雅安	0.08	0.02	0.00	0.00	0.05	0.02	0.00	0.00	0.00	0.08	0.00	0.08	0.03	0.00	0.00	0.00	0.00	0.03	0.00	0.03	0.00
巴中	0.06	0.00	0.00	0.00	0.00	0.05	0.08	0.06	0.00	0.00	0.13	0.00	0.00	0.05	0.07	0.00	0.00	0.00	0.00	0.00	0.00
资阳	0.04	0.03	0.00	0.02	0.02	0.01	0.00	0.04	0.03	0.04	0.02	0.04	0.02	0.00	0.00	0.01	0.00	0.00	0.00	0.00	0.00
阿坝州	1.00	0.00	0.00	0.00	0.00	0.00	0.00	0.00	0.00	0.00	0.00	0.00	0.00	0.00	0.00	0.00	0.00	0.00	0.00	0.00	0.00
甘孜州	0.17	0.00	0.00	0.00	0.00	0.00	0.00	0.00	0.00	0.17	0.00	0.17	0.00	0.00	0.00	0.33	0.00	0.00	0.00	0.00	0.00
凉山州	0.56	0.00	0.56	0.00	0.00	0.00	0.00	0.00	0.00	0.00	0.00	0.00	0.00	0.00	0.00	0.00	0.00	0.00	0.00	0.00	0.00

从表 2-17 可以看出，2020 年，攀枝花与其他市（州）没有旅游经济联系，在区域旅游经济空间网络中处于孤立的位置，受其他地区的限制为 0；凉

山州、阿坝州的旅游客流完全被成都所限制和影响，限制度均为 1；甘孜州的旅游经济联系受到雅安、乐山、成都的限制，限制度分别为 0.49、0.27、0.27；自贡的旅游客流主要受乐山、宜宾的限制，泸州的旅游客流受到乐山、宜宾、内江、自贡的限制，德阳的旅游客流受到成都、绵阳、遂宁、眉山的限制，广元的旅游客流受到南充、遂宁、成都、绵阳的限制，广安的旅游客流受到南充、遂宁、成都的限制，达州的旅游客流受到南充、巴中、遂宁、成都的限制，雅安的旅游客流被成都、乐山、眉山所限制，巴中的旅游客流受到南充、广元、达州、成都的限制，资阳的旅游客流主要受到成都、内江的限制。

表 2-17　2020 年四川旅游经济空间网络限制度分析

	成都	自贯	攀枝	泸州	德阳	绵阳	广元	遂宁	内江	乐山	南充	眉山	宜宾	广安	达州	雅安	巴中	资阳	阿坝	甘孜	凉山
成都	0.00	0.00	0.00	0.00	0.01	0.02	0.01	0.03	0.02	0.02	0.03	0.02	0.02	0.00	0.00	0.01	0.00	0.01	0.00	0.00	0.00
自贯	0.04	0.00	0.00	0.00	0.00	0.00	0.00	0.04	0.08	0.09	0.03	0.03	0.9	0.00	0.00	0.00	0.00	0.00	0.00	0.00	0.00
攀枝花	0.00	0.00	0.00	0.00	0.00	0.00	0.00	0.00	0.00	0.00	0.00	0.00	0.00	0.00	0.00	0.00	0.00	0.00	0.00	0.00	0.00
泸州	0.05	0.08	0.00	0.00	0.00	0.00	0.00	0.05	0.05	0.10	0.4	0.00	0.10	0.00	0.00	0.00	0.00	0.00	0.00	0.00	0.00
德阳	0.10	0.00	0.00	0.00	0.00	0.10	0.03	0.10	0.00	0.05	0.05	0.08	0.00	0.00	0.00	0.00	0.00	0.00	0.00	0.00	0.00
绵阳	0.07	0.00	0.00	0.00	0.03	0.00	0.03	0.06	0.02	0.05	0.05	0.05	0.00	0.00	0.00	0.01	0.00	0.01	0.00	0.00	0.00
广元	0.11	0.00	0.00	0.00	0.04	0.09	0.00	0.11	0.00	0.00	0.13	0.00	0.00	0.00	0.00	0.00	0.06	0.00	0.00	0.00	0.00
遂宁	0.04	0.01	0.00	0.01	0.01	0.02	0.01	0.00	0.02	0.02	0.04	0.02	0.02	0.01	0.00	0.00	0.01	0.01	0.00	0.00	0.00
内江	0.05	0.03	0.00	0.03	0.00	0.02	0.00	0.04	0.00	0.05	0.02	0.04	0.05	0.00	0.00	0.00	0.00	0.03	0.00	0.00	0.00
乐山	0.04	0.02	0.00	0.02	0.01	0.02	0.00	0.03	0.03	0.00	0.03	0.03	0.03	0.00	0.00	0.02	0.00	0.01	0.00	0.00	0.00
南充	0.04	0.01	0.00	0.01	0.01	0.02	0.02	0.05	0.01	0.02	0.00	0.01	0.02	0.01	0.01	0.00	0.02	0.01	0.00	0.00	0.00
眉山	0.06	0.01	0.00	0.00	0.02	0.04	0.00	0.04	0.03	0.05	0.02	0.00	0.03	0.00	0.00	0.02	0.00	0.01	0.00	0.00	0.00
宜宾	0.05	0.03	0.00	0.03	0.00	0.00	0.00	0.04	0.05	0.06	0.04	0.04	0.00	0.00	0.00	0.01	0.00	0.01	0.00	0.00	0.00
广安	0.22	0.00	0.00	0.00	0.00	0.00	0.00	0.33	0.00	0.00	0.38	0.00	0.00	0.00	0.00	0.00	0.00	0.00	0.00	0.00	0.00
达州	0.13	0.00	0.00	0.00	0.00	0.00	0.00	0.13	0.00	0.00	0.31	0.00	0.00	0.00	0.00	0.00	0.22	0.00	0.00	0.00	0.00
雅安	0.15	0.00	0.00	0.00	0.00	0.05	0.00	0.00	0.00	0.15	0.00	0.11	0.05	0.00	0.00	0.00	0.00	0.00	0.00	0.06	0.00
巴中	0.10	0.00	0.00	0.00	0.00	0.00	0.13	0.10	0.00	0.00	0.21	0.00	0.00	0.00	0.11	0.00	0.00	0.00	0.00	0.00	0.00
资阳	0.10	0.00	0.00	0.00	0.00	0.00	0.04	0.00	0.06	0.09	0.00	0.04	0.05	0.04	0.00	0.00	0.00	0.00	0.00	0.00	0.00
阿坝州	1.00	0.00	0.00	0.00	0.00	0.00	0.00	0.00	0.00	0.00	0.00	0.00	0.00	0.00	0.00	0.00	0.00	0.00	0.00	0.00	0.00
甘孜州	0.27	0.00	0.00	0.00	0.00	0.00	0.00	0.00	0.00	0.27	0.00	0.00	0.00	0.00	0.00	0.49	0.00	0.00	0.00	0.00	0.00
凉山州	1.00	0.00	0.00	0.00	0.00	0.00	0.00	0.00	0.00	0.00	0.00	0.00	0.00	0.00	0.00	0.00	0.00	0.00	0.00	0.00	0.00

2022 年，攀枝花、达州、巴中、阿坝州、凉山州与其他市（州）没有旅游经济联系，受其他地区的旅游经济限制为 0。甘孜州的旅游客流完全被成都所限制，限制度为 1。自贡的旅游客流主要受内江、宜宾的限制，泸州的旅游客流受到内江、宜宾、成都、资阳的限制，德阳的旅游客流受到成都、绵阳、资阳的限制，广元的旅游客流受到成都、绵阳的限制，遂宁的旅游客流主要受南充、成都的限制，南充的旅游客流受到成都、绵阳的限制，眉山的旅游客流主要受成都、乐山的限制，广安的旅游客流受到南充、成都、绵阳的限

制，雅安的旅游客流被成都、乐山、眉山所限制，其他市（州）的旅游客流空间流动受限制相对较少。

表 2-18　2022 年四川旅游经济空间网络限制度分析

	成都	自贯	攀枝	泸州	德阳	绵阳	广元	遂宁	内江	乐山	南充	眉山	宜宾	广安	达州	雅安	巴中	资阳	阿坝	甘孜	凉山
成都	0.00	0.01	0.00	0.01	0.00	0.04	0.00	0.01	0.03	0.03	0.02	0.02	0.03	0.00	0.00	0.01	0.00	0.03	0.00	0.00	0.00
自贯	0.08	0.00	0.00	0.07	0.00	0.00	0.00	0.00	0.15	0.07	0.00	0.00	0.15	0.00	0.00	0.00	0.00	0.08	0.00	0.00	0.00
攀枝花	0.00	0.00	0.00	0.00	0.00	0.00	0.00	0.00	0.00	0.00	0.00	0.00	0.00	0.00	0.00	0.00	0.00	0.00	0.00	0.00	0.00
泸州	0.11	0.05	0.00	0.00	0.00	0.00	0.00	0.00	0.12	0.06	0.00	0.00	0.12	0.00	0.00	0.00	0.00	0.11	0.00	0.00	0.00
德阳	0.38	0.00	0.00	0.00	0.00	0.38	0.00	0.00	0.00	0.00	0.00	0.00	0.00	0.00	0.00	0.00	0.00	0.22	0.00	0.00	0.00
绵阳	0.10	0.00	0.00	0.00	0.00	0.00	0.00	0.01	0.02	0.02	0.04	0.02	0.04	0.01	0.00	0.01	0.00	0.05	0.00	0.00	0.00
广元	0.69	0.00	0.00	0.00	0.00	0.69	0.00	0.00	0.00	0.00	0.00	0.00	0.00	0.00	0.00	0.00	0.00	0.00	0.00	0.00	0.00
遂宁	0.10	0.00	0.00	0.00	0.00	0.09	0.00	0.00	0.07	0.00	0.15	0.00	0.08	0.00	0.00	0.00	0.00	0.08	0.00	0.00	0.00
内江	0.07	0.03	0.00	0.04	0.00	0.02	0.00	0.01	0.00	0.05	0.01	0.02	0.07	0.00	0.00	0.00	0.00	0.06	0.00	0.00	0.00
乐山	0.08	0.02	0.00	0.02	0.00	0.02	0.00	0.00	0.05	0.00	0.00	0.05	0.07	0.00	0.00	0.04	0.00	0.06	0.00	0.00	0.00
南充	0.12	0.00	0.00	0.00	0.00	0.11	0.00	0.06	0.04	0.00	0.00	0.00	0.05	0.00	0.00	0.00	0.00	0.05	0.00	0.00	0.00
眉山	0.11	0.00	0.00	0.00	0.00	0.04	0.00	0.00	0.04	0.11	0.00	0.00	0.05	0.00	0.00	0.06	0.00	0.08	0.00	0.00	0.00
宜宾	0.06	0.02	0.00	0.03	0.00	0.03	0.00	0.01	0.05	0.04	0.01	0.02	0.00	0.00	0.00	0.01	0.00	0.05	0.00	0.00	0.00
广安	0.27	0.00	0.00	0.00	0.00	0.27	0.00	0.00	0.00	0.00	0.49	0.00	0.00	0.00	0.00	0.00	0.00	0.00	0.00	0.00	0.00
达州	0.00	0.00	0.00	0.00	0.00	0.00	0.00	0.00	0.00	0.00	0.00	0.00	0.00	0.00	0.00	0.00	0.00	0.00	0.00	0.00	0.00
雅安	0.19	0.00	0.00	0.00	0.00	0.07	0.00	0.00	0.00	0.17	0.00	0.15	0.09	0.00	0.00	0.00	0.00	0.00	0.00	0.00	0.00
巴中	0.00	0.00	0.00	0.00	0.00	0.00	0.00	0.00	0.00	0.00	0.00	0.00	0.00	0.00	0.00	0.00	0.00	0.00	0.00	0.00	0.00
资阳	0.07	0.01	0.00	0.03	0.00	0.04	0.00	0.01	0.05	0.04	0.01	0.03	0.05	0.00	0.00	0.00	0.00	0.00	0.00	0.00	0.00
阿坝州	0.00	0.00	0.00	0.00	0.00	0.00	0.00	0.00	0.00	0.00	0.00	0.00	0.00	0.00	0.00	0.00	0.00	0.00	0.00	0.00	0.00
甘孜州	1.00	0.00	0.00	0.00	0.00	0.00	0.00	0.00	0.00	0.00	0.00	0.00	0.00	0.00	0.00	0.00	0.00	0.00	0.00	0.00	0.00
凉山州	0.00	0.00	0.00	0.00	0.00	0.00	0.00	0.00	0.00	0.00	0.00	0.00	0.00	0.00	0.00	0.00	0.00	0.00	0.00	0.00	0.00

五、旅游经济空间网络“核心—边缘”结构分析

对四川省 2015—2022 年旅游经济空间网络进行“核心—边缘”结构分析，详见表 2-19。可以看出，2015 年，四川省旅游经济空间网络“核心—边缘”结构的初始拟合度值为 0，最终拟合值为 0.606，拟合度较好。说明四川省 21 个市（州）空间网络存在明显“核心—边缘”结构，成都、自贡、泸州、绵阳、遂宁、内江、乐山、眉山、资阳处于旅游经济空间网络的核心位置，攀枝花、德阳、广元、南充等 12 个市（州）处于旅游经济空间网络的边缘位置。核心区内市（州）之间的旅游经济联系交往较为密切，关系密度为 0.514；边缘区内市（州）之间的关系密度为 0.015，说明边缘区内部市（州）之间的旅游经济联系较弱；核心区到边缘区的关系密度为 0.185，边缘区到核心区的关系密度为 0.083，说明核心区与边缘区市（州）之间的互动不强。

表 2-19　四川省旅游经济空间网络“核心—边缘”结构关系密度

年份	核心区	核心区→边缘区	边缘区→核心区	边缘区
2015	0.514	0.185	0.083	0.015
2016	0.571	0.269	0.154	0.013
2017	0.629	0.148	0.056	0.028
2018	0.765	0.222	0.074	0.069
2019	0.753	0.214	0.071	0.143
2020	0.745	0.273	0.127	0.067
2022	0.414	0.011	0.000	0.000

2016 年，四川省旅游经济空间网络“核心—边缘”结构的初始拟合度值为 0.407，最终拟合值为 0.671，成都、自贡、泸州、绵阳、遂宁、内江、乐山、眉山处于旅游经济空间网络的核心位置，其他市（州）处于旅游经济空间网络的边缘位置；核心区内市（州）之间的关系密度为 0.571，边缘区内市（州）之间的关系密度为 0.013，核心区到边缘区的关系密度为 0.269，边缘区到核心区的关系密度为 0.154。

2017 年，四川省旅游经济空间网络“核心—边缘”结构的初始拟合度值为 0.583，最终拟合值为 0.583，成都、自贡、泸州、德阳、绵阳、遂宁、内江、乐山、南充、眉山、宜宾、资阳处于旅游经济空间网络的核心位置，其他市（州）处于旅游经济空间网络的边缘位置；核心区内市（州）之间的关系密度为 0.629，边缘区内市（州）之间的关系密度为 0.028，核心区到边缘区的关系密度为 0.148，边缘区到核心区的关系密度为 0.056。

2018 年，四川省旅游经济空间网络“核心—边缘”结构的初始拟合度值为 0.665，最终拟合值为 0.665，成都、自贡、泸州、德阳、绵阳、遂宁、内江、乐山、南充、眉山、宜宾、资阳处于旅游经济空间网络的核心位置，核心区内市（州）之间的关系密度为 0.765，边缘区内市（州）之间的关系密度为 0.069，核心区到边缘区的关系密度为 0.222，边缘区到核心区的关系密度为 0.074。

2019年，四川省旅游经济空间网络“核心—边缘”结构的初始拟合度值为0.495，最终拟合值为0.495。拟合度值相比2015年有一定程度的下降，说明四川省旅游经济空间网络的“核心—边缘”结构正在改善。成都、自贡、泸州、德阳、绵阳、广元、遂宁、内江、乐山、南充、眉山、宜宾、雅安、资阳处于旅游经济空间网络的核心位置，攀枝花、广安、达州、巴中、阿坝州、甘孜州、凉山州处于旅游经济空间网络的边缘位置。核心区内市（州）之间的关系密度为0.753，边缘区内市（州）之间的关系密度为0.143，核心区到边缘区的关系密度为0.214，边缘区到核心区的密度为0.071。

2020年，四川省旅游经济空间网络“核心—边缘”结构的初始拟合度值为0.680，最终拟合值为0.680。拟合度值相比2019年有明显的增加，说明四川省旅游经济空间网络的“核心—边缘”结构进一步加强。成都、自贡、泸州、德阳、绵阳、遂宁、内江、乐山、南充、眉山、宜宾处于旅游经济空间网络的核心位置，攀枝花、广元、广安、达州、雅安、巴中、资阳、阿坝州、甘孜州、凉山州处于旅游经济空间网络的边缘位置。核心区内市（州）之间的关系密度为0.745，边缘区内市（州）之间的关系密度为0.067，核心区到边缘区的关系密度为0.273，边缘区到核心区的密度为0.127。

2015—2019年间，核心区内市（州）的数量在不断增加，边缘区内市（州）的数量在不断减少，核心区内市（州）的数量从2015年的9个增加到2019年的14个，对应的边缘区内的市（州）数量从12个减少到7个，说明四川省区域旅游经济发展的均衡性在提高。核心区与边缘区内市（州）间的关系密度都在加强，核心区内市（州）间的关系密度从0.514增加到0.753，边缘内市（州）间的关系密度从0.015增加到0.143，说明市（州）间的旅游经济联系在不断加强；核心区到边缘区的关系密度从0.185增加到0.214，说明核心区旅游客流对边缘区的辐射带动作用在提升。2019—2020年间，四川省旅游经济空间网络核心区的数量从14个减少为11个，广元、雅安、资阳的位置从核心区变为边缘区，边缘区内市（州）的数量从7个增加为10个，核心区、边缘区内市（州）的关系密度均在下降。

2020—2022年，四川省旅游经济空间网络的关系密度下降明显，核心区内市（州）的关系密度下降为 0.414，核心区对边缘区的关系密度为 0.011，边缘内关系密度为 0；进一步说明新冠肺炎疫情的影响，导致区域间的旅游经济联系减弱。2022 年，成都、自贡、泸州、德阳、绵阳、广元、遂宁、内江、乐山、南充、眉山、宜宾、广安、雅安、资阳处于四川省旅游经济空间网络的核心位置，其他市（州）处于边缘位置。

表 2-20　四川省旅游经济空间网络“核心—边缘”结构

年份	位置	市（州）
2015	核心区	成都　自贡　泸州　绵阳　遂宁　内江　乐山　眉山　资阳
	边缘区	攀枝花　德阳　广元　南充　宜宾　广安　达州　雅安　巴中　阿坝州　甘孜州　凉山州
2016	核心区	成都　自贡　泸州　绵阳　遂宁　内江　乐山　眉山
	边缘区	攀枝花　德阳　广元　南充　宜宾　广安　达州　雅安　巴中　资阳　阿坝州　甘孜州　凉山州
2017	核心区	成都　自贡　泸州　德阳　绵阳　遂宁　内江　乐山　南充　眉山　宜宾　资阳
	边缘区	攀枝花　广元　广安　达州　雅安　巴中　阿坝州　甘孜州　凉山州
2018	核心区	成都　自贡　泸州　德阳　绵阳　遂宁　内江　乐山　南充　眉山　宜宾　资阳
	边缘区	攀枝花　广元　广安　达州　雅安　巴中　阿坝州　甘孜州　凉山州
2019	核心区	成都　自贡　泸州　德阳　绵阳　广元　遂宁　内江　乐山　南充　眉山　宜宾　雅安　资阳
	边缘区	攀枝花　广安　达州　巴中　阿坝州　甘孜州　凉山州
2020	核心区	成都　自贡　泸州　德阳　绵阳　遂宁　内江　乐山　南充　眉山　宜宾
	边缘区	攀枝花　广元　广安　达州　雅安　巴中　资阳　阿坝州　甘孜州　凉山州
2022	核心区	成都　自贡　泸州　德阳　绵阳　广元　遂宁　内江　乐山　南充　眉山　宜宾　广安　雅安　资阳
	边缘区	攀枝花　达州　巴中　阿坝州　甘孜州　凉山州

六、旅游经济空间网络凝聚子群分析

凝聚子群是一个由多个空间单元组成的子集合，在这个集合中的空间单元具有相对较强、直接、紧密、经常或者积极的关系。为了分析四川省旅游经济空间网络结构内部的子结构，研究对其进行凝聚子群分析，并据此确定凝聚子群间的亲疏关系。派系分析能够明确旅游经济空间网络中存在紧密关系的节点。使用 UCINET 软件中的网络—子组—派系分析，设置派系成员数最小为 3，成员之间的可达性为 1。2015 年，四川省旅游经济空间网络可以分为 9 个派系，见图 2-8，具体如下。在下述 9 个派系中，派系成员两两之间都存在双向的关系，也就是说明下述 9 个派系成员之间的旅游经济联系交互较为密切，已经产生了一定的旅游经济合作基础，区域旅游协同发展有望在这几个派系中实现。

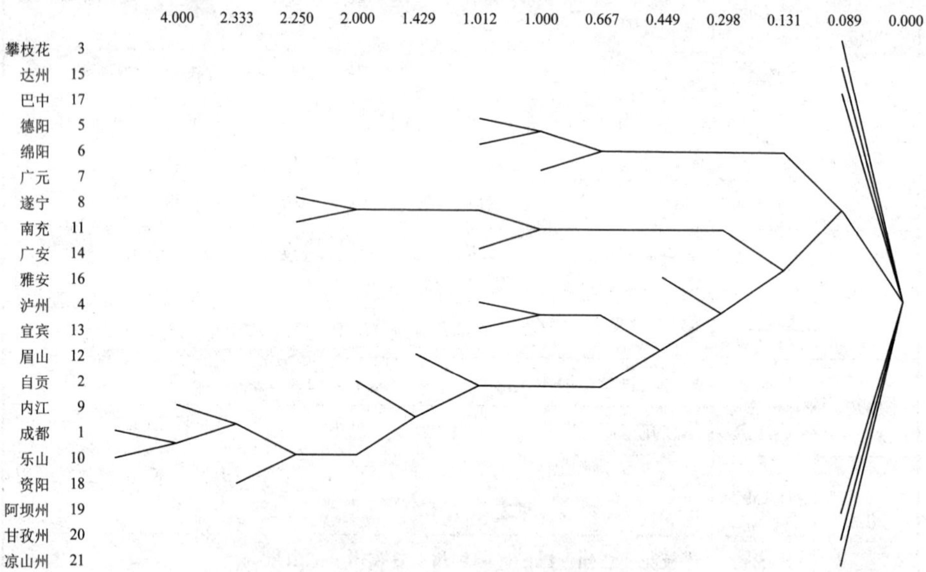

图 2-8　2015 年四川省旅游经济空间网络派系

1：成都　自贡　泸州　内江　乐山　宜宾

2：成都　自贡　内江　乐山　资阳

3：成都　乐山　眉山　雅安

4：成都　乐山　眉山　资阳

5：成都　德阳　绵阳

6：成都　绵阳　遂宁　南充

7：成都　绵阳　广元

8：成都　遂宁　内江　资阳

9：成都　遂宁　南充　广安

2019 年，四川省旅游经济空间网络可以分为 11 个派系，见图 2–9。与 2015 年相比，旅游经济空间网络派系数量增加两个，并且派系内部的成员数量也有所增加，区域旅游合作的广度进一步扩展。成德绵城市主轴线的辐射带动作用进一步加强，纵向加强与乐山、眉山的旅游经济联系，横向与南充、遂宁、内江等市（州）交往密切，并进一步辐射雅安、宜宾、资阳等市（州），基本形成“一轴两支线”的旅游经济空间分布格局，攀枝花、甘孜州、凉山州等处于边缘位置的市（州）也开始接受区域核心节点市（州）的旅游辐射。

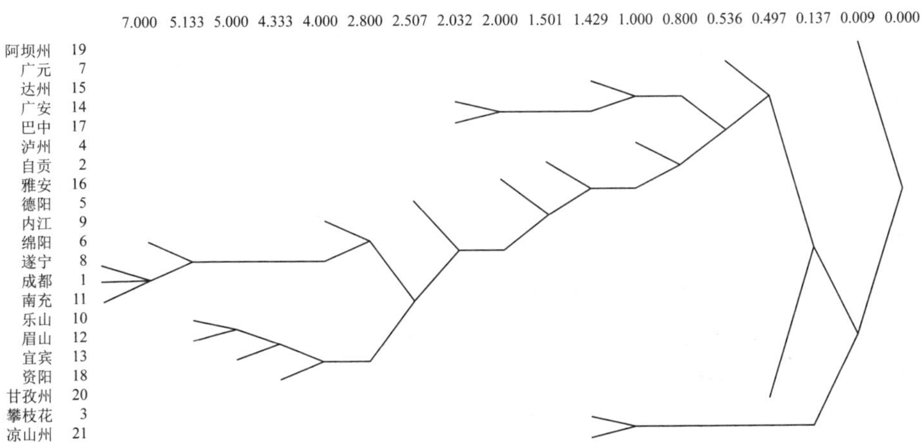

图 2–9　2019 年四川省旅游经济空间网络派系

1：成都　德阳　绵阳　遂宁　内江　乐山　南充　眉山　宜宾　资阳

2：成都　德阳　绵阳　广元　遂宁　南充

3：成都　绵阳　遂宁　内江　乐山　南充　宜宾　广安

4：成都　绵阳　遂宁　南充　广安　巴中

5：成都　绵阳　广元　遂宁　南充　巴中

6：成都　自贡　泸州　遂宁　内江　乐山　南充　眉山　宜宾　资阳

7：成都　遂宁　南充　广安　达州　巴中

8：成都　攀枝花　凉山州

9：成都　德阳　绵阳　乐山　眉山　宜宾　雅安　资阳

10：成都　自贡　乐山　眉山　宜宾　雅安　资阳

11：成都　乐山　眉山　雅安　甘孜州

2020 年，四川省旅游经济空间网络可以分为 12 个派系，见图 2-10 与 2019 年相比，旅游经济空间网络派系数量增加 1 个，派系内部的成员数量也有所增加，成都—重庆方向的成渝城市主轴沿线的旅游经济联系在增强。成都、绵阳、遂宁、内江、乐山、南充、宜宾构成了四川省旅游经济空间网络派系的核心成员，跨区域旅游合作大都围绕这几个市（州）开展；凉山州、攀枝花未进入派系成员中，说明这两个市（州）在 2020 年与周边市（州）的区域旅游协作较少。

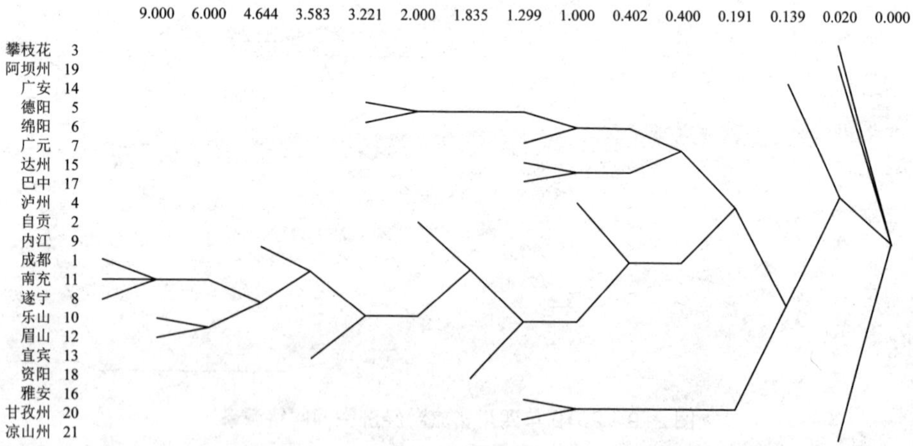

图 2-10　2020 年四川省旅游经济空间网络派系

1：成都　自贡　遂宁　内江　乐山　南充　眉山　宜宾

2：成都　遂宁　内江　乐山　南充　眉山　宜宾　资阳

3：成都　绵阳　遂宁　内江　乐山　南充　眉山　资阳

4：成都　自贡　泸州　遂宁　内江　乐山　南充　宜宾

5：成都　德阳　绵阳　遂宁　乐山　南充　眉山

6：成都　德阳　绵阳　广元　遂宁　南充

7：成都　广元　遂宁　南充　巴中

8：成都　遂宁　南充　广安

9：成都　遂宁　南充　达州　巴中

10：成都　绵阳　乐山　眉山　雅安

11：成都　乐山　眉山　宜宾　雅安

12：成都　乐山　雅安　甘孜州

与 2020 年相比，2022 年四川省旅游经济空间网络派系的数量下降明显，只有 7 个，且派系内部的成员数量也有所减少，说明四川省 21 个市（州）之间的旅游经济联系明显减弱，市（州）之间的旅游客流移动较少。成都、绵阳是四川省旅游经济空间网络派系的核心成员，区域间的旅游经济联系主要围绕成都、绵阳进行。攀枝花、达州、巴中、阿坝州、甘孜州、凉山州未进入派系成员中，说明这六个市（州）在 2022 年与其他市（州）的旅游经济联系较少。

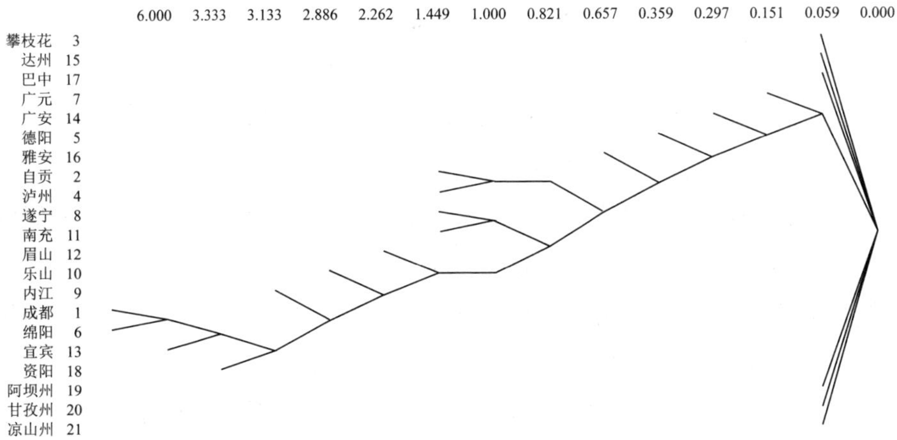

图 2-11　2022 年四川省旅游经济空间网络派系图

1：成都　绵阳　内江　乐山　眉山　宜宾　资阳

2：成都　绵阳　遂宁　内江　南充　宜宾　资阳

3：成都　绵阳　乐山　眉山　宜宾　雅安

4：成都　绵阳　广元

5：成都　德阳　绵阳　资阳

6：成都　绵阳　南充　广安

7：成都　自贡　泸州　内江　乐山　宜宾　资阳

第三节　旅游经济空间网络权力地位评价

权力地位主要用来评价和衡量某一市（州）在整体旅游经济空间网络中的影响力，主要通过度数中心度、中间中心度和接近中心度来综合评价，其具体计算公式如下：

$$N_i=aDC_i+bBC_i+cCC_i \tag{2-8}$$

其中，N_i 代表市（州）i 在旅游经济空间网络中的权力地位，N_i 值越大说明市（州）i 的权力地位越高，在旅游经济空间网络中的影响力越大；DC_i、BC_i、CC_i 分别代表市（州）i 的度数中心度、中间中心度和接近中心度；a、b、c 分别代表度数中心度、中间中心度和接近中心度的权重。研究认为在旅游经济空间网络的权力地位中，三者同等重要，因此将三者的权重均赋值为 1/3。

为了消除指标间量纲的差异和数据尺寸、大小的影响，在对旅游经济空间网络权力地位计算前对度数中心度、中间中心度、接近中心度的数值进行标准化处理。按照式（2-8）进行计算，得出 2015—2022 年四川省旅游经济空间网络 21 个市（州）的权力地位评价值。使用 K- 均值聚类分析方法，将聚类数设定为 5，结合四川省旅游经济空间网络权力地位评价值，依次将四川省 21 个市（州）旅游目的地的权力地位划分为：核心旅游目的地、次核心旅游目的地、重要旅游目的地、一般旅游目的地、边缘旅游目的地。

（1）核心旅游目的地：旅游经济空间网络的核心节点、旅游客流的集散中心，度数中心度、中间中心度、接近中心度均在区域中排名第一，拥有最大的网络权力，吸引外部旅游客流的能力最强，并向省内其他地区输出旅游客流。

（2）次核心旅游目的地：旅游经济空间网络的中转节点，具有较高的度数中心度和中间中心度，是连接核心节点与其他节点旅游经济联系的关键枢纽，具备较强的吸引外部旅游客流的能力，接受核心节点的旅游客源输入并向其他市（州）辐射，是重要的旅游客流中转站。

（3）重要旅游目的地：在旅游经济空间网络中的地位一般，旅游经济发展水平不如核心节点，具备一定的吸引外部旅游客流的能力，是高网络地位节点与低网络地位节点的重要纽带。

（4）一般旅游目的地：在旅游经济空间网络中的地位较低，吸引外部旅游客流的能力较弱，对其他市（州）旅游客流的控制能力也较弱，依赖于核心旅游目的地的客源输出。

（5）边缘旅游目的地：旅游经济空间网络的边缘节点，与其他市（州）的旅游经济联系较弱，旅游客流受核心节点的限制，不具有控制其他市（州）旅游客流的能力。

表 2-21　四川省旅游经济空间网络权力地位评价分析（2015—2019 年）

市（州）	2015 年	2016 年	2017 年	2018 年	2019 年	权力地位（2015 年）	权力地位（2019 年）
成都	1.0000	1.0000	1.0000	1.0000	1.0000	核心旅游目的地	核心旅游目的地
自贡	0.3904	0.3831	0.4023	0.3409	0.3684	重要旅游目的地	一般旅游目的地
攀枝花	0.0000	0.0000	0.0000	0.1504	0.1727	边缘旅游目的地	边缘旅游目的地
泸州	0.3666	0.3346	0.3792	0.3153	0.3402	重要旅游目的地	一般旅游目的地
德阳	0.3002	0.2690	0.3583	0.3178	0.4002	一般旅游目的地	重要旅游目的地
绵阳	0.3740	0.3674	0.4129	0.4108	0.4673	重要旅游目的地	重要旅游目的地
广元	0.3002	0.2690	0.3138	0.2685	0.2671	一般旅游目的地	一般旅游目的地
遂宁	0.3989	0.3898	0.5230	0.5122	0.5417	重要旅游目的地	次核心旅游目的地
内江	0.4178	0.3831	0.4312	0.3683	0.4247	次核心旅游目的地	重要旅游目的地

续表

市（州）	2015 年	2016 年	2017 年	2018 年	2019 年	权力地位（2015 年）	权力地位（2019 年）
乐山	0.4473	0.4709	0.4892	0.4763	0.4990	次核心旅游目的地	次核心旅游目的地
南充	0.3453	0.3135	0.4572	0.5221	0.5417	重要旅游目的地	次核心旅游目的地
眉山	0.3453	0.3365	0.4615	0.4304	0.4635	重要旅游目的地	重要旅游目的地
宜宾	0.3666	0.3346	0.4023	0.3719	0.4560	重要旅游目的地	重要旅游目的地
广安	0.3222	0.2907	0.2907	0.2449	0.3476	一般旅游目的地	一般旅游目的地
达州	0.0000	0.2474	0.2690	0.2201	0.2423	边缘旅游目的地	边缘旅游目的地
雅安	0.3222	0.2907	0.2907	0.2710	0.3472	一般旅游目的地	一般旅游目的地
巴中	0.2783	0.2474	0.2907	0.2449	0.2935	一般旅游目的地	一般旅游目的地
资阳	0.3944	0.3591	0.4281	0.3973	0.4237	重要旅游目的地	重要旅游目的地
阿坝州	0.2783	0.2474	0.2474	0.1504	0.1501	一般旅游目的地	边缘旅游目的地
甘孜州	0.2783	0.2474	0.2474	0.1959	0.2188	一般旅游目的地	边缘旅游目的地
凉山州	0.2783	0.2474	0.2474	0.1504	0.1727	一般旅游目的地	边缘旅游目的地

从时间上来看，2015—2019 年四川省旅游经济空间网络权力地位评价整体均值由 0.343 增加到 0.387，标准差从 0.189 减少到 0.185，说明四川省旅游经济空间网络权力地位总体呈现上升的趋势，且市（州）间的旅游发展也更趋均衡。具体来看，成都在四川省旅游经济空间网络中的权力地位一直最高，属于四川省的核心旅游目的地；次核心旅游目的地的数量从 2 个增加到 3 个，2015 年的次核心旅游目的地是乐山、内江，2019 年的次核心旅游目的地是南充、遂宁、乐山，南充、遂宁在区域旅游经济空间网络中的权力地位在提高，乐山、内江的权力地位在下降，二者的权力地位排序分别从第二、第三下降到第四、第七。除南充、遂宁外，德阳的权力地位也在提高，旅游目的地类型从一般旅游目的地上升为重要旅游目的地；绵阳、眉山、宜宾、资阳是四川省的重要旅游目的地，自贡、泸州的权力地位从重要旅游目的地降为一般旅游目的地；广元、广安、雅安、巴中、攀枝花、达州的权力地位没有发生变化，广元、广安、雅安、巴中是一般旅游目的地，攀枝花、达州是边缘旅游目的地；阿坝州、甘孜州、凉山州的权力地位在下降，从一般旅游目的地

下降为边缘旅游目的地。

表 2-22 四川省旅游经济空间网络权力地位评价分析（2020-2022 年）

市（州）	2020 年	2022 年	权力地位（2020 年）	权力地位（2022 年）
成都	1.0000	1.0000	核心旅游目的地	核心旅游目的地
自贡	0.4026	0.4434	重要旅游目的地	重要旅游目的地
攀枝花	0.0000	0.0000	边缘旅游目的地	边缘旅游目的地
泸州	0.3792	0.4434	一般旅游目的地	重要旅游目的地
德阳	0.3814	0.3697	一般旅游目的地	一般旅游目的地
绵阳	0.4624	0.7158	重要旅游目的地	次核心旅游目的地
广元	0.3595	0.3452	一般旅游目的地	一般旅游目的地
遂宁	0.6403	0.4434	次核心旅游目的地	重要旅游目的地
内江	0.4526	0.5676	重要旅游目的地	次核心旅游目的地
乐山	0.5609	0.5357	次核心旅游目的地	重要旅游目的地
南充	0.6403	0.4811	次核心旅游目的地	重要旅游目的地
眉山	0.4839	0.4720	重要旅游目的地	重要旅游目的地
宜宾	0.4573	0.6093	重要旅游目的地	次核心旅游目的地
广安	0.2907	0.3697	边缘旅游目的地	一般旅游目的地
达州	0.3126	0.0000	一般旅游目的地	边缘旅游目的地
雅安	0.3628	0.4188	一般旅游目的地	重要旅游目的地
巴中	0.3360	0.0000	一般旅游目的地	边缘旅游目的地
资阳	0.4025	0.6216	一般旅游目的地	次核心旅游目的地
阿坝州	0.2474	0.0000	边缘旅游目的地	边缘旅游目的地
甘孜州	0.2907	0.3207	一般旅游目的地	一般旅游目的地
凉山州	0.2474	0.0000	边缘旅游目的地	边缘旅游目的地

2020 年，四川省旅游经济空间网络权力地位总体变化不大，核心旅游目的地、次核心旅游目的地仍然是成都、乐山、南充、遂宁，自贡的旅游经济权力地位从一般旅游目的地上升为重要旅游目的地，德阳、资阳的旅游经济权力地位从重要旅游目的地下降为一般旅游目的地，广安从一般旅游目的地下降为边缘旅游目的地，甘孜州的旅游经济权力地位从边缘旅游目的地上升

为一般旅游目的地。2022 年，四川省旅游经济空间网络权力地位有较大的变化，仍然是四川省旅游经济空间网络的核心旅游目的地。次核心旅游目的地的变化变大，市（州）的数量从 3 增加到 4，其中绵阳、宜宾、内江的权力地位从重要旅游目的地上升为次核心旅游目的地，资阳从一般旅游目的地上升为次核心旅游目的地。乐山、南充、遂宁在四川省旅游经济空间网络中权力地位有明显下降，从次核心旅游目的地下降为重要旅游目的地。四川省旅游经济空间网络权力地位上升的市（州）还有泸州、广安、雅安，自贡、德阳、广元、眉山、阿坝州、甘孜州、凉山州的权力地位没有发生变化。2020—2022 年，四川省旅游经济空间网络重要旅游目的地的数量从 5 增加到 7，边缘旅游目的地的数量从 4 增加到 5，一般旅游目的地的数量从 8 下降为 4。

第四节　旅游经济空间网络结构驱动因素分析

一、驱动因素指标选取

区域旅游经济具有“距离衰减”和“路径依赖”（表征行政隶属关系）的特性，空间距离与行政边界的刚性约束会对区域旅游经济合作产生影响[120]。区域空间距离越近，旅游目的地之间的客流交互就越频繁，旅游经济联系相对也较为紧密。旅游资源禀赋是形成旅游产品的核心要素，也是激发旅游者旅游动机的关键因素，直接影响目的地旅游业的发展规模与发展水平；旅游目的地所拥有的景区数量与质量直接影响到旅游业的发展水平和竞争能力；星级酒店的数量是旅游目的地服务接待能力的直观反映。经济发展水平影响旅游经济空间相互作用程度和网络结构的发育水平[121]，旅游产业在目的地产业结构中的比重会影响政府对旅游产业发展的重视程度，进而在旅游产业发展的政策、资金、土地等方面提供扶持[122]，进一步促进区域旅游经济竞争力的提升。此外，旅游业作为一个综合性、外向性的产业，区域的对外开放水平也会影响旅游客流的进入，进而对旅游经济联系和经济网络结构的形成产生影响。

因此，选择地理空间相邻、最短公路距离、旅游资源禀赋、旅游接待能力、经济发展水平、对外开放水平和产业结构比重等指标，作为四川省旅游经济空间网络结构的驱动因素。其中，经济发展水平用人均 GDP 数据来体现，最短公路距离以市（州）间的自驾车最短路线距离来计算，旅游资源禀赋通过对区域内 4A 级、5A 级景区进行赋分并乘以景区的数量进行计算，旅游接待能力以星级酒店的数量来体现，对外开放程度以进出口总额指标来体现，产业结构比重以旅游收入占 GDP 比重来体现。分别构建上述指标的差异矩阵，以旅游经济联系强度矩阵为因变量，使用 QAP 分析方法对驱动因子对旅游经济空间网络结构的解释力度进行分析。QAP 分析法是以矩阵关系数据的置换为基础，通过构建 N×N 矩阵进行相关分析和回归分析，可排除虚假结构关系[123]。为避免量纲对数据结果的影响，在 QAP 分析前对所有差值矩阵进行极差标准化处理。

二、驱动因素结果分析

从表 2-23 可以看出，地理空间相邻与最短公路距离及旅游经济联系强度的相关性最大，P 值均为 0.000，在 0.01 水平上显著，相关系数分别达到 0.446 和 −0.472，回归系数分别为 0.290 和 −0.329。地理空间邻近与旅游经济联系强度呈显著正相关关系，市（州）间的最短公路距离与旅游经济联系强度呈显著负相关关系。地理空间相邻的市（州）开展跨区域旅游合作的可能性较大，且由于地理空间上的相邻，旅游资源要素流动的成本也较低，因此旅游经济联系也较为密切；反之，市（州）间的最短公路距离越远，旅游客流空间移动的时间成本也越大，距离区域核心节点越远也不利于接受核心区旅游客流的辐射。

表 2-23　四川省旅游经济空间网络结构驱动因素分析

自变量	QAP 相关分析		QAP 回归分析	
	相关系数	*P* 值	回归系数	*P* 值
地理空间邻近	0.446	0.000***	0.290	0.000***
最短公路距离	−0.472	0.000***	−0.329	0.000***
旅游资源禀赋	0.110	0.010**	0.081	0.020**
经济发展水平	0.116	0.002***	0.075	0.041**
旅游接待能力	0.120	0.002***	0.075	0.029**
对外开放水平	0.090	0.041	−0.001	0.483
产业结构比重	−0.026	0.391	−0.042	0.154

注：R^2=0.312，调整后 R^2=0.302；显著性水平为 0.000；*、**、*** 分别表示在 0.1、0.05 和 0.01 水平上显著。

旅游资源禀赋和旅游接待能力均与旅游经济联系强度呈现显著的正相关关系，相关系数分别为 0.110 和 0.120，回归系数分别为 0.081 和 0.075。旅游资源是旅游目的地的核心吸引物，目的地高品质旅游资源的数量越多，对游客旅游吸引力也越强，也就具备较强的旅游客流聚集能力。酒店业作为旅游业的核心支柱产业，星级酒店的规模和数量是区域旅游经济发展水平的直接体现，现代酒店的发展已不局限于以提供住宿服务为核心，越来越多的酒店正在成为新的旅游吸引物。旅游基础设施和服务接待设施的建设与区域经济发展水平密切相关，同时经济发展水平高的区域居民消费水平也较高，用于旅游消费方面的开支也越大。

对外开放程度、产业结构比重与旅游经济联系强度的相关性不显著，回归分析的概率 *P* 值均大于 0.1，分别为 0.483 和 0.154。对外开放程度更多的是考虑四川省与国际市场的贸易往来，但四川省整体入境旅游市场规模偏小，入境旅游客源和旅游外汇收入在旅游总人次和旅游总收入中的占比很小，入境游客在省内市（州）间的流动很少，因此对区域内的旅游经济联系强度没有影响。旅游收入占 GDP 的比重反映的是旅游业对目的地的经济贡献，这可能与旅游经济联系往往发生在旅游产业地位相似的区域间有关[124]。

第五节　研究总结

研究以旅游经济引力模型为基础，构建旅游经济联系网络矩阵，使用社会网络分析方法，从网络密度、网络中心性、凝聚子群、核心—边缘结构等方面对四川省旅游经济空间网络结构特征和权力地位进行分析，并通过 QAP 分析方法解释旅游经济空间网络结构的驱动因素，主要得到以下结论：

（一）区域旅游经济联系量快速增长，但空间分布较为集中

四川省区域整体旅游经济联系量处于快速增长的趋势，但区域旅游经济联系量分布较为集中，不同市（州）间的旅游经济联系量差异较大，成都与其他地市的旅游经济联系量占比在整个四川省达到 47% 左右。排名第二、第三的绵阳、乐山的旅游经济联系量占比仅有 6% 左右，相比成都的差距较大。宜宾、南充的旅游经济联系量占比在区域整体平均值以上，内江的旅游经济联系占比也超过 4%，上述市（州）属于四川省区域旅游经济联系量占比的第二集团。德阳、资阳、遂宁、眉山、自贡、泸州等市（州）的旅游经济联系量占比在 2%~4% 之间，广安、雅安、广元等市（州）的旅游经济联系量占比在 1%~2% 之间。巴中、达州、甘孜州、凉山州、攀枝花、阿坝州等市（州）的旅游经济联系量占比均在 1% 以下，说明这些地区与区域内其他市（州）的旅游经济联系不紧密，旅游客流空间交互较少。受到新冠肺炎疫情的影响，四川省 21 个市（州）的旅游经济联系量均有明显的减少，2020 年已经低于 2018 年的整体水平。2020—2022 年的旅游经济联系量进一步下降，旅游经济联系量空间分布集中的趋势略有下降。

（二）旅游经济空间网络紧密度不高，但存在局部强派系

2015—2019 年，四川省旅游经济空间网络旅游经济联系紧密度不高，但区域旅游经济空间网络的整体密度在不断提高，旅游经济空间网络成员之间

的平均距离在不断减少，建立在“距离”基础上的凝聚力指数在不断提高，旅游经济联系呈现从松散向紧密的趋势发展。旅游经济空间网络派系数量及派系内部成员的数量均在增加，区域旅游合作的广度与深度进一步扩展。成德绵城市主轴线的辐射带动作用进一步加强，纵向加强与乐山、眉山的旅游经济联系，横向与南充、遂宁、内江等市（州）交往密切，并进一步辐射雅安、宜宾、资阳等市（州），基本形成“一轴两支线”的旅游经济空间分布格局，攀枝花、甘孜州、凉山州等处于边缘位置的市（州）也开始接受区域核心节点市（州）的旅游辐射。2020—2022 年，新冠肺炎疫情对四川省旅游经济空间网络的整体紧密度产生了影响，区域成员间的经济联系变得松散，网络派系及派系内部的成员数量均有明显的减少，旅游客流空间流动主要围绕成都、绵阳展开，跨区域旅游合作受到限制。

（三）旅游经济空间网络存在核心—边缘结构，中心城市优势显著

成都是四川省旅游经济空间网络的核心节点城市，在区域中拥有最大的网络权力，是区域的旅游客流聚集和扩散中心，具有最强的控制其他市（州）旅游客流的能力。南充和遂宁在旅游经济空间网络中的权力提升明显，乐山、眉山、宜宾、绵阳、内江、资阳等也具有一定的网络权力。四川省区域旅游经济发展的均衡性在提高，核心区内市（州）的数量在不断增加，边缘区内市（州）的数量在不断减少，核心区与边缘区内市（州）间的关系密度在加强，核心区内市（州）间的关系密度、边缘内市（州）间的关系密度也都在增加，说明市（州）间的旅游经济联系在不断加强，核心区旅游客流对边缘区的辐射带动作用在提升。2020 年，受到新冠肺炎疫情的影响，四川省旅游经济空间网络核心区的数量在减少，边缘区内市（州）的数量从 7 个增加为 10 个，核心区、边缘区内市（州）的关系密度均在下降。2020—2022 年，四川省旅游经济空间网络核心区、边缘区内市（州）间的旅游经济联系进一步减弱，核心区与边缘区之间的旅游经济互动也明显减少。

（四）旅游经济空间网络权力差异明显，受多种驱动因素影响

四川省旅游经济空间网络权力地位总体呈现上升的趋势，且市（州）间的旅游发展也更趋均衡，成都在四川省旅游经济空间网络中的权力地位一直最高，属于四川省的核心旅游目的地。2015—2020 年，南充、遂宁、内江、乐山是四川省的次核心旅游目的地，自贡、绵阳、眉山、宜宾、资阳、德阳是四川省的重要旅游目的地，广元、广安、雅安、巴中是一般旅游目的地，攀枝花、达州、阿坝州、甘孜州、凉山州为边缘旅游目的地。2020—2022 年，新冠肺炎疫情对四川省旅游经济空间网络权力地位产生了较大的影响，绵阳、宜宾、内江的权力地位从重要旅游目的地上升为次核心旅游目的地，资阳从一般旅游目的地上升为次核心旅游目的地，乐山、南充、遂宁从次核心旅游目的地下降为重要旅游目的地。旅游经济空间网络结构的形成与演变，受地理空间相邻、最短公路距离、经济发展水平、旅游资源禀赋、旅游接待能力等因素的影响，对外开放水平和产业结构比重等对旅游经济空间网络结构的演化影响不显著。

第三章　旅游产业绩效的时空演化及耦合关系研究

第一节　研究方法与数据来源

一、旅游发展绩效评价模型

（一）旅游发展业绩评价模型

旅游发展的过程和效果是衡量旅游发展绩效的关键指标，可分别通过旅游发展效率和旅游发展业绩来表示，分别用来衡量旅游发展的质量绩效和规模绩效[125]。旅游收入和旅游人次是旅游发展规模最直观的体现，也是现有研究中评价旅游业绩最常用的指标。为了充分反映旅游发展规模，学者多采用入境旅游人次、入境旅游收入、国内旅游人次和国内旅游收入等多项指标来构建旅游发展业绩评价模型，以衡量区域旅游发展规模绩效水平[126-127]，旅游发展业绩计算公式如下：

$$TP_n = \sum_{i=1}^{n} P_i S_i \tag{3-1}$$

式中，TP_n 是旅游发展业绩指数，P_i 是指标 i 的权重，S_i 是指标 i 的无量纲化值，指标权重的确定采用熵值法。

（二）旅游发展效率评价模型

数据包络分析（DEA）是基于多个决策单元（DMU）投入产出对比下效率前沿面测算的线性规划方法[128]，并可以显示非最优效率 DMU 达到效率最优的投入、产出增减建议[129]，是评价多投入和多产出决策单元效率的一种有效方法[130]。DEA 无须建立变量之间的严格函数关系，在多投入、多产出的效率度量上具有优势，目前已被广泛运用于各种领域的多投入多产出效率评价问题中。研究使用 DEA-BBC 模型，分别从综合效率、技术效率、规模效率三个维度指标对四川省旅游发展效率进行测算。x_{jl} 代表第 j 个市（州）的第 l 项投入，x_{jm} 代表第 j 市（州）的第 m 种产出。对于第 n（n=1，2，…，K）个市（州），DEA 应用模型如下：

$$\begin{cases} min=\{\theta-\varepsilon(e_1^T s^- + e_2^T s^+)\} \\ \text{s.t. } \sum_{j=1}^K x_{jl}\lambda_j + s^- = \theta x_l^n, l=1,2,\cdots,L \\ \sum_{j=1}^K y_{jm}\lambda_j - s^+ = y_m^n, m=1,2,\cdots,M \\ \lambda_n \geq 0, n=1,2,\cdots,K \end{cases} \tag{3-2}$$

式中，λ_j（$\lambda_j \geqslant 0$）为权重变量；ε 为非阿基米德无穷小量；s^+（$s^+ \geqslant 0$）为剩余变量；s^-（$s^- \geqslant 0$）为松弛变量；θ（$0<\theta<1$）为综合技术效率。当 θ=1 时，则说明该区域旅游发展的投入产出达到了综合效率最优。旅游综合效率是纯技术效率和规模效率共同作用形成的结果，即综合效率 = 纯技术效率 × 规模效率。

DEA 方法能够较好地分析旅游发展要素的利用现状，但无法清晰地反映旅游发展效率在时间维度上的变化趋势。为了更加详细了解区域旅游效率的动态变化，研究采用 Malmquist（1953）提出的 Malmquist 指数来进一步分析四川省旅游发展效率的变化趋势，具体的计算公式为：

$$MI_{t+1}=\left[\frac{D^{t+1}(x^{t+1},y^{t+1})}{D^{t+1}(x^{t},y^{t})}\times\frac{D^{t}(x^{t+1},y^{t+1})}{D^{t}(x^{t},y^{t})}\right]^{\frac{1}{2}} \tag{3-3}$$

其中，D^{t+1}（x^{t+1}，y^{t+1}）表示 t+1 期的 DMU 与 t 期生产前沿面之间的距离，即以 t 期的所有 DMU 构造生产前沿面来衡量 t+1 期某个 DMU 的效率。若 $MI_{t+1}>1$，表明与 t 期相比，t+1 的旅游全要素生产率提高；若 $MI_{t+1}<1$，表明与 t 期相比，t+1 的旅游全要素生产率降低；若 $MI_{t+1}=1$，表明与 t 期相比，t+1 的旅游全要素生产率不变。

二、耦合协调度评价模型

耦合度是衡量评价系统中两个或多个因素间互相作用和影响的重要指标，详见表 3-1。研究以耦合系数模型为基础，构建区域旅游业绩与旅游绩效的耦合度模型，见下式：

$$C=2\times\sqrt{\frac{(U_1\times U_2)}{(U_1+U_2)^2}} \tag{3-4}$$

式中，C 是耦合度指数；U_1 指代四川省各市（州）的旅游发展业绩；U_2 指代各市（州）的旅游发展效率。

在某些特殊情况下，存在旅游发展业绩和旅游发展效率同时较大或较小的高度耦合。因此，在耦合度模型的基础上，进一步构建耦合协调度评价模型，来分析旅游发展业绩与旅游发展效率的耦合协调程度，模型计算如下：

$$D=\sqrt{C\times T} \tag{3-5}$$

式中，D 代表耦合协调度；C 是耦合度指数；T 是旅游发展业绩与旅游发展效率的协调指数。α 和 β 为权重系数，由于旅游发展业绩和旅游发展效率在衡量区域旅游综合发展水平时同等重要，因此取 $\alpha=\beta=0.5$。

表 3-1　耦合协调度评价等级划分标准

耦合协调度 D 值区间	协调等级	耦合协调程度
（0.0，0.1）	1	极度失调
［0.1，0.2）	2	严重失调
［0.2，0.3）	3	中度失调
［0.3，0.4）	4	轻度失调
［0.4，0.5）	5	濒临失调
［0.5，0.6）	6	勉强协调
［0.6，0.7）	7	初级协调
［0.7，0.8）	8	中级协调
［0.8，0.9）	9	良好协调
［0.9，1.0）	10	优质协调

三、指标选取与数据来源

旅游发展效率的评价涉及投入和产出两方面的指标，详见表 3-2。资本、土地、劳动力是经济活动最基本的投入要素[131]，但旅游生产活动受土地约束较小，相关研究中也大都未将该指标作为投入变量[132-133]。旅游从业人员的数量是评价旅游产业投入劳动力要素最直接的指标，但缺乏对旅游行业从业人员数据的统计，研究选取第三产业从业人数指标来替代[134-135]，其虽放大了劳动力要素的投入规模，但在一定程度上考虑了旅游产业的综合性[136]。旅游业固定资产投资是表征旅游发展效率中资本要素最理想的指标，但缺乏对该方面的统计数据，研究借鉴相关研究中的处理方法[137-139]，从城市旅游发展的吸引力角度来选取替代指标，包括核心旅游资源及旅游服务要素等方面的投入。研究选取具有代表性的国家 4A 级及以上景区并对其进行加权综合来代替旅游资源投入，用星级酒店数量来代替旅游服务要素方面的投入。交通是区域旅游发展的基础设施条件，便利通达的交通条件能够有效促进旅游产业的发展，研究选择公路总里程作为土地和资本投入要素的补充。在旅游发展效率产出方面，研究选择目前研究最常用的旅游收入和旅游人次作为产出指标，包括入境旅游人次、入境旅游收入、国内旅游人次和国内旅游收入4项指标。研究所需的第三产业从业人数、星级酒店数、公路里程数、入境旅游收入、入境旅游人次、国内旅游收入、国内旅游人次等指标数据来源于2016—2020年《四川统计年鉴》，4A级及以上景区的数据来源于四川省文化和旅游厅。

表 3-2　旅游发展效率评价指标体系

属性	指标层	具体指标	计算方式
投入指标	劳动力要素	第三产业从业人数	统计年鉴获取
	旅游资源要素	旅游资源禀赋	5A级旅游景区数量 ×0.95+4A景区数量 ×0.85
	旅游服务要素	星级酒店数量	统计年鉴获取
	交通便利度	公路总里程	统计年鉴获取
产出指标	旅游收入	国内旅游收入	统计年鉴获取
		旅游外汇收入	统计年鉴获取
	旅游人次	国内旅游人次	统计年鉴获取
		入境旅游人次	统计年鉴获取

第二节　旅游产业绩效的时空演化及影响因素

一、旅游发展业绩的时空演化

根据旅游发展业绩评价模型对四川省旅游发展业绩进行测评，表3-3是2015—2019年四川省21个市（州）的旅游发展业绩。可以看出，四川省旅游发展业绩整体呈现增长的趋势，但是区域旅游发展业绩的不均衡性较为严重，成都的旅游发展业绩远远超过其他 20 个市（州），不仅旅游业绩发展规模较好，增长态势也较为强劲。2015 年，成都的旅游发展业绩指数最大，达到 0.5747；乐山的旅游发展业绩指数处于第二位，但旅游发展业绩指数仅有 0.0558，距离成都的差距过大；排名第三的市（州）是阿坝州，旅游发展业绩指数为 0.0380。资阳、绵阳、南充、宜宾、凉山州、广安、泸州、遂宁、广元、眉山、自贡等市（州）的旅游发展业绩处于四川省整体旅游业绩的第三阶梯，旅游发展业绩指数均在 0.019~0.02。甘孜州、内江、德阳、雅安、攀枝花、巴中、达州等市（州）的旅游发展业绩指数在区域内处于最后一个阶梯，旅游发展业绩指数均小于 0.019，旅游业发展的规模和效益在四川省均处于靠后的位置，达州、巴中的旅游发展业绩处于四川省的垫底位置。

表 3–3　四川省旅游发展业绩时空演化（2015—2019 年）

市（州）	2015 年	2016 年	2017 年	2018 年	2019 年	排序（2019）
成都	0.5747	0.7168	0.7411	0.8271	1.0100	1
乐山	0.0558	0.0640	0.0723	0.0794	0.0924	2
宜宾	0.0242	0.0284	0.0344	0.0424	0.0503	3
南充	0.0245	0.0274	0.0310	0.0370	0.0475	4
绵阳	0.0246	0.0288	0.0350	0.0424	0.0471	5
泸州	0.021	0.0244	0.0312	0.0339	0.0377	6
遂宁	0.0201	0.0241	0.0275	0.0315	0.0368	7
广元	0.0195	0.0226	0.0266	0.0305	0.0346	8
眉山	0.0194	0.0232	0.0267	0.0293	0.0332	9
凉山州	0.0218	0.0243	0.0269	0.0298	0.0329	10
德阳	0.0160	0.0179	0.0226	0.0281	0.0328	11
广安	0.0212	0.0235	0.0264	0.0282	0.0309	12
自贡	0.0193	0.0215	0.0255	0.0286	0.0302	13
雅安	0.0153	0.0186	0.0212	0.0243	0.0289	14
内江	0.0166	0.0196	0.0227	0.0251	0.0277	15
达州	0.0117	0.0134	0.0152	0.018	0.0255	16
攀枝花	0.0147	0.0171	0.0189	0.0211	0.0254	17

续表

市（州）	2015 年	2016 年	2017 年	2018 年	2019 年	排序（2019）
甘孜州	0.0190	0.0154	0.0182	0.0186	0.0239	18
巴中	0.0126	0.0150	0.0175	0.0194	0.0226	19
阿坝州	0.0380	0.0388	0.0265	0.0158	0.0205	20
资阳	0.0260	0.0170	0.0175	0.0183	0.0185	21

2015—2019 年间，除阿坝州和资阳的旅游发展业绩呈现下降的趋势外，其他市（州）的旅游业绩均呈现稳定增长的态势。阿坝州的旅游业绩指数从 0.038 下降为 0.0205，资阳的旅游业绩指数从 0.026 下降为 0.0185。成都和乐山的旅游发展业绩仍然处于区域的第一、二位，但两者之间的差距更为明显。2019 年，成都的旅游发展业绩指数达到 1.01，乐山仅有 0.0924，连成都的十分之一都不到。宜宾、南充、绵阳的旅游发展业绩指数分别为 0.0503、0.0475、0.0471，列区域 3—5 位，虽然相较成都、乐山的旅游业绩有差距，但在区域整体中的旅游规模和收益处于靠前的位置。泸州、遂宁、广元、眉山、凉山州、德阳、广安、自贡的旅游发展业绩指数在 0.03~0.038，处于四川省旅游发展业绩排序的第三梯队，旅游产业发展规模和收益处于区域中间的位置。雅安、内江、达州、攀枝花、甘孜州、巴中、阿坝州、资阳的旅游发展业绩在四川省处于靠后的位置，旅游发展业绩指数均在 0.03 以下。可以看出，成都、乐山、宜宾、绵阳、南充的旅游发展业绩在四川省处于较好的位置。

二、旅游发展效率的时空演化

利用 DEA-BBC 模型对四川省旅游发展效率进行计算，分析 2015—2019 年的四川省旅游发展效率变化特征，具体结果见表 3-4。从表 3-4 和图 3-1 可以看出，2015—2019 年四川省旅游发展的技术效率、规模效率、综合效率均值总体上处于波动状态，综合效率和技术效率均呈现先下降后上升又下降的变化状态，规模效率呈现先下降后逐步上升的变化状态。2015—2016 年，技术效率、规模效率、综合效率均呈现下降趋势，其中规模效率和综合效率的下降趋势最为明显；技术效率从 0.908 变化为 0.890，规模效率从 0.940 变化为 0.917，综合效率从 0.858 变化为 0.823，规模效率的显著下降导致旅游综合效率的下降。2016—2017 年，规模效率没有变化，技术效率从 0.890 上升为 0.933，技术效率的提升引起旅游综合效率的提升，从 0.823 上升到 0.858，说明在旅游要素投入规模不变的情况下，通过技术优化提升了旅游资源要素的利用效率。2017 年，技术效率、规模效率均保持上升的趋势，其中规模效率上升得更为明显，说明通过旅游资源要素规模的显著投入和科学技术的不断进步，旅游发展的综合效率提升明显，从 0.858 上升为 0.914。2018—2019 年，规模效率从 0.966 增加到 0.979，技术效率从 0.945 下降为 0.915，综合效率从 0.914 下降为 0.898，说明投入的旅游资源要素没有被有效利用。

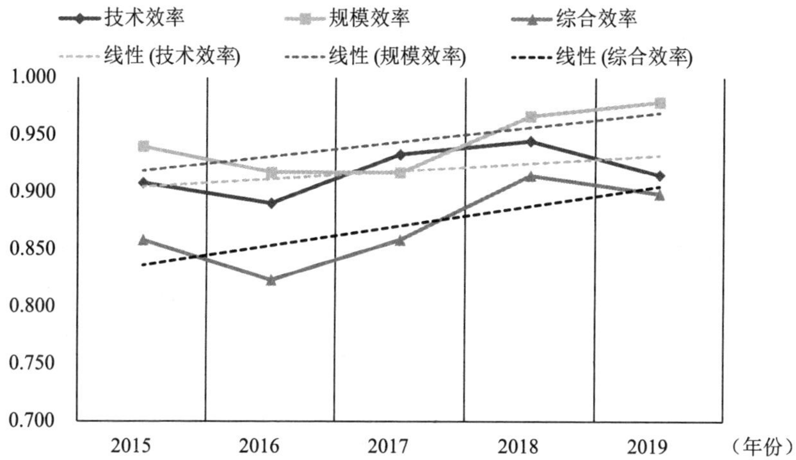

图 3-1　四川省旅游发展效率变化趋势（2015—2019 年）

相比 2015 年，2019 年技术效率的均值变化不大，规模效率和综合效率有着较为明显的提升。技术效率整体均值从 0.908 增加到 0.915，规模效率均值从 0.940 增加到 0.979，综合效率均值从 0.858 增加到 0.898。这说明四川省旅游发展效率的提高主要依靠旅游资源要素的投入，旅游产业先进技术的应用或者利用效率还有待提高。从旅游发展效率的区域差异性特征来看，2015—

2019年四川省21个市（州）旅游发展的技术效率、规模效率和综合效率的标准差均较小，旅游发展效率的区域性差异不太明显，其中，规模效率的标准差数值较小且相对稳定，说明四川省21个市（州）在2015—2019年均保持了较高的旅游资源要素投入；技术效率和规模效率的标准差变动相对较大，说明各市（州）在旅游产业发展的技术投入和应用上存在差异，从而引起旅游发展综合效率存在差异。

表3-4 四川省旅游发展效率时空演化（2015—2019年）

市（州）	2015年			2016年			2017年			2018年			2019年		
	TE	SE（k）	OE（θ）	TE	SE（k）	OE（θ）	TE	SE（k）	OE（θ）	TE	SE（k）	OE（θ）	TE	SE（k）	OE（θ）
成都	1.000	1.000	1.000	1.000	1.000	1.000	1.000	1.000	1.000	1.000	1.000	1.000	1.000	1.000	1.000
自贡	1.000	1.000	1.000	1.000	1.000	1.000	1.000	1.000	1.000	1.000	1.000	1.000	1.000	0.997	0.997
攀枝花	1.000	1.000	1.000	1.000	1.000	1.000	1.000	1.000	1.000	1.000	1.000	1.000	1.000	1.000	1.000
泸州	0.860	0.966	0.831	0.718	0.936	0.673	0.964	0.861	0.831	0.809	0.995	0.805	0.759	0.989	0.751
德阳	0.788	0.838	0.66	0.753	0.789	0.594	0.772	0.835	0.644	1.000	1.000	1.000	1.000	1.000	1.000
绵阳	0.579	0.966	0.559	0.625	0.930	0.581	0.718	0.870	0.625	0.718	0.947	0.679	0.731	0.931	0.680
广元	0.741	0.956	0.708	0.765	0.989	0.756	1	0.887	0.887	0.923	0.981	0.905	0.863	0.940	0.810
遂宁	0.975	0.996	0.971	1.000	1.000	1.000	1.000	1.000	1.000	1.000	1.000	1.000	1.000	1.000	1.000
内江	1.000	1.000	1.000	1.000	1.000	1.000	1.000	1.000	1.000	1.000	1.000	1.000	1.000	1.000	1.000
乐山	1.000	1.000	1.000	1.000	1.000	1.000	1.000	1.000	1.000	1.000	1.000	1.000	1.000	1.000	1.000
南充	0.758	0.954	0.723	0.747	0.879	0.656	0.743	0.902	0.671	0.948	0.958	0.907	1	0.997	0.997
眉山	1.000	1.000	1.000	1.000	1.000	1.000	1.000	0.964	0.964	1.000	1.000	1.000	1.000	1.000	1.000
宜宾	0.903	0.922	0.833	0.988	0.898	0.887	1.000	1.000	1.000	1.000	1.000	1.000	1.000	1.000	1.000
广安	0.942	0.959	0.903	0.796	0.978	0.778	0.782	0.999	0.781	0.875	0.958	0.838	0.846	0.977	0.826
达州	0.800	0.587	0.469	0.573	0.63	0.361	0.875	0.605	0.529	0.857	0.671	0.575	0.617	0.939	0.579
雅安	0.976	0.958	0.935	1.000	1.000	1.000	1.000	1.000	1.000	1.000	1.000	1.000	1.000	1.000	1.000
巴中	0.869	0.694	0.603	0.91	0.764	0.695	1.000	0.732	0.732	0.987	0.784	0.774	0.800	0.784	0.627
资阳	1.000	1.000	1.000	1.000	0.738	0.738	1.000	0.679	0.679	1.000	1.000	1.000	1.000	1.000	1.000

续表

市（州）	2015年			2016年			2017年			2018年			2019年		
	TE	SE（*k*）	OE（*θ*）	TE	SE（*k*）	OE（*θ*）	TE	SE（*k*）	OE（*θ*）	TE	SE（*k*）	OE（*θ*）	TE	SE（*k*）	OE（*θ*）
阿坝州	1.000	1.000	1.000	1.000	1.000	1.000	1.000	1.000	1.000	1.000	1.000	1.000	1.000	1.000	1.000
甘孜州	1.000	1.000	1.000	1.000	0.838	0.838	1.000	1.000	1.000	1.000	1.000	1.000	1.000	1.000	1.000
凉山州	0.878	0.942	0.828	0.82	0.896	0.734	0.740	0.923	0.683	0.722	0.999	0.721	0.600	0.999	0.600
均值	0.908	0.940	0.858	0.890	0.917	0.823	0.933	0.917	0.858	0.945	0.966	0.914	0.915	0.979	0.898
标准差	0.117	0.108	0.172	0.144	0.108	0.187	0.109	0.118	0.165	0.093	0.083	0.131	0.136	0.050	0.157

注：TE、SE（*k*）、OE（*θ*）分别表示纯技术效率、规模效率、综合效率。

成都、攀枝花、内江、乐山、眉山、资阳、阿坝州、甘孜州在2015年和2019年的旅游发展技术效率、规模效率、综合效率均为1，说明这几个市（州）的旅游资源要素被合理利用，规模效率处于最优状态。德阳、绵阳、广元、遂宁、南充、宜宾、达州、雅安、巴中在2015—2019年间的旅游发展综合效率有提升，旅游发展效率分别从0.660、0.559、0.708、0.971、0.723、0.833、0.469、0.935、0.603增加到1.000、0.680、0.810、1.000、0.997、1.000、0.579、1.000、0.627，其中，德阳、遂宁、南充、宜宾和雅安旅游发展的技术效率和规模效率均在提升，绵阳和广元通过提升技术效率在旅游规模效率下降的同时实现了旅游综合效率的提高，达州和巴中通过扩大旅游资源要素投入提升规模效率实现了旅游综合效率的提高。自贡、泸州、广安、凉山州的旅游发展综合效率在下降，其中凉山州的下降最为明显；泸州、广安、凉山州的旅游综合效率下降主要受技术效率的限制，可通过改善技术利用效率提高旅游发展综合效率；自贡可适当扩大旅游生产投入要素规模，进而提高旅游发展的综合效率。

三、旅游发展的全要素生产率变动及其分解

从表 3-5 分析可知，2015—2019 年四川省旅游发展的综合效率变化、纯技术效率变化、规模效率变化均较小，但均呈现上升的趋势，平均增长率分别为 2%、0.7%、1.5%；全要素生产率变化与技术进步变化相对增长幅度较大，其中旅游发展全要素生产率平均增长率为 15.3%，技术进步变化平均增长率为 13.6%，说明技术进步是引起旅游发展全要素生产率提高的主要因素。达州、巴中、宜宾、南充、雅安、甘孜州、德阳、遂宁等市（州）的旅游发展全要素生产率增长在区域处于较高的水平，是技术进步变化和旅游资源要素投入共同作用的结果，技术的进步促进旅游资源要素的转化利用效率。眉山、乐山、攀枝花、成都的技术效率、规模效率却没有变化，旅游全要素生产率的变化是由技术进步所导致的。绵阳、广元对旅游资源要素的利用效率不高，通过明显的技术进步和技术效率的提升，使得旅游发展全要素生产率也有较高幅度的增长。阿坝州的旅游发展全要素生产率和技术进步均呈现负增长趋势，技术效率和规模效率没有发生变化，说明先进技术的投入不足影响旅游发展全要素生产率。自贡、广安、资阳、凉山州的旅游发展全要素生产率相对变化较小。在 2015—2019 年间，技术进步变化最明显的市（州）是达州、巴中、宜宾、眉山、乐山、甘孜州，阿坝州的技术进步指数在下降；旅游发展综合效率提升明显的市（州）是德阳，自贡、泸州、广安、凉山州的旅游发展综合效率在下降；旅游发展技术效率和规模效率的变化较小，泸州、广安、达州、巴中、凉山州的技术效率在下降，自贡、绵阳、广元的规模效率在下降，其他市（州）的技术效率和规模效率均呈现小幅度的上升。

表 3-5 四川省区域旅游发展效率变动情况一览（2015—2019 年）

市（州）	TFPCH	EFFCH	TECHCH	PECH	SECH
成都	1.140	1.000	1.140	1.000	1.000
自贡	1.062	0.999	1.062	1.000	0.999

续表

市（州）	TFPCH	EFFCH	TECHCH	PECH	SECH
攀枝花	1.171	1.000	1.171	1.000	1.000
泸州	1.118	0.986	1.141	0.989	1.009
德阳	1.159	1.134	1.050	1.069	1.049
绵阳	1.216	1.051	1.157	1.062	0.992
广元	1.167	1.039	1.129	1.049	0.999
遂宁	1.155	1.007	1.146	1.006	1.001
内江	1.114	1.000	1.114	1.000	1.000
乐山	1.177	1.000	1.177	1.000	1.000
南充	1.202	1.095	1.114	1.078	1.012
眉山	1.189	1.000	1.189	1.000	1.000
宜宾	1.272	1.048	1.214	1.026	1.022
广安	1.094	0.981	1.122	0.978	1.005
达州	1.371	1.082	1.261	0.986	1.136
雅安	1.182	1.017	1.163	1.006	1.011
巴中	1.235	1.018	1.218	0.986	1.032
资阳	1.040	1.033	1.043	1.000	1.033
阿坝州	0.963	1.000	0.963	1.000	1.000
甘孜州	1.179	1.008	1.176	1.000	1.008
凉山州	1.017	0.926	1.103	0.911	1.016
均值	1.153	1.020	1.136	1.007	1.015

注：TFPCH、EFFCH、TECHCH、PECH、SECH 分别表示全要素生产率变化指数、综合效率变化指数、技术进步变化指数、纯技术效率变化指数、规模效率变化指数。

四、旅游发展绩效的影响因素分析

研究在现有相关研究的基础上，结合考虑指标数据的可获取性，选取旅游资源禀赋、旅游交通便利性、城市化水平、科学技术投入、旅游接待能力、经济发展水平作为解释变量，对四川省旅游发展绩效的影响因素进行分析。以上述六个因素作为解释变量，分别以旅游发展业绩和旅游发展效率作为被解释变量进行面板模型构建。面板模型涉及混合 POOL 模型、固定效应 FE 模型和随机效应 RE 模型，首先进行模型检验找出最优模型。模型 F 检验 $p=0.000 < 0.05$，说明 FE 模型相比 POOL 模型更优；模型 BP 检验 $p=0.000 < 0.05$，说明 RE 模型相较 POOL 模型更优；Hausman 检验 $p=0.987 > 0.05$，说明 RE 模型相对 FE 模型更优。选取随机效应 RE 模型分析四川省旅游发展业绩和旅游发展效率的影响因素，实证分析结果详见表 3-6、3-7。

从表 3-6 可以看出，旅游资源禀赋呈现出 0.05 水平的显著性（$t=2.254$，$p=0.024 < 0.05$），科学技术投入呈现出 0.01 水平的显著性（$t=17.725$，$p=0.000 < 0.01$），说明旅游资源禀赋和科学技术投入会对旅游发展绩效产生显著的正向影响关系。旅游资源禀赋直接影响旅游目的地的旅游产品供给结构和能力，同时又是激发旅游客源地出游意愿的关键因素，旅游资源的品质、数量是影响目的地旅游产业发展规模绩效的核心指标；科学技术的不断进步和在旅游行业中的应用，能够使得旅游资源的开发更加科学、有效，提高旅游产业的竞争力。旅游交通便利性、城市化水平、旅游接待能力和经济发展水平，在 0.01 水平和 0.05 水平上均没有呈现出显著性，说明这几个指标对旅游发展绩效的影响不显著。

表 3-6　四川省旅游发展业绩影响因素的面板模型分析结果

项	Coef	Std. Err	t	p	95% CI
截距	0.030	0.055	0.542	0.588	−0.078~0.138
旅游资源禀赋	0.002	0.001	2.254	0.024*	0.000~0.004
旅游交通便利性	0.000	0.000	0.123	0.902	−0.000~0.000
城市化水平	−0.001	0.001	−0.726	0.468	−0.004~0.002
科学技术投入	0.000	0.000	17.725	0.000**	0.000~0.000
旅游接待能力	0.001	0.000	1.246	0.213	−0.000~0.001
经济发展水平	−0.000	0.000	−0.325	0.745	−0.000~0.000

χ^2（6）=643.158，p=0.000；R^2=0.868，调整 R^2=0.860；* $P < 0.05$ ** $P < 0.01$

从表 3-7 可以看出，经济发展水平呈现出 0.01 水平的显著性（t=2.736，P=0.006 < 0.01），说明经济发展水平会对旅游发展效率产生显著的正向影响关系。经济发展水平较高的地区不仅拥有更多旅游资源的规模投入，对游客的吸引力也更大，同时资本的运行效率、技术的利用水平和行业技术创新能力也较强，旅游产业发展效率也更高[140]。旅游资源禀赋、旅游交通便利性、城市化水平、科学技术投入、旅游接待能力在 0.01 水平和 0.05 水平上均没有呈现出显著性，说明这几项指标对旅游发展效率不会产生影响关系。

表 3-7　四川省旅游发展效率影响因素的面板模型分析结果

项	Coef	Std. Err	t	p	95% CI
截距	0.869	0.228	3.812	0.000**	0.422~1.316
旅游资源禀赋	−0.000	0.004	−0.078	0.938	−0.008~0.008
旅游交通便利性	−0.000	0.000	−1.378	0.168	−0.000~0.000
城市化水平	−0.004	0.006	−0.640	0.522	−0.015~0.008
科学技术投入	−0.000	0.000	−1.387	0.165	−0.000~0.000
旅游接待能力	0.001	0.002	0.773	0.440	−0.002~0.005
经济发展水平	0.000	0.000	2.736	0.006**	0.000~0.000

χ^2（6）=21.184，P=0.002；R^2=0.178，调整 R^2=0.127；* P < 0.05 ** P < 0.01

五、研究小结

旅游产业绩效是对区域旅游经济发展过程和结果的综合评价。研究选取四川省 21 个市（州）作为案例研究地，使用旅游业绩指数和 DEA-Malmquist 模型对其旅游业绩和旅游效率进行评价，并通过面板模型分析旅游发展业绩与旅游发展效率的影响因素，主要得到以下结论：

（一）旅游发展业绩整体增长，但区域不均衡性较为严重

成都的旅游发展业绩远远超过其他 21 个市（州），不仅旅游业发展规模

较好，增长态势也较为强劲。乐山的旅游业绩处于区域第二的位置，但距离成都的差距过大。宜宾、南充、绵阳的旅游发展业绩分别列区域第 3—5 位，虽然相较成都、乐山的旅游业绩有差距，但在区域整体中的旅游规模和收益处于靠前的位置。泸州、遂宁、广元、眉山、凉山州、德阳、广安、自贡的旅游业绩处于四川省旅游发展业绩排序的第三梯队，旅游产业发展规模和收益处于区域中间的位置。雅安、内江、达州、攀枝花、甘孜州、巴中、阿坝州、资阳的旅游业绩在区域处于靠后的位置，阿坝州和资阳也是仅有的旅游发展业绩呈现下降趋势的两个市（州）。

（二）旅游发展效率显著提升，纯技术利用效率有待提高

四川省旅游发展的技术效率、规模效率、综合效率均值总体上处于波动状态。旅游发展的规模效率和综合效率提升明显，技术效率的均值变化不大，说明四川旅游发展效率的提高主要依靠旅游资源要素的投入，旅游产业先进技术的应用或者利用效率还有待提高。从旅游发展效率的区域差异性特征来看，旅游发展效率的区域性差异不太明显，其中，规模效率的标准差数值较小且相对稳定，说明 21 个市（州）均保持了较高的旅游资源要素投入；技术效率和规模效率的标准差变动相对较大，说明各市（州）在旅游产业发展的技术投入和应用上存在差异，从而引起旅游发展综合效率存在差异。

（三）技术进步提高全要素生产率，多种因素影响旅游绩效

四川省旅游发展的全要素生产率变化与技术进步变化相对增长幅度较大，技术进步是引起旅游发展全要素生产率提高的主要因素。技术的进步促进旅游资源要素的转化利用效率，技术进步变化最明显的市（州）是达州、巴中、宜宾、眉山、乐山、甘孜州。旅游资源禀赋和科学技术投入正向影响旅游发展绩效，旅游资源禀赋影响目的地旅游产品供给能力和客源地游客出游意愿，科学技术使得旅游资源的开发利用更加有效。经济发展水平较高的地区不仅拥有更多旅游资源的规模投入，对游客的吸引力也更大，同时资本的运行效率、技术的利用水平和行业技术创新能力也较强，旅游产业发展效率也更高。

第三节　旅游空间网络优势度与旅游产业绩效的耦合关系

一、旅游空间网络优势度与旅游产业绩效的相关性分析

使用 Pearson 相关系数对四川省各市（州）的旅游空间网络优势度、旅游发展业绩和旅游发展效率之间的关系进行分析，结果见表 3-8。分析可知，旅游空间网络优势度与旅游发展业绩、旅游发展效率均呈现显著的正相关关系，其中与旅游发展业绩的相关性系数为 0.781，与旅游发展效率的相关性系数为 0.271。这说明在旅游空间网络中拥有较大权力的市（州），通常情况下旅游发展业绩和旅游发展效率也较好。旅游发展业绩与旅游发展效率在 0.05 水平上也具有显著的相关性，相关性系数为 0.193，旅游发展效率的提升会使旅游要素资源的投入产出更有效，进而提升旅游发展业绩。为进一步分析旅游空间网络优势度与旅游发展业绩、旅游发展效率关系，研究使用耦合协调度评价模型对各市（州）旅游经济空间网络权力、旅游发展业绩、旅游发展效率之间的耦合协调水平进行分析，明确旅游空间网络优势度与旅游产业绩效的耦合关系。

表 3-8　旅游空间网络优势度与旅游产业绩效的相关性分析

		旅游网络权力	旅游发展业绩	旅游发展效率
旅游网络权力	皮尔逊相关性	1	0.781**	0.271**
	Sig.（双尾）		0	0.005
旅游发展业绩	皮尔逊相关性	0.781**	1	0.193*
	Sig.（双尾）	0		0.049
旅游发展效率	皮尔逊相关性	0.271**	0.193*	1
	Sig.（双尾）	0.005	0.049	

注：* 表示在 0.01 级别（双尾）相关性显著；* 表示在 0.05 级别（双尾）相关性显著。

二、旅游发展业绩与旅游发展效率的耦合关系

研究使用耦合协调度评价模型分析四川省区域旅游产业绩效的耦合协调水平，结果见表 3-9。计算可知，2015—2019 年间，四川省区域旅游产业绩效的耦合协调度指数略有下降，2015 年耦合协调度均值为 0.387，2019 年下降为 0.378，处于中度失调的状态。成都在 2015—2019 年间旅游产业绩效的耦合协调度指数均为 0.995，旅游发展业绩与旅游发展效率在区域中均排名第一，处于优质协调的状态。2015 年，乐山旅游产业绩效的耦合协调度指数为 0.541，排名四川省第二，也是除成都外唯一的耦合协调指数超过 0.5 的市（州），处于勉强协调的状态；阿坝州和资阳的旅游产业绩效耦合协调指数分别为 0.485 和 0.431，分列 3—4 位，处于濒临失调的状态；自贡、攀枝花、泸州、广元、遂宁、内江、南充、眉山、宜宾、广安、雅安、甘孜州、凉山州的旅游产业绩效耦合协调指数在 0.3~0.4，属于轻度失调的状态；德阳、绵阳、巴中的旅游产业绩效处于中度失调的状态。

表 3-9　四川省旅游产业绩效的耦合协调度（2015—2019 年）

市（州）	2015 年	2016 年	2017 年	2018 年	2019 年
成都	0.995	0.995	0.995	0.995	0.995
自贡	0.389	0.381	0.392	0.398	0.382
攀枝花	0.350	0.350	0.349	0.357	0.359
泸州	0.365	0.334	0.377	0.362	0.330
德阳	0.282	0.278	0.266	0.396	0.393
绵阳	0.275	0.323	0.296	0.32	0.311
广元	0.321	0.344	0.372	0.382	0.345
遂宁	0.390	0.396	0.403	0.412	0.408
内江	0.368	0.369	0.376	0.381	0.371
乐山	0.541	0.531	0.542	0.541	0.535
南充	0.353	0.342	0.313	0.408	0.442
眉山	0.390	0.391	0.391	0.402	0.395

续表

市（州）	2015 年	2016 年	2017 年	2018 年	2019 年
宜宾	0.384	0.399	0.434	0.452	0.450
广安	0.383	0.354	0.340	0.352	0.338
达州		0.100	0.100	0.106	0.114
雅安	0.345	0.361	0.366	0.376	0.376
巴中	0.234	0.283	0.274	0.286	0.203
资阳	0.431	0.307	0.255	0.337	0.315
阿坝州	0.485	0.460	0.398	0.315	0.330
甘孜州	0.387	0.312	0.343	0.339	0.351
凉山州	0.369	0.348	0.304	0.311	0.194
均值	0.387	0.379	0.376	0.392	0.378

2019 年，乐山旅游产业绩效的耦合协调度指数为 0.535，在区域中排名第二，处于勉强协调的状态；宜宾、南充、遂宁的耦合协调度指数分别为 0.450、0.442、0.408，分列区域的 2—5 位，旅游产业绩效处于濒临失调的状态；自贡、攀枝花、泸州、德阳、绵阳、广元、内江、眉山、广安、雅安、资阳、阿坝州、甘孜州处于轻度失调的状态；巴中处于中度失调的状态；达州、凉山州处于重度失调的状态。德阳、绵阳、遂宁、南充、宜宾、资阳、阿坝州、凉山州的旅游产业绩效耦合协调状态有变化，德阳、绵阳的旅游产业绩效从中度失调变化为轻度失调，遂宁、南充、宜宾从轻度失调提升为濒临失调，资阳、阿坝州从濒临失调下降为轻度失调，凉山州从轻度失调变化为严重失调，其他市（州）旅游业绩和旅游效率的耦合协调状态没有发生明显的变化。

以 2015 年、2019 年的旅游发展业绩、旅游发展效率均值为交叉原点，进一步将旅游产业绩效的耦合协调度分为高绩高效、低绩高效、低绩低效、高绩低效四种类型。从图 3-2 和图 3-3 可以看出，2015—2019 年间，四川省 21 个市（州）除成都、乐山外，其他市（州）的旅游发展业绩均偏低，只有成都和乐山的旅游产业绩效耦合协调类型属于“高绩高效型”。2015 年，泸州、德阳、绵阳、广元、南充、宜宾、达州、巴中、凉山州属于“低绩低效型”，旅游发展的业绩和效率均处于区域靠后的位置；自贡、攀枝花、遂宁、内江、眉山、广安、雅安、资阳、阿坝州、甘孜州属于“低绩高效型”，旅游发展业绩较低，但是具有较好的旅游发展效率。2019 年，“低绩低效型”市（州）的数量减少为 7 个，分别是泸州、绵阳、广元、广安、达州、巴中、凉山州；自贡、攀枝花、德阳、遂宁、内江、南充、眉山、宜宾、雅安、资阳、阿坝州、甘孜州属于“低绩高效型”。

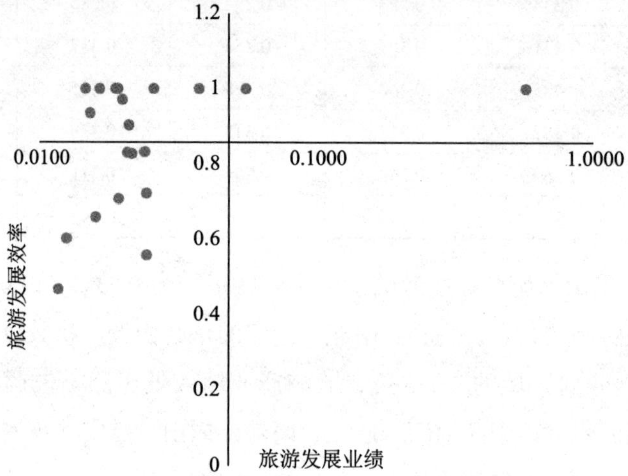

图 3-2　四川省旅游产业绩效耦合协调类型（2015 年）

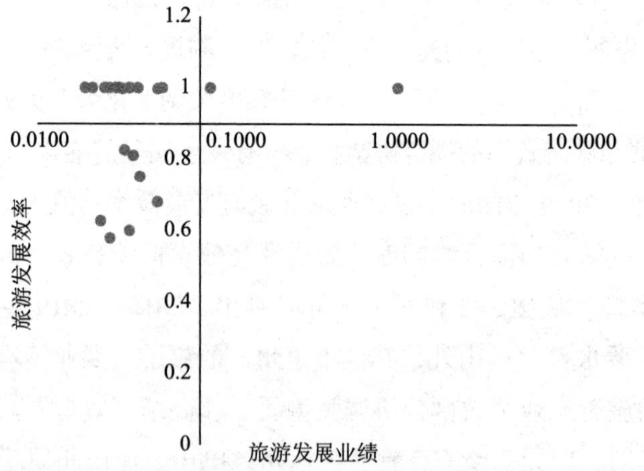

图 3-3　四川省旅游产业绩效耦合协调类型（2019 年）

三、旅游空间网络优势度与旅游业绩的耦合关系

研究使用耦合协调度评价模型分析旅游空间网络优势度与旅游业绩的耦合协调水平，结果见表 3-10。计算可知，2015—2019 年间，四川省旅游空间网络优势度与旅游业绩的耦合协调度指数略有下降，2015 年耦合协调度均值为 0.325，2019 年下降为 0.302，处于中度失调的状态。成都在 2015—2019 年间旅游空间网络优势度与旅游业绩的耦合协调度指数均为 0.995，旅游空间网络权力地位与旅游业绩在区域中均排名第一，处于优质协调的状态。2015 年，除成都外，其他市（州）的旅游空间网络优势度与旅游业绩的耦合协调指数均低于 0.5；排名第二的乐山，耦合协调指数为 0.444，处于濒临失调的状态；自贡、泸州、绵阳、遂宁、南充、眉山、宜宾、广安、资阳、阿坝州的旅游空间网络优势度与旅游业绩的耦合协调处于轻度失调的状态；德阳、广元、内江、雅安、巴中、甘孜州、凉山州属于中度失调的状态；攀枝花、达州属于严重失调的状态。

表 3-10　旅游空间网络优势度与旅游业绩的耦合协调度（2015—2019 年）

市（州）	2015 年	2016 年	2017 年	2018 年	2019 年
成都	0.995	0.995	0.995	0.995	0.995
自贡	0.309	0.301	0.314	0.277	0.274
攀枝花	0.111	0.111	0.111	0.113	0.157
泸州	0.314	0.304	0.331	0.283	0.285
德阳	0.270	0.258	0.291	0.267	0.291
绵阳	0.332	0.328	0.351	0.338	0.346
广元	0.291	0.281	0.300	0.252	0.248
遂宁	0.315	0.314	0.343	0.334	0.337
内江	0.297	0.291	0.305	0.273	0.281
乐山	0.444	0.441	0.454	0.428	0.430
南充	0.326	0.311	0.346	0.354	0.365
眉山	0.301	0.299	0.330	0.306	0.309
宜宾	0.329	0.320	0.347	0.325	0.350

续表

市（州）	2015年	2016年	2017年	2018年	2019年
广安	0.305	0.29	0.293	0.234	0.270
达州	0.100	0.224	0.229	0.184	0.211
雅安	0.270	0.267	0.270	0.234	0.263
巴中	0.239	0.236	0.249	0.203	0.223
资阳	0.343	0.272	0.274	0.249	0.239
阿坝州	0.354	0.327	0.283	0.100	0.105
甘孜州	0.283	0.238	0.244	0.170	0.192
凉山州	0.297	0.282	0.284	0.128	0.172
均值	0.325	0.319	0.331	0.288	0.302

2019年，乐山旅游空间网络优势度与旅游业绩的耦合协调度指数为0.43，在区域中排名第二，处于濒临失调的状态，相比2015年有一定的下降；南充、宜宾、绵阳、遂宁、眉山的耦合协调度指数分别为0.365、0.35、0.346、0.337、0.309，分列区域的3—7位，处于轻度失调的状态；自贡、泸州、德阳、广元、内江、广安、达州、雅安、巴中、资阳处于中度失调的状态；攀枝花、阿坝州、甘孜州、凉山州处于重度失调的状态。自贡、泸州、广安、达州、资阳、阿坝州、甘孜州、凉山州旅游空间网络优势度与旅游业绩的耦合协调状态有变化，达州从严重失调上升为中度失调，自贡、泸州、广安、资阳则从轻度失调变化为中度失调，阿坝州从轻度失调下降为严重失调，凉山州和甘孜州从中度失调变化为严重失调，其他市（州）旅游空间网络优势度与旅游业绩的耦合协调状态没有发生明显的变化。

以2015年、2019年的旅游网络权力、旅游发展业绩均值为交叉原点，进一步将旅游空间网络优势度与旅游业绩的耦合协调分为高权力高业绩、高权力低业绩、低权力高业绩、低权力低业绩四种类型。从图3-4和图3-5可以看出，2015—2019年间，四川省21个市（州）除成都、乐山外，其他市（州）的旅游发展业绩均偏低，只有成都和乐山的旅游空间网络优势度与旅游业绩的耦合协调属于“高权力高业绩型”。2015年，除成都、乐山外，自贡、泸州、绵阳、遂宁、内江、南充、眉山、宜宾、资阳的旅游空间网络权力高于区域均值，属于“高权力低业绩型”；其他市（州）属于“低权力低业绩型”，旅游发展业绩和控制其他地区的能力在区域中均较弱。2019 年相比 2015 年，旅游空间网络优势度与旅游业绩的耦合协调类型变化不大，只有德阳和泸州的耦合协调类型发生了变化，其他市（州）的耦合协调类型没有发生变化，泸州从“高权力低业绩型”变化为“低权力低业绩型”，德阳则从“低权力低业绩型”变化为“高权力低业绩型”。

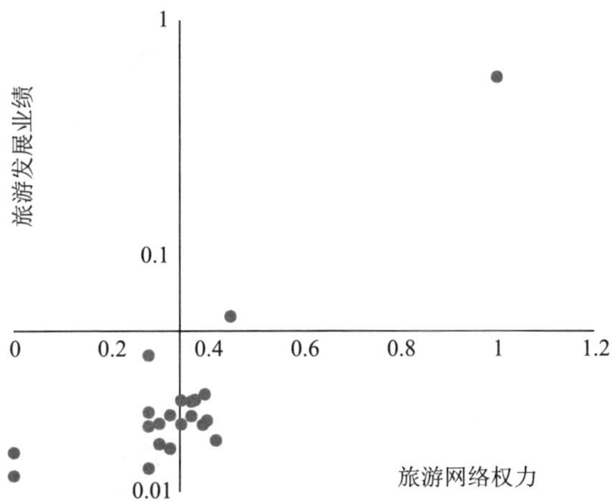

图 3-4　旅游网络权力与旅游发展业绩耦合协调类型（2015 年）

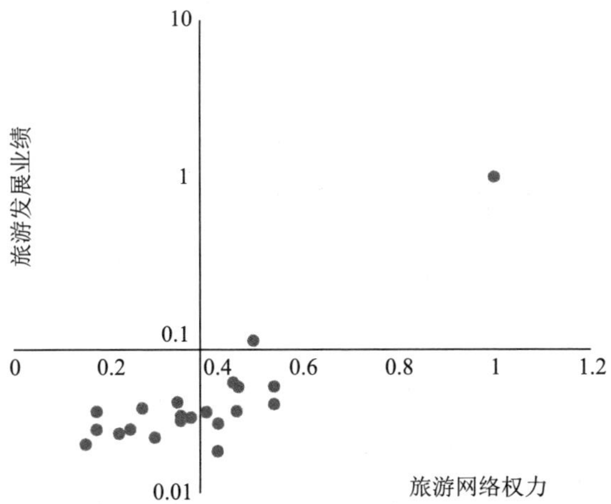

图 3-5　旅游网络权力与旅游发展业绩耦合协调类型（2019 年）

四、旅游空间网络优势度与旅游效率的耦合关系

2015—2019年间，四川省旅游空间网络优势度与旅游效率的耦合协调度指数也呈现下降的趋势，见表3-11。2015年耦合协调度均值为0.666，2019年下降为0.617，处于初级失调的状态。成都在2015—2019年间旅游空间网络优势度与旅游效率的耦合协调度指数均为0.995，旅游空间网络权力地位与旅游效率在区域中均排名第一，处于优质协调的状态。2015年，四川省旅游空间网络优势度与旅游业绩的耦合协调指数超过整体均值的市（州）有成都、自贡、泸州、遂宁、内江、乐山、眉山、宜宾、广安、雅安、资阳、阿坝州、甘孜州，这些市（州）的旅游空间网络优势度与旅游发展效率处于较好的协调状态；凉山州、广元、南充属于初级协调状态，德阳、绵阳、巴中处于勉强协调状态，攀枝花属于轻度失调状态，达州的旅游空间网络优势度与旅游效率的耦合处于严重失调的状态。

表3-11　旅游空间网络优势度与旅游效率的耦合协调度（2015—2019年）

市（州）	2015年	2016年	2017年	2018年	2019年
成都	0.995	0.995	0.995	0.995	0.995
自贡	0.790	0.786	0.795	0.691	0.712
攀枝花	0.315	0.315	0.315	0.315	0.435
泸州	0.707	0.637	0.703	0.574	0.554
德阳	0.576	0.563	0.548	0.670	0.737
绵阳	0.507	0.599	0.543	0.528	0.551
广元	0.609	0.641	0.700	0.579	0.531
遂宁	0.783	0.789	0.848	0.806	0.822
内江	0.803	0.786	0.809	0.713	0.754
乐山	0.816	0.827	0.834	0.786	0.799
南充	0.639	0.619	0.612	0.764	0.821

续表

市（州）	2015 年	2016 年	2017 年	2018 年	2019 年
眉山	0.766	0.762	0.806	0.758	0.779
宜宾	0.708	0.725	0.795	0.716	0.774
广安	0.717	0.662	0.630	0.521	0.611
达州	0.100	0.224	0.229	0.173	0.185
雅安	0.730	0.735	0.735	0.620	0.696
巴中	0.519	0.603	0.598	0.486	0.382
资阳	0.792	0.679	0.610	0.735	0.753
阿坝州	0.727	0.707	0.707	0.315	0.315
甘孜州	0.727	0.658	0.707	0.499	0.545
凉山州	0.660	0.619	0.537	0.243	0.215
均值	0.666	0.663	0.669	0.595	0.617

2019 年，遂宁和南充旅游空间网络优势度与旅游效率的耦合协调度分别为 0.822 和 0.821，分列区域二、三位，处于良好协调的状态。乐山、眉山、宜宾、内江、资阳、德阳、自贡的耦合协调度指数在 0.7—0.8，处于中级协调的状态。雅安、广安的耦合协调度分别为 0.696 和 0.611，处于初级协调的状态；泸州、绵阳、广元、甘孜州处于勉强协调的状态；攀枝花处于濒临失调的状态；巴中和阿坝州处于轻度失调的状态；凉山州处于中度失调的状态；达州处于严重失调的状态。2015—2019 年间，攀枝花、德阳、遂宁、南充的耦合协调状态处于提升优化状态，旅游空间网络优势度与旅游效率的协调程度在增加，德阳、南充的提升幅度最为明显。泸州、广元、内江、乐山、广安、雅安、巴中、阿坝州、甘孜州、凉山州的耦合协调状态在下降，尤其是阿坝州和凉山州，耦合协调状态分别从中度协调、初级协调变化为轻度失调和中度失调。

以 2015 年、2019 年的旅游网络权力、旅游发展效率均值为交叉原点，进一步将旅游空间网络优势度与旅游效率的耦合协调分为高权力高效率、高权力低效率、低权力高效率、低权力低效率四种类型。从图 3-6 和图 3-7 可以看出，2015—2019 年间，四川省 21 个市（州）在四种耦合协调类型上均有分布。2015 年，成都、乐山、遂宁、内江、眉山、资阳、自贡的旅游空间网络权力和旅游发展效率在区域均处于靠前的位置，属于“高权力高效率型”；德阳、广元、达州、巴中、凉山州属于“低权力低效率型”，旅游空间网络权力和旅游发展效率在区域中均处于靠后的位置；泸州、绵阳、南充、宜宾的旅游空间网络权力高于区域均值，但旅游发展效率低于区域均值，属于“高权力低效率型”；攀枝花、广安、雅安、阿坝州、甘孜州处于“低权力高效率型”。2019 年，耦合协调类型有变化的市（州）是自贡、泸州、德阳、南充、宜宾、广安，自贡和泸州的旅游空间网络权力均呈现下降趋势，分别从“高权力高效率型”“高权力低效率型”变化为“低权力高效率型”“低权力低效率型”；南充和宜宾的旅游发展效率呈现提升趋势，均从“高权力低效率型”变化为“高权力高效率型”；广安从“低权力高效率型”变化为“低权力低效率型”，德阳的旅游空间网络权力和旅游发展效率均呈现提升趋势，从“低权力低效率型”变化为“高权力高效率型”。

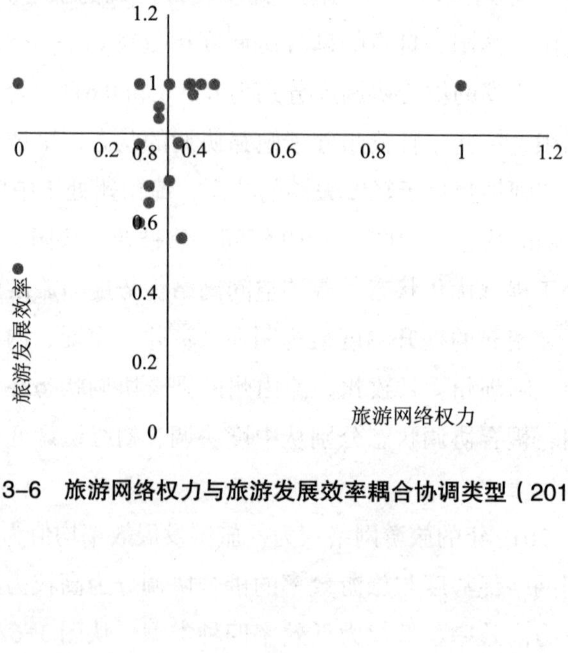

图 3–6　旅游网络权力与旅游发展效率耦合协调类型（2015 年）

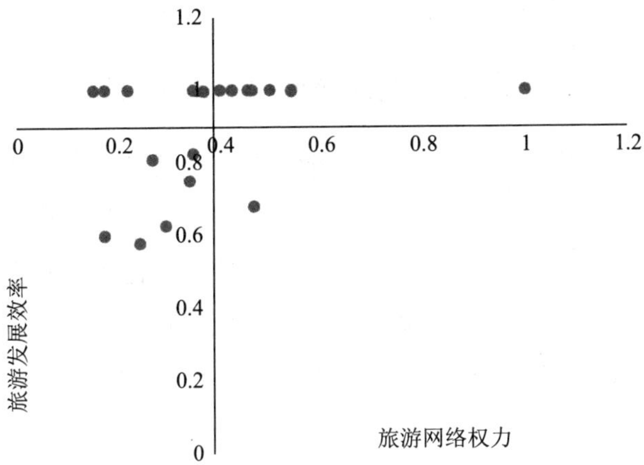

图 3–7　旅游网络权力与旅游发展效率耦合协调类型（2019 年）

四、研究小结

研究使用 Pearson 相关系数对四川省各市（州）的旅游空间网络优势度、旅游发展业绩和旅游发展效率之间的关系进行分析，通过耦合协调度评价模型对各市（州）旅游空间网络权力、旅游发展业绩、旅游发展效率之间的耦合协调水平进行分析，主要得到以下结论：

（一）四川省旅游业绩与旅游效率整体处于中度失调的状态

成都的旅游发展业绩与旅游发展效率处于优质协调的状态；乐山处于勉强协调的状态；宜宾、南充、遂宁处于濒临失调；其他市（州）的旅游产业绩效均处于不同程度的失调状态。成都、乐山属于“高绩高效型”，旅游业绩和发展效率均处于区域最优位置；其他市（州）的旅游业绩均处于偏低的水平。四川省旅游产业绩效耦合协调类型中“低绩低效型”市（州）的数量在减少，“低绩高效型”的市（州）数量有明显增加；德阳、绵阳、遂宁、南充、宜宾的旅游发展产业绩效耦合协调状态在改善，资阳、阿坝州、凉山州的旅游产业绩效耦合失调状态进一步加剧。

（二）旅游空间网络优势度与旅游业绩处于中度失调的状态

成都旅游空间网络权力地位与旅游业绩处于优质协调的状态，乐山处于濒临失调的状态，南充、宜宾、绵阳、遂宁、眉山处于轻度失调的状态，自贡、泸州、德阳、广元、内江、广安、达州、雅安、巴中、资阳处于中度失调的状态，攀枝花、阿坝州、甘孜州、凉山州处于重度失调的状态。2015—2019年，旅游空间网络优势度与旅游业绩的耦合协调类型变化不大，成都、乐山属于“高权力高业绩型”，其他市（州）的旅游业绩均较低，自贡、泸州、绵阳、遂宁、内江、南充、眉山、宜宾、资阳属于“高权力低业绩型”。

（三）旅游空间网络优势度与旅游效率处于初级失调的状态

成都旅游空间网络优势度与旅游效率处于优质协调，攀枝花、德阳、遂宁、南充的耦合协调状态处于提升优化状态，旅游空间网络优势度与旅游效率的协调程度在增加，泸州、广元、内江、乐山、广安、雅安、巴中、阿坝州、甘孜州、凉山州的耦合协调状态在下降。高权力高效率、高权力低效率、低权力高效率、低权力低效率四种类型均有市（州）分布，自贡和泸州的旅游空间网络权力呈现下降趋势，南充和宜宾的旅游发展效率呈现提升趋势，德阳的旅游空间网络权力和旅游发展效率均呈现提升趋势。

第四章　高速交通与旅游经济的耦合协调发展研究

第一节　研究方法与数据来源

一、研究方法

（一）旅游经济联系模型

引力模型既可以反映区域间的旅游经济发展水平，又可以体现区域间距离对旅游经济联系的影响。使用修正后的引力模型计算区域间的旅游经济联系，计算公式如下。

$$R_{ij}=K_{ij}\cdot\frac{\sqrt{P_i\times G_i}\sqrt{P_j\times G_j}}{T_{ij}^2},\mathrm{K}_{ij}=\frac{G_i}{G_i+G_j}\ (i\neq j) \tag{4-1}$$

式中，R_{ij} 是地区 i 和 j 的旅游经济联系度；P_i 和 P_j 是地区 i 和 j 的旅游人次；G_i 和 G_j 是地区 i 和 j 的旅游收入；T_{ij} 是地区 i 到地区 j 的最短旅行时间。

R_i 是地区 i 的旅游经济联系量，是地区 i 和区域内其他地区的旅游经济联系总和，反映地区 i 在区域旅游经济中的地位，计算公式如下：

$$R_i = \sum_{j=1}^{n} R_{ij} \tag{4-2}$$

旅游经济联系隶属度 L_{ij} 是地区 i 和 j 的旅游经济联系度占地区 i 的旅游经济联系量的比重，反映成渝地区双城经济圈内旅游经济联系的主要方向，计算公式如下：

$$L_{ij} = R_{ij} / \sum_{j=1}^{n} R_{ij} \tag{4-3}$$

（二）旅游经济空间结构评价指标

1. 网络密度

网络密度是衡量区域空间成员紧密关系的重要指标。网络密度越大，说明区域间的旅游空间联系越紧密，区域整体的竞争能力越强。网络密度的计算公式如下：

$$D = \frac{\sum_{i=1}^{n}\sum_{j=1}^{n} d(n_i,\ n_j)}{n(n-1)} \tag{4-4}$$

式中，D 为网络空间的整体密度；n 为网络空间节点的数量；如果节点 i 和节点 j 有联系，则 $d(n_i,\ n_j)=1$，反之为 0；$n(n-1)$ 为整体网络中理论中存在的关系总数；$\sum_{i=1}^{n}\sum_{j=1}^{n} d(n_i,\ n_j)$ 为对空间网络中存在的实际关系数进行求和。

2. 度数中心度

度数中心度反映的是网络中个体成员与其他成员的交往能力。度数中心度越高，说明该成员在空间网络中的权力越大。C_i 代表地区 i 的度数中心度，R_{ij} 是地区 i 和地区 j 的旅游经济联系。

$$C_i = \sum_{j=1}^{n} R_{ij} \tag{4-5}$$

3. 中间中心度

中间中心度测量的是网络中成员在多大程度上控制其他成员的能力。中间中心度越大，说明该成员控制其他成员的能力越强。

$$B_i = \sum_{i=j\neq k}^{n} \frac{D_{jk}(i)}{D_{jk}} \tag{4-6}$$

式中，B_i 代表单元 i 的中间中心度；D_{jk} 是单元 j 和单元 k 存在的捷径数目；D_{jk}（i）是单元 j 和单元 k 存在的经过单元 i 的捷径数目。

4. 接近中心度

接近中心度是测量一个行动者独立于其他行动者控制的一个指标，是一个行动者不受其他行动者“控制”的能力。接近中心度的计算公式如下，其中 d_{ij} 是点 i 和 j 之间的捷径距离（即捷径中包含的线数）。

$$C_{APi}^{-1} = \sum_{j=1}^{n} d_{ij} \tag{4-7}$$

5. 结构洞水平

结构洞水平用来表示节点在旅游空间网络中的联络地位，通常用有效规模、效率性、限制度等指标来量化，结构洞水平高的节点在空间竞争中处于优势地位，能够控制资源的流动。

6. “核心—边缘”结构

核心—边缘结构分析主要是为了直观反映空间单元在整个旅游空间网络中的重要程度，处于核心位置的空间单元在和处于边缘位置空间单元的旅游流交换过程中占据优势地位。

（三）旅游交通可达性评价指标

1. 加权平均旅行时间

旅游交通可达性是衡量区域间旅游交通系统便利程度的重要指标。通过加权平均旅行时间和可达性系数两个指标测算高速铁路和高速公路下的旅游交通可达性，进而衡量区域间旅游客流发生空间相互作用的难易程度。加权平均旅行时间和可达性系数的计算公式如下：

$$AT_i = \sum_{j=1}^{n} (T_{ij} \times M_j) \Big/ \sum_{j=1}^{n} M_j\,,\ M_j = \sqrt{P_j \times G_j} \tag{4-8}$$

式中，T_{ij} 为从地区 i 到地区 j 的最短旅行时间；n 是成渝地区双城经济圈的地区数量；M_j 为地区 j 的权重，选取各地区旅游收入和旅游人次的几何平均值作为权重；P_j 是地区 j 的旅游人次；G_j 是地区 j 的旅游收入。若 AT_i 的值越低，说明地区 i 的旅游交通可达性水平越高。

$$AT'_i = (n \times AT_i) / \sum_{j=1}^{n} AT_i \tag{4-9}$$

式中，AT'_i 为地区 i 的可达性系数；AT_i 为地区 i 的可达性值；n 是成渝地区双城经济圈的地区数量。如果 AT'_i 的值大于 1，说明地区 i 的旅游交通可达性水平低于区域整体平均水平，反之则高于区域平均水平。

2. *旅游经济潜力*

经济潜力反映某个地区接受中心城市的空间“合力”或经济辐射能力，侧重于从通过交通网络在区域中获得区位优势潜力的角度来衡量地区的可达性水平。旅游经济潜力的计算公式如下：

$$PA_i = \sum_{j=1}^{n} (M_j / T_{ij}^{\beta}) \tag{4-10}$$

式中，PA_i 表示地区 i 的旅游经济潜力值，T_{ij} 是地区 i 到地区 j 的最短旅行时间，β 是距离衰减系数，通常取 1。旅游经济潜力值越大，表示该地区受其他地区的旅游经济辐射能力越强，旅游交通可达性水平越高。

（四）耦合协调度评价模型

耦合度是衡量评价系统中两个或多个因素间互相作用和影响的重要指标。区域内交通运输条件的改善，提升了区域间旅游客流的运输效率，加强了区域间的旅游经济空间联系。以耦合系数模型为基础，构建区域旅游交通可达性与旅游经济联系度的耦合度模型。由于旅游交通可达性和旅游经济联系度的数据差值较大，在构建评价模型之前需要对数据进行标准化处理。

$$C = 2 \times \sqrt{\frac{(U_1 \times U_2)}{(U_1 + U_2)^2}} \tag{4-11}$$

式中，C 是耦合度指数；U_1 指代各地区的旅游交通可达性，由于旅游交通可达性是一个负向指标，采用可达性系数的倒数标准化处理后的值作为 U_1 的数值；U_2 指代各地区的旅游经济联系度，采用旅游经济联系度标准化处理后的值作为 U_2 的数值。在某些特殊情况下，耦合度难以较为准确地反映区域交通可达性与旅游经济联系强度的协同效应，存在可达性和旅游经济联系强度同时较大或较小的高度耦合。因此，在耦合度模型的基础上，进一步构建耦合协调度评价模型，来分析旅游交通可达性与旅游经济联系强度的耦合协调程度，见表 4–1，模型计算公式如下：

$$D = \sqrt{C \times T} \tag{4-12}$$

式中，D 代表耦合协调度；C 是耦合度指数；T 是旅游交通可达性与旅游经济联系强度的协调指数；α 和 β 为权重系数，且 $\alpha+\beta=1$。在旅游与交通耦合发展的相关研究中，一般认为二者相互作用等同，取 $\alpha=\beta=0.5$。

表 4–1　耦合协调度评价等级划分标准

耦合协调度 D 值区间	协调等级	耦合协调程度
（0.0，0.1）	1	极度失调
［0.1，0.2）	2	严重失调
［0.2，0.3）	3	中度失调
［0.3，0.4）	4	轻度失调
［0.4，0.5）	5	濒临失调
［0.5，0.6）	6	勉强协调
［0.6，0.7）	7	初级协调
［0.7，0.8）	8	中级协调
［0.8，0.9）	9	良好协调
［0.9，1.0）	10	优质协调

二、数据来源

（一）研究区域

成渝地区双城经济圈是我国西部人口最密集、产业基础最雄厚、创新能力最强、市场空间最广阔、开放程度最高的区域，在国家发展大局中具有独特而重要的战略地位。成渝地区双城经济圈规划范围包括重庆市的中心城区及万州、涪陵、綦江、大足、黔江、长寿、江津、合川、永川、南川、璧山、铜梁、潼南、荣昌、梁平、丰都、垫江、忠县等27个区（县）以及开州、云阳的部分地区，四川省的成都、自贡、泸州、德阳、绵阳（除平武县、北川县）、遂宁、内江、乐山、南充、眉山、宜宾、广安、达州（除万源市）、雅安（除天全县、宝兴县）、资阳等15个市，总面积18.5万平方公里，2019年常住人口9600万人，地区生产总值近6.3万亿元，分别占全国的1.9%、6.9%、6.3%。由于成渝地区双城经济圈的规划范围并不是完整的16个行政区，如重庆、绵阳、雅安、达州的部分区域均不在规划范围内；而区县一级行政单位的旅游经济数据统计存在缺失的问题，无法通过数据剥离的方式将规划外的区域剔除出去，所以实际研究区域要比成渝地区双城经济圈建设规划范围要大。

（二）数据来源

研究对象为成渝地区双城经济圈的16个地区，除自贡、泸州、达州、雅安外，其他地区均实现与区域中心城市成都、重庆有高速铁路连通，达州、雅安与成都有高铁连接，暂未开通与重庆之间的高铁线路，自贡、泸州未开通高铁线路（自贡、泸州的高铁开通时间为2021年6月28日，不在研究选取的时间段内）。鉴于高铁开通对入境游客的运输影响较小，且除成都、重庆外的其他地市入境游客占比较低，文中各地区旅游收入、旅游人次的数据统计均为国内旅游接待数据，数据来源于四川省统计局《2020年四川省统计年鉴》和2019年《重庆市旅游业统计公报》。高速公路和高铁线路最短旅行时间数据分别来源于高德地图和铁路12306官网，以高德地图区域间驾车最短时间作为高速公路最短旅行时间的数据，以铁路12306官网区域间高铁、动车车次的最短时间作为高速铁路最短旅行时间；若两区域间无直达高铁线路则使用中转路线，在中转站的等待时间也将统计在两地区间的时间距离内。如成都至重庆的高速公路最短旅行时间为219min，高铁线路的最短旅行时间为78min。由于文章统计的是区域空间大尺度的时间距离数据，始发地、目的地与高铁站点之间的时间距离不纳入统计范围，数据更新时间截至2020年7月。

第二节　高速铁路对旅游经济空间结构的影响研究

一、高速铁路对旅游经济空间网络密度的影响分析

（一）整体网络密度分析

从表4-2可以看出，在高速公路时间距离和高速铁路时间距离背景下，成渝地区双城经济圈旅游经济空间网络的整体密度分别是0.1875和0.3008，说明高速铁路的建设与运行使得区域间的整体网络密度有了一定的提升，增强了区域间的旅游经济空间联系。高速公路时间距离背景下的成渝地区双城经济圈旅游经济空间网络成员之间的平均距离为1.742，建立在“距离”基础上的凝聚力指数为0.347；高速铁路时间距离背景下的旅游经济空间网络成员之间的平均距离为1.689，建立在“距离”基础上的凝聚力指数为0.590。这表明高速铁路的发展使得成渝地区双城经济圈旅游经济空间网络成员之间的凝聚力变得更强，区域间旅游经济要素空间流动的距离更短。

表 4-2　成渝地区双城经济圈旅游经济空间网络整体密度

	网络密度	平均距离	网络凝聚力
高速公路	0.1875	1.742	0.347
高速铁路	0.3008	1.689	0.590

（二）个体网络密度分析

表 4-3 是成渝地区双城经济圈旅游经济空间网络 16 个地区的个体网络密度。从表 4-3 可以看出，在高速公路时间距离背景下的成渝地区双城经济圈旅游经济空间网络中，重庆的个体网规模为 15，说明与重庆有旅游经济联系的地区有 15 个。成都的个体网规模均值为 14，排名区域第二；区域旅游经济空间网络的个体网规模均值是 4.75，个体网规模高于区域整体均值的地区还有乐山、宜宾、自贡。重庆在旅游经济空间网络中与其他成员的关系总数为 31，理论上所有成员之间存在的关系总和为 210，个体网络密度为 14.76。区域旅游经济空间网络关系总数的整体均值为 8.81，成都的关系总数为 28，乐山和宜宾为 12，自贡为 11，说明上述地区市与区域内其他地区的旅游经济联系较为密切。达州的个体网规模为 1，关系总数和个体网络密度为 0，说明达州在区域旅游经济空间网络中的位置较为孤立，与其他地区的旅游经济联系较少。

在高速铁路时间距离背景下，成渝地区双城经济圈旅游经济空间网络的个体网规模、关系总数、关系总和、个体网络密度均有了明显的提升。个体网规模均值从 4.75 提升到 6.125，关系总数均值从 8.81 提升到 19.75，关系总和均值从 82.88 增加到 44.5，个体网络密度从 62.09 增加到 71.15。其中，重庆、成都的个体网规模均为 15，绵阳、乐山、眉山、德阳的个体网规模分别为 7、7、6、6，处于区域靠前的位置；重庆、宜宾、自贡、泸州、的个体网规模没有发生变化；雅安的个体网规模有下降；其他地区的个体网规模均保持明显的增加。重庆在成渝地区双城经济圈旅游经济空间网络中与其他成员的关系总数为 55，理论上所有成员之间存在的关系总和为 210，个体网络密度为 26.19；高速铁路的运行提升了成都在旅游经济空间网络中与其他成员的关系，关系总数从 28 增加到 51，理论上的关系总和也从 182 增加到 210，与重庆相同，个体网络密度也增加为 24.29。除重庆，成都外，乐山、绵阳、德阳、眉山也具有较高的个体网络密度，绵阳、德阳、眉山属于成德绵高铁带沿线地区，受益明显。

表 4–3 成渝地区双城经济圈旅游经济空间网络个体密度

区域	高速公路				高速铁路			
	规模	关系总数	关系总和	个体密度	规模	关系总数	关系总和	个体密度
重庆	15.00	31.00	210.00	14.76	15.00	55.00	210.00	26.19
成都	14.00	28.00	182.00	15.38	15.00	51.00	210.00	24.29
自贡	5.00	11.00	20.00	55.00	5.00	15.00	20.00	75.00
泸州	2.00	2.00	2.00	100.00	2.00	2.00	2.00	100.00
德阳	3.00	5.00	6.00	83.33	6.00	23.00	30.00	76.67
绵阳	3.00	5.00	6.00	83.33	7.00	27.00	42.00	64.29
遂宁	3.00	5.00	6.00	83.33	4.00	11.00	12.00	91.67
内江	4.00	7.00	12.00	58.33	5.00	12.00	20.00	60.00
乐山	6.00	12.00	30.00	40.00	7.00	26.00	42.00	61.90
南充	4.00	6.00	12.00	50.00	5.00	13.00	20.00	65.00
眉山	3.00	5.00	6.00	83.33	6.00	23.00	30.00	76.67
宜宾	5.00	12.00	20.00	60.00	5.00	14.00	20.00	70.00
广安	3.00	5.00	6.00	83.33	5.00	15.00	20.00	75.00
达州	1.00	0.00	0.00	0.00	4.00	11.00	12.00	91.67
雅安	3.00	5.00	6.00	83.33	2.00	2.00	2.00	100.00
资阳	2.00	2.00	2.00	100.00	5.00	16.00	20.00	80.00

二、高速铁路对旅游经济空间网络中心度的影响分析

研究使用社会网络分析方法，从度数中心度、中间中心度、接近中心度等指标，分析高速公路时间距离和高速铁路时间距离背景下的成渝地区双城

经济圈旅游经济空间网络中心度，探讨高速铁路的发展与运行对区域旅游经济空间网络中心度的影响，计算结果详见表 4-4。

表 4-4　成渝地区双城经济圈旅游经济空间网络中心度

区域	高速公路			高速铁路		
	度数中心度	接近中心度	中间中心度	度数中心度	接近中心度	中间中心度
重庆	100.000	100.000	44.524	100.000	100.000	31.032
成都	93.333	93.750	31.190	100.000	100.000	31.032
自贡	33.333	60.000	0.238	33.333	60.000	0.556
泸州	13.333	53.571	0.000	13.333	53.571	0.000
德阳	20.000	55.556	0.000	40.000	62.500	0.476
绵阳	20.000	55.556	0.000	46.667	65.217	1.270
遂宁	20.000	55.556	0.000	26.667	57.692	0.000
内江	26.667	57.692	0.000	33.333	60.000	0.556
乐山	40.000	62.500	1.587	46.667	65.217	1.270
南充	26.667	57.692	0.317	33.333	60.000	0.238
眉山	20.000	55.556	0.000	40.000	62.500	0.476
宜宾	33.333	60.000	0.238	33.333	60.000	0.238
广安	20.000	55.556	0.000	33.333	60.000	0.238
达州	6.667	51.724	0.000	26.667	57.692	0.000
雅安	20.000	55.556	0.000	13.333	53.571	0.000
资阳	13.333	53.571	0.000	33.333	60.000	0.238
均值	31.667	61.490	4.881	40.833	64.873	4.226
标准差	25.874	13.67	12.690	24.138	13.648	10.139

（一）度数中心度影响分析

如果旅游经济空间网络中某节点具有最高的度数，则称该节点居于旅游空间网络的中心，拥有最大的网络权力。从表 4-4 可以看出，在高速公路时间距离背景下，重庆的度数中心度最高，达到了 100；其次是成都，度数中心度为 93.333，这两个地区的度数中心度要远远超过其他地区，处于成渝地区双城经济圈旅游经济空间网络的核心位置。度数中心度的整体均值为 31.667，度数中心度高于区域整体均值的地区还有乐山、宜宾、自贡，说明在高速公路时间距离背景下这些地区在成渝地区双城经济圈旅游经济空间网络中处于优势地位；内江、南充的度数中心度为 26.667，处于区域第 6、7 位；德阳、绵阳、遂宁、眉山、广安、雅安的度数中心度均为 20，泸州、资阳的度数中心度均为 13.333，达州的度数中心度最低，仅为 6.667。度数中心度的标准差为 25.874，说明不同市（州）的度数中心度差异较大。

在高速铁路时间距离背景下，重庆和成都的度数中心度最高，均达到了 100，远远超过其他地区，说明高速铁路提升了成都在区域旅游经济空间网络中的地位。乐山、绵阳的度数中心度均为 46.667，分列区域 3—4 位，其中绵阳的度数中心度提升较为明显；德阳、眉山的度数中心度为 40，内江、宜宾、南充、自贡、资阳、广安的度数中心度均为 33.333，遂宁、达州的度数中心度为 26.667，泸州、雅安的度数中心度最低，均为 13.333。在高速铁路时间距离背景下，自贡、泸州、宜宾的度数中心度没有发生变化，雅安的度数中心度有下降，其他地区的度数中心度均有较为明显的提升。高速铁路的发展与运行，使得成渝地区双城经济圈旅游经济空间网络度数中心度的整体均值从 31.667 增加到 40.833，度数中心度整体提升明显；度数中心度的标准差从 25.874 下降为 24.138，说明度数中心度的区域差异有缩小的趋势。

（二）中间中心度影响分析

中间中心度衡量的是网络节点对其他节点的控制能力。在高速公路时间距离背景下，成渝地区双城经济圈旅游经济空间网络中，重庆的中间中心度最高，达到了 44.524；成都的中间中心度为 31.19，排名区域第二。除重庆、成都外，其他地区的中间中心度均较低，说明重庆、成都在区域旅游经济空间网络中拥有较大的控制其他地区旅游客流的权力，在旅游客流空间移动中起到中介作用，是成渝地区双城经济圈区域旅游客流的中转站。中间中心度的整体均值为 4.881，除重庆、成都外其他地区的中间中心度均低于平均值，说明这些地区对旅游客流转移的控制能力较弱。乐山的中间中心度为 1.587，排名第三；南充、自贡、宜宾的中间中心度分别为0.317、0.238、0.238；其他地区的中间中心度为0，表示这些地区完全没有控制旅游客流空间转移的能力。中间中心度的标准差为12.69，与度数中心度相比，成渝地区双城经济圈旅游经济空间网络的中间中心度差异较小，也进一步说明在高速公路时间距离背景下，成渝地区双城经济圈旅游客流的转移主要依赖于成都和重庆，其他地区的旅游客流控制能力较弱。

在高速铁路时间距离背景下，成渝地区双城经济圈旅游经济空间网络的中间中心度均值和标准差均呈现下降的趋势，中间中心度均值和标准差分别从4.881、12.69下降到4.226、10.139，说明区域旅游经济空间网络中间中心度差异在缩小，更多的地区参与到区域旅游客流的空间转移中来。重庆、成都的中间中心度均为31.032，仍然处于区域前二的位置，但相比高速公路时间距离背景下的中间中心度均有下降，其中重庆的中间中心度下降较大。乐山、绵阳的中间中心度为1.27，列区域3—4位，但相比重庆、成都差距较大。中间中心度增加的地区有自贡、德阳、绵阳、内江、眉山、广安、资阳，中间中心度下降的地区有重庆、成都、乐山、南充。可以发现，在高速铁路时间距离背景下，成渝地区双城经济圈旅游经济空间网络中间中心度为0的地区数量下降为4个，说明高速铁路的发展使得更多的地区参与到区域旅游客流的移动中来，在成渝地区双城经济圈旅游经济空间网络中扮演重要的角色；中间中心度为0的地区分别为泸州、遂宁、达州、雅安，说明这些地区没有控制其他地区旅游客流空间移动的能力。

（三）接近中心度影响分析

接近中心度是测量的是旅游空间网络节点免受其他节点控制的能力。在高速公路时间距离背景下成渝地区双城经济圈旅游经济空间网络中，重庆的接近中心度最高，达到了100；其次是成都，接近中心度为93.75，说明重庆、成都在成渝地区双城经济圈旅游经济空间网络中不受其他地区控制的能力最强。接近中心度的整体均值为61.49，乐山的接近中心度为62.5，位于区域第三，略高于整体平均值。自贡、宜宾的接近中心度为60，内江、南充的接近中心度为 57.692，分列区域 4—7 位，其他地区的接近中心度较为接近，整体差异不大，接近中心度值均在 51~57，接近中心度的标准差为 13.67。

在高速铁路时间距离背景下，成渝地区双城经济圈旅游经济空间网络的接近中心度均值呈现增长趋势，从 61.490 增加到 64.870，说明高速铁路的发展与运行，提高了成渝地区整体旅游客流移动的自由度。重庆、成都的接近中心度均为 100，处于旅游经济空间网络的最优位置；乐山、绵阳的接近中心度均为 65.217，分列区域三、四位，在区域旅游经济空间网络中的行动较为自由，不受其他地区控制的能力也较强。眉山、德阳的接近中心度为 62.500，自贡、内江、南充、广安、宜宾、资阳的接近中心度均为 60.000；泸州、雅安的接近中心度值最低，仅为 53.571；达州、遂宁的接近中心度也较低，为 57.692，说明这些地区的旅游客流受其他地区的限制较大。

（四）旅游经济空间网络权力影响分析

分别对成渝地区双城经济圈 16 个地区旅游经济空间网络的度数中心度、中间中心度和接近中心度进行加权求和，评价其在旅游经济空间网络中的权力地位。在现有研究中通常认为在旅游经济空间网络的权力地位中，三者同等重要，因此将三者的权重均赋值为 1/3。对成渝地区双城经济圈 16 个地区的度数中心度、中间中心度、接近中心度分别进行数据标准化处理，进而得出成渝地区双城经济圈 16 个地区的旅游经济空间网络权力评价值。

从表 4-5 可以看出，在高速公路时间距离背景下，重庆的旅游空间网络权力地位最高，权力地位评价值达到 1，是成渝地区双城经济圈旅游经济空间网络的核心旅游目的地，拥有最大的网络权力，吸引外部旅游客流的能力最强，并对其他地区的旅游客流具有最强的控制能力。成都是成渝地区双城经济圈旅游经济空间网络的次核心旅游目的地，旅游经济空间网络权力评价值为 0.852，具有较强的外部旅游客流吸引能力，并具有较强的控制其他地区旅游客流的能力。乐山、宜宾、自贡的旅游经济空间网络权力评价值分别为 0.319、0.276、0.276，是区域旅游经济空间网络的重要旅游目的地，是连接旅游经济空间网络高权力地区和低权力地区的重要纽带。德阳、绵阳、遂宁、内江、南充、眉山、广安、雅安是旅游经济空间网络的一般旅游目的地，在旅游经济空间网络中的地位较低，吸引外部旅游客流和控制其他地区旅游客流的能力较弱。泸州、达州是旅游经济空间网络中的边缘旅游目的地，与其他地区的旅游经济联系较差，旅游客流受到其他地区的限制，自身也不具有控制其他地区旅游客流的能力。

表 4–5　成渝地区双城经济圈旅游经济空间网络权力地位评价

区域	高速公路		高速铁路	
	权力	地位	权力	地位
重庆	1.000	核心旅游目的地	1.000	核心旅游目的地
成都	0.852	次核心旅游目的地	1.000	核心旅游目的地
自贡	0.276	重要旅游目的地	0.262	一般旅游目的地
泸州	0.178	边缘旅游目的地	0.154	边缘旅游目的地
德阳	0.209	一般旅游目的地	0.296	重要旅游目的地
绵阳	0.209	一般旅游目的地	0.341	次核心旅游目的地
遂宁	0.209	一般旅游目的地	0.221	一般旅游目的地
内江	0.241	一般旅游目的地	0.262	一般旅游目的地
乐山	0.319	重要旅游目的地	0.341	次核心旅游目的地
南充	0.244	一般旅游目的地	0.258	一般旅游目的地
眉山	0.209	一般旅游目的地	0.296	重要旅游目的地
宜宾	0.276	重要旅游目的地	0.258	一般旅游目的地
广安	0.209	一般旅游目的地	0.258	一般旅游目的地
达州	0.147	边缘旅游目的地	0.221	一般旅游目的地
雅安	0.209	一般旅游目的地	0.154	边缘旅游目的地
资阳	0.178	边缘旅游目的地	0.258	一般旅游目的地

高速铁路的开通提高了成都、德阳、绵阳、乐山、眉山、达州、资阳的旅游经济空间网络权力地位，提升了这些地区在旅游经济空间网络旅游要素交换中的优势；自贡、宜宾、雅安的旅游经济空间网络权力地位在下降。在高速铁路时间距离背景下，重庆、成都是成渝地区双城经济圈旅游经济空间网络的核心旅游目的地，网络权力评价值均为 1，在区域中拥有最强的控制其

他地区旅游客流的能力。绵阳、乐山的网络权力评价值分别为 0.341，说明其是区域旅游经济空间网络的次核心旅游目的地，也是连接核心地区和其他地区旅游经济联系的关键枢纽和重要的旅游中转地。德阳、眉山是成渝地区双城经济圈旅游经济空间网络的重要旅游目的地，具有一定的吸引外部旅游客流和控制其他地区旅游客流的能力。自贡、遂宁、内江、南充、宜宾、广安、达州、资阳属于一般旅游目的地，旅游客流依赖于核心旅游目的地的客源输出，对其他地区旅游客流的控制能力较差。泸州、雅安的旅游经济空间网络权力地位评价值均为 0.154，在成渝地区双城经济圈旅游经济空间网络中的地位最低。

三、高速铁路对旅游经济空间网络结构洞水平影响分析

（一）结构洞水平影响分析

从表 4-6 可以看出，在高速公路时间距离背景下的旅游空间网络结构洞水平评价指标中，重庆、成都的有效规模、效率性、限制度、等级在成渝地区双城经济圈 16 个地区中处于最优的位置，拥有最高的结构洞水平。重庆、成都的有效规模分别为 12.088、11.316，效率性分别为 0.806、0.808，限制度分别为 0.274、0.273，等级分别为 0.286、0.221，说明重庆、成都在成渝地区双城经济圈旅游经济空间网络中的行动最自由、行动效率也最高，旅游客流空间转移受其他地区的限制影响较小。乐山的有效规模值为 3.188，效率性值为 0.531，限制度为 0.567，等级为 0.148，有效规模值位列区域第三，效率性值、限制度、等级分别位于区域第四、第三、第三，说明乐山在成渝地区双城经济圈旅游经济空间网络中也具备较高的结构洞水平，在与其他地区的旅游客流交互中处于一定的优势地位。宜宾、自贡、南充的有效规模值分别为 2.600、2.500、2.250，分列区域 4—6 位；其他地区的有效规模值均小于 2，泸州、达州、资阳的有效规模值最低，仅为 1。

在效率性方面，南充的效率性值为 0.563，位于区域第三，在旅游经济空

间网络中的行动效率仅次于重庆、成都；宜宾、自贡、泸州、资阳的效率性值分别为0.520、0.500、0.500、0.500，在区域中的旅游行动效率也处于较高的水平；德阳、绵阳、眉山的效率性值均为0.433，处于区域垫底的水平。在限制度方面，泸州、资阳的限制度值最高，均为1.389，说明泸州、资阳的旅游客流空间移动受其他地区的限制最大，旅游客流行动的效率、自由度最低；广安、雅安、德阳、绵阳、遂宁、眉山的旅游客流受其他地区的限制也较高，自贡、宜宾的限制度在成渝地区双城经济圈旅游经济空间网络中也处于较低的水平。在等级方面，除重庆、成都、乐山外，其他地区的等级值均很小。达州由于在成渝地区双城经济圈旅游经济空间网络中的位置较为孤立，结构洞各项指标均为1.000，结构洞水平最低。

表 4–6　高速铁路对旅游经济空间网络结构洞水平影响分析

区域	高速公路				高速铁路			
	有效规模	效率性	限制度	等级	有效规模	效率性	限制度	等级
重庆	12.088	0.806	0.274	0.286	10.773	0.718	0.273	0.184
成都	11.316	0.808	0.273	0.221	11.231	0.749	0.242	0.128
自贡	2.500	0.500	0.624	0.025	2.167	0.433	0.665	0.034
泸州	1.000	0.500	1.389	0.000	1.000	0.500	1.389	0.000
德阳	1.300	0.433	0.947	0.059	2.000	0.333	0.592	0.065
绵阳	1.300	0.433	0.947	0.059	3.000	0.429	0.499	0.059
遂宁	1.375	0.458	0.972	0.042	1.214	0.304	0.784	0.030
内江	1.900	0.475	0.747	0.031	2.611	0.522	0.599	0.056
乐山	3.188	0.531	0.567	0.148	2.833	0.405	0.497	0.060
南充	2.250	0.563	0.708	0.078	1.944	0.389	0.639	0.057
眉山	1.300	0.433	0.947	0.059	2.182	0.364	0.549	0.027
宜宾	2.600	0.520	0.672	0.012	1.750	0.350	0.669	0.074
广安	1.333	0.444	1.049	0.016	1.500	0.300	0.689	0.073
达州	1.000	1.000	1.000	1.000	1.250	0.313	0.854	0.005
雅安	1.333	0.444	1.049	0.016	1.000	0.500	1.235	0.057
资阳	1.000	0.500	1.389	0.000	1.786	0.357	0.679	0.056

从表 4-6 可以看出，在高速铁路时间距离背景下的旅游经济空间网络结构洞水平中，成都的有效规模、效率性、限制度均排名第一，分别为 11.231、0.749、0.242，在成渝地区双城经济圈 16 个区域中拥有最优的结构洞水平；重庆的有效规模、效率性、限制度均位于区域第二，分别为 10.773、0.718、0.273，仅次于成都，说明高速铁路的运行与发展提升了成都在成渝地区双城经济圈中的旅游客流交互效率。有效规模排名靠前的地区还有绵阳、乐山、内江、眉山、德阳，有效规模值均大于 2；泸州、雅安、遂宁、达州的有效规模在区域处于垫底的位置，说明高速铁路提升了绵阳、内江、眉山、德阳的在旅游经济空间网络中的交互地位。在效率性指标方面，成都、重庆、内江、泸州、雅安、自贡、绵阳、乐山处于区域靠前的位置，在旅游经济空间网络中的行动效率较高，效率性值均在 0.4 以上；内江、泸州、雅安的效率性值均大于 0.5，分别达到 0.522、0.500、0.500；其他地区的效率性值均在 0.3~0.4。在限制度方面，泸州、雅安的限制度最高，其中泸州的限制度为 1.389，雅安的限制度为 1.235；由于泸州未开通高铁，高速铁路的发展对泸州的结构洞水平未发生影响；雅安的限制度则是受高铁的影响较大，高铁的开通对雅安旅游客流空间转移的限制进一步加强，自贡的限制度也在增加；除这三个地区外，其他地区的限制度均在减少，其中德阳、绵阳、南充、眉山、资阳的限制度减少最为明显，限制度分别从 0.947、0.947、0.708、0.947、1.389 减少到 0.592、0.499、0.639、0.549、0.679，说明高铁的开通提升了这些地区旅游客流空间转移的自由度。在等级方面，重庆、成都的等级最高，其他地区的等级均较低。

（二）限制度影响分析

高速公路时间距离背景下和高速铁路时间距离背景下成渝地区双城经济圈 16 个地区旅游客流受其他地区影响的限制度分析，详见表 4-7 和表 4-8。从表 4-7 可以看出，在高速公路时间距离背景下，达州的旅游客流完全受到重庆的限制，限制度为 1；泸州、资阳的旅游客流受重庆、成都的限制，重庆、成都对泸州、资阳的限制度均为 0.69；成都对重庆的限制度为 0.14，重庆对成都的限制度为 0.11；自贡的旅游客流主要受到内江、成都、重庆、宜宾、乐山的限制，德阳的旅游客流受到成都、绵阳、重庆的限制，绵阳的旅游客流受到成都、德阳、重庆的限制，遂宁的旅游客流受到南充、重庆、成都的限制，内江的旅游客流主要受到自贡、成都、重庆、宜宾的限制，乐山的旅游客流主要受到成都、重庆、眉山的限制，南充的旅游客流受重庆、遂宁、成都的限制，眉山的旅游客流受成都、乐山、重庆的限制，宜宾受成都、重庆、自贡、内江、乐山的限制，广安受重庆、成都、南充的限制，雅安的旅游客流受成都、重庆、乐山的限制。

表 4–7　高速公路时间距离背景下旅游经济空间网络限制度分析

	重庆	成都	自贯	泸州	德阳	绵阳	遂宁	内江	乐山	南充	眉山	宜宾	广安	达州	雅安	资阳
重庆	0.00	0.14	0.01	0.00	0.01	0.01	0.01	0.01	0.02	0.03	0.01	0.01	0.01	0.00	0.01	0.00
成都	0.11	0.00	0.01	0.00	0.02	0.02	0.01	0.01	0.04	0.01	0.02	0.01	0.00	0.00	0.01	0.00
自贯	0.12	0.15	0.00	0.00	0.00	0.00	0.00	0.17	0.08	0.00	0.00	0.10	0.00	0.00	0.00	0.00
泸州	0.69	0.69	0.00	0.00	0.00	0.00	0.00	0.00	0.00	0.00	0.00	0.00	0.00	0.00	0.00	0.00
德阳	0.17	0.44	0.00	0.00	0.00	0.34	0.00	0.00	0.00	0.00	0.00	0.00	0.00	0.00	0.00	0.00
绵阳	0.17	0.44	0.00	0.00	0.34	0.00	0.00	0.00	0.00	0.00	0.00	0.00	0.00	0.00	0.00	0.00
遂宁	0.33	0.20	0.00	0.00	0.00	0.00	0.00	0.00	0.00	0.44	0.00	0.00	0.00	0.00	0.00	0.00
内江	0.17	0.17	0.28	0.00	0.00	0.00	0.00	0.00	0.00	0.00	0.00	0.13	0.00	0.00	0.00	0.00
乐山	0.11	0.24	0.04	0.00	0.00	0.00	0.00	0.00	0.00	0.00	0.10	0.04	0.00	0.00	0.03	0.00
南充	0.29	0.17	0.00	0.00	0.00	0.00	0.18	0.00	0.00	0.00	0.00	0.00	0.07	0.00	0.00	0.00
眉山	0.17	0.44	0.00	0.00	0.00	0.00	0.00	0.00	0.34	0.00	0.00	0.00	0.00	0.00	0.00	0.00
宜宾	0.14	0.18	0.15	0.00	0.00	0.00	0.00	0.11	0.10	0.00	0.00	0.00	0.00	0.00	0.00	0.00
广安	0.44	0.30	0.00	0.00	0.00	0.00	0.00	0.00	0.00	0.30	0.00	0.00	0.00	0.00	0.00	0.00
达州	1.00	0.00	0.00	0.00	0.00	0.00	0.00	0.00	0.00	0.00	0.00	0.00	0.00	0.00	0.00	0.00
雅安	0.30	0.44	0.00	0.00	0.00	0.00	0.00	0.00	0.30	0.00	0.00	0.00	0.00	0.00	0.00	0.00
资阳	0.69	0.69	0.00	0.00	0.00	0.00	0.00	0.00	0.00	0.00	0.00	0.00	0.00	0.00	0.00	0.00

高速铁路的开通使得成渝地区双城经济圈大多数地区的旅游客流限制度得到了改善。从图表 4–8 可以看出，重庆的旅游客流主要受成都的限制，限制度减小为 0.1；成都的旅游客流主要受重庆的限制，限制度减小为 0.07；自

贡的旅游客流主要受成都、内江、重庆、乐山、宜宾的限制，限制度没有发生变化；泸州的限制度也没有发生变化，仍然完全被成都、重庆所限制，限制度均为 0.69；德阳主要受成都、绵阳、眉山、重庆、乐山的限制，绵阳主要受成都、重庆、乐山、眉山、德阳的限制，相比高速公路交通条件下限制的地区数量在增加，但受成都、重庆的限制度在减小；遂宁的旅游客流主要受重庆、南充、成都、广安的限制，内江的旅游客流受成都、重庆、自贡、绵阳的限制；乐山的旅游客流主要受成都、重庆、眉山、绵阳、宜宾的限制，南充的旅游客流主要受重庆、成都、遂宁、广安的限制；眉山受成都、乐山、绵阳、宜宾、重庆的限制，广安受重庆、南充、成都、遂宁、达州的限制；达州受重庆、南充、广安、成都的限制，雅安受成都、重庆的限制，资阳受成都、内江、重庆、绵阳、德阳的限制。

表 4–8　高速铁路时间距离背景下旅游经济空间网络限制度分析

	重庆	成都	自贯	泸州	德阳	绵阳	遂宁	内江	乐山	南充	眉山	宜宾	广安	达州	雅安	资阳
重庆	0.00	0.10	0.01	0.00	0.01	0.02	0.02	0.02	0.02	0.03	0.01	0.01	0.02	0.01	0.00	0.01
成都	0.07	0.00	0.01	0.00	0.02	0.02	0.01	0.02	0.02	0002	0.02	0.01	0.01	0.00	0.01	0.01
自贯	0.15	0.18	0.00	0.00	0.00	0.00	0.00	0.17	0.09	0.00	0.00	0.07	0.00	0.00	0.00	0.00
泸州	0.69	0.69	0.00	0.00	0.00	0.00	0.00	0.00	0.00	0.00	0.00	0.00	0.00	0.00	0.00	0.00
德阳	0.07	0.16	0.00	0.00	0.00	0.14	0.00	0.00	0.07	0.00	0.11	0.00	0.00	0.00	0.00	0.03
绵阳	0.09	0.13	0.00	0.00	0.07	0.00	0.00	0.03	0.08	0.00	0.08	0.00	0.00	0.00	0.00	0.03
遂宁	0.24	0.20	0.00	0.00	0.00	0.00	0.00	0.00	0.00	0.24	0.00	0.00	0.11	0.00	0.00	0.00
内江	0.16	0.20	0.08	0.00	0.00	0.06	0.00	0.00	0.00	0.00	0.00	0.00	0.00	0.00	0.00	0.10
乐山	0.09	0.12	0.02	0.00	0.04	0.08	0.00	0.00	0.00	0.00	0.09	0.07	0.00	0.00	0.00	0.00
南充	0.19	0.16	0.00	0.00	0.00	0.00	0.13	0.00	0.00	0.00	0.00	0.00	0.13	0.04	0.00	0.00
眉山	0.06	0.14	0.00	0.00	0.08	0.10	0.00	0.00	0.12	0.00	0.00	0.07	0.00	0.00	0.00	0.00
宜宾	0.09	0.20	0.04	0.00	0.00	0.00	0.00	0.00	0.20	0.00	0.14	0.00	0.00	0.00	0.00	0.00
广安	0.21	0.12	0.00	0.00	0.00	0.00	0.09	0.00	0.00	0.21	0.00	0.00	0.00	0.05	0.00	0.00
达州	0.24	0.19	0.00	0.00	0.00	0.00	0.00	0.00	0.00	0.24	0.00	0.00	0.19	0.00	0.00	0.00
雅安	0.44	0.79	0.00	0.00	0.00	0.00	0.00	0.00	0.00	0.00	0.00	0.00	0.00	0.00	0.00	0.00
资阳	0.12	0.24	0.00	0.00	0.00	0.11	0.00	0.16	0.00	0.00	0.00	0.00	0.00	0.00	0.00	0.00

四、高速铁路对旅游经济空间网络凝聚子群影响分析

研究使用 UCINET 软件中的网络—子组—派系分析，设置派系成员数最小为 3，成员之间的可达性为 1。在高速公路时间距离下，成渝地区双城经济圈旅游经济空间网络可以分为 9 个派系，见图 4-1。在下述 9 个派系中，派系成员两两之间都存在双向的关系，也就是说明下述 9 个派系成员之间的旅游经济联系交互较为密切，已经产生了一定的旅游经济合作基础，区域旅游协同发展有望在这几个派系中实现。

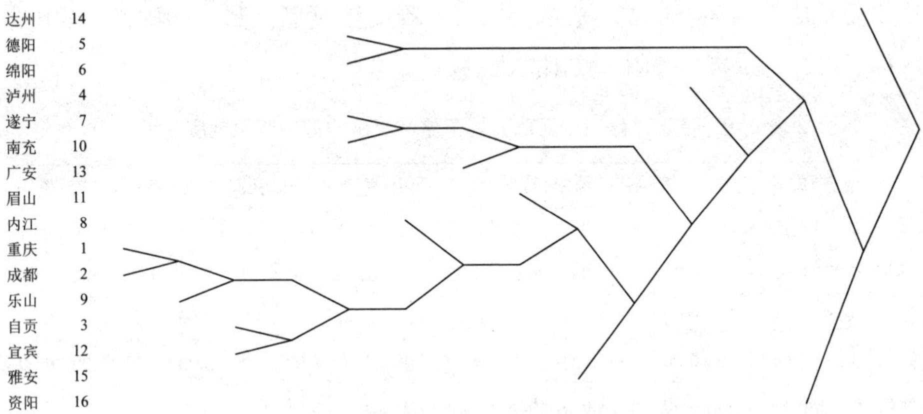

图 4-1　高速公路时间距离背景下旅游经济空间网络派系

1：重庆　成都　自贡　乐山　宜宾

2：重庆　成都　乐山　眉山

3：重庆　成都　乐山　雅安

4：重庆　成都　泸州

5：重庆　成都　德阳　绵阳

6：重庆　成都　遂宁　南充

7：重庆　成都　自贡　内江　宜宾

8：重庆　成都　南充　广安

9：重庆　成都　资阳

与高速公路时间距离背景下的旅游经济空间网络派系相比，高速铁路时间距离下的旅游经济空间网络派系更多，从 9 个增加到 10 个，见图 4-2；并且派系内部的成员数量也有所增加，说明成渝地区双城经济圈内区域间的区域旅游合作广度在进一步拓展。在高速公路时间距离背景下，旅游经济空间网络派系成员数量为 5 的派系只有 2 个，高速铁路时间距离背景下成员超过 5 的旅游经济空间派系有 7 个。高速铁路时间距离背景下的成渝地区双城经济圈旅游经济空间网络派系具体如下：

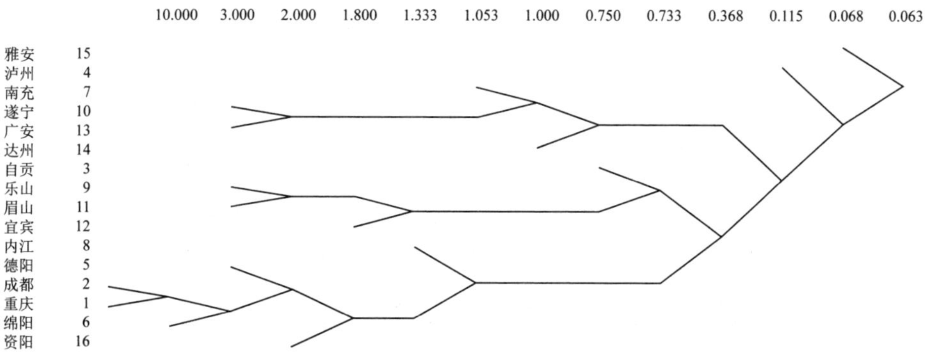

图 4-2　高速铁路时间距离背景下旅游经济空间网络派系

1：重庆　成都　德阳　绵阳　乐山　眉山

2：重庆　成都　德阳　绵阳　资阳

3：重庆　成都　绵阳　内江　资阳

4：重庆　成都　泸州

5：重庆　成都　自贡　乐山　宜宾

6：重庆　成都　自贡　内江

7：重庆　成都　遂宁　南充　广安

8：重庆　成都　南充　广安　达州

9：重庆　成都　乐山　眉山　宜宾

10：重庆　成都　雅安

五、高速铁路对旅游经济空间网络核心—边缘结构影响分析

分别对高速公路时间距离和高速铁路时间距离背景下的成渝地区双城经济圈旅游经济空间网络进行“核心—边缘”结构分析，具体结果见表 4-9、表 4-10。在高速公路时间距离背景下，成渝地区双城经济圈旅游经济空间网络“核心—边缘”结构的初始拟合度值为 0.340，最终拟合值为 0.568，拟合度较好，说明成渝地区双城经济圈旅游经济空间网络存在明显“核心—边缘”结构，重庆、成都、自贡、德阳、绵阳、乐山处于旅游经济空间网络的核心位置，泸州、遂宁、内江、南充　眉山、宜宾、广安、达州、雅安、资阳处于旅游经济空间网络的边缘位置。核心区内地区之间的旅游经济联系交往较为密切，关系密度为 0.533；边缘区内地区之间的旅游经济联系很多，关系密度仅为 0.044；核心区到边缘区的关系密度为 0.383，边缘区到核心区的关系密度为 0.083；这说明成渝地区双城经济圈旅游经济空间网络核心区的地区对边缘区内的地区保持了一定的旅游经济辐射。

表 4-9　成渝地区双城经济圈旅游经济空间网络“核心—边缘”结构关系密度

	核心区	核心区→边缘区	边缘区→核心区	边缘区
高速铁路	0.667	0.397	0.238	0.125
高速公路	0.533	0.383	0.083	0.044

在高速铁路时间背景下，成渝地区双城经济圈旅游经济空间网络“核心—边缘”结构的初始拟合度值为 0.224，最终拟合值为 0.558，重庆、成都、自贡、德阳、绵阳、内江、乐山处于旅游经济空间网络的核心位置，泸州、遂宁、南充　眉山、宜宾、广安、达州、雅安、资阳处于旅游经济空间网络的边缘位置；核心区内地区之间的关系密度为 0.667，边缘区内地区之间的关系密度为 0.125，核心区到边缘区的关系密度为 0.397，边缘区到核心区的关系密度为 0.238。与高速公路时间距离背景下的旅游经济空间网络核心—边缘结构相比，核心区内地区的数量增加一个，内江的位置从旅游经济空间网络

结构中的边缘区提升到核心区。核心区内、核心区对边缘区、边缘区对核心区、边缘区内地区之间的关系密度均在增加，说明高速铁路的发展与运行提升了成渝地区双城经济圈旅游经济空间网络的整体密度，使得区域内地区间的旅游经济联系更加密切，核心区内地区与边缘内地区的旅游经济互动进一步加强。

表 4–10　成渝地区双城经济圈旅游经济空间网络“核心—边缘”结构

	位置	市（州）
高速铁路	核心区	重庆　成都　自贡　德阳　绵阳　内江　乐山
	边缘区	泸州　遂宁　南充　眉山　宜宾　广安　达州　雅安　资阳
高速公路	核心区	重庆　成都　自贡　德阳　绵阳　乐山
	边缘区	泸州　遂宁　内江　南充　眉山　宜宾　广安　达州　雅安　资阳

六、研究小结

基于高速公路和高速铁路时间距离背景下，使用社会网络分析方法，从网络密度、网络中心度、网络结构洞、网络派系、核心—边缘结构等方面，探讨高速铁路的发展与运行对成渝地区双城经济圈旅游经济空间网络结构的影响。主要得到以下结论：

（1）高速铁路的建设与运行，提升了成渝地区双城经济圈旅游经济空间网络的整体密度，区域间的旅游经济空间联系进一步得到加强，旅游经济空间网络成员之间的凝聚力变得更强，区域间旅游经济要素空间流动的距离更短。在高速铁路时间距离背景下，成渝地区双城经济圈旅游经济空间网络的个体网规模、关系总数、关系总和、个体网络密度均有了明显的提升，尤其是成德绵乐高铁带沿线的绵阳、德阳、眉山受益最为明显。

（2）高速铁路的运行，使得成渝地区双城经济圈旅游经济空间网络度数中心度的整体均值提升明显。旅游经济空间网络的中间中心度均值和标准差均呈现下降的趋势，区域旅游经济空间网络中间中心度差异在缩小，更多的地区参与到区域旅游客流的空间转移中来。高速铁路提升了区域整体旅游客流移动的自由度，成都、德阳、绵阳、乐山、眉山、达州、资阳的旅游经济空间网络权力地位在上升，自贡、宜宾、雅安的旅游经济空间网络权力地位在下降。

（3）重庆、成都在成渝地区双城经济圈中拥有最优的结构洞水平，高速铁路提升了绵阳、内江、眉山、德阳在旅游经济空间网络中的交互地位，德阳、绵阳、南充、眉山、资阳的旅游客流空间转移的自由度得到提升。成都、重庆、内江、泸州、雅安、自贡、绵阳、乐山在旅游经济空间网络中的行动效率较高，泸州、雅安在旅游经济空间网络中的限制度最高，高速铁路的开通使得成渝地区双城经济圈大多数地区的旅游客流限制度得到了改善。

（4）成渝地区双城经济圈旅游经济空间网络存在明显“核心—边缘”结构，重庆、成都、自贡、德阳、绵阳、乐山处于旅游经济空间网络的核心位置。高速铁路的发展与运行使得区域内地区间的旅游经济联系更加密切，核心区内地区与边缘内地区的旅游经济互动进一步加强。成渝地区双城经济圈旅游经济空间网络形成了局部网络派系，高速铁路提升了旅游经济空间网络的派系数量和成员数量，区域旅游合作的广度在进一步拓展。

第三节　交通可达性与旅游经济的耦合协调发展研究

一、高速铁路对旅游交通可达性变化影响分析

（一）旅游交通可达性变化分析

通过公式分别计算高速铁路和高速公路交通条件下成渝地区双城经济圈的旅游交通可达性和可达性系数，结果见表 4-11。在高速公路交通条件下，

遂宁、内江的旅游交通可达性最好，可达性分别为 139.62min 和 143.96min，可达性系数均在 0.8 以下，处于区域旅游交通可达性的优势位置；资阳、南充、广安、眉山、自贡、泸州、成都、德阳的可达性系数在 0.8~1，加权平均旅行时间在 2.5~3h，处于 3h 内的旅游交通圈，旅游交通可达性较优于区域整体平均水平；重庆、绵阳、乐山、宜宾、达州、雅安等地区的可达性系数均大于 1，加权平均旅行时间在 3~5h，旅游交通可达性要低于区域的整体平均水平，可达性较弱。在高速铁路交通条件下，内江、成都、资阳、遂宁的交通可达性较好，分别仅有 74.31min、77.48min、78.25min 和 94.75min，且可达性系数在 0.8 以下，其中内江、成都、资阳均低于 0.6，在区域内拥有最优的旅游交通通达条件。旅游交通可达性系数在 0.8—1 的地区是德阳、南充、眉山、重庆、绵阳，交通可达性在 2h 以内，处于区域旅游交通通达性的次优位置。广安、乐山、宜宾、自贡、泸州、达州、雅安的旅游交通可达性值高于区域平均水平，可达性系数大于 1，说明这几个地区的旅游交通可达性相对较弱。

表 4–11　高速铁路对旅游交通可达性的影响及变化情况

区域	高速铁路			高速公路			可达性变化	
	可达性 / min	可达性系数	排序	可达性 / min	可达性系数	排序	变化量 / min	变化率 /%
内江	74.31	0.57	1	143.96	0.78	2	−69.66	−48.38
成都	77.48	0.59	2	175.39	0.96	7	−97.91	−55.82
资阳	78.25	0.60	3	149.03	0.81	3	−70.77	−47.49
遂宁	94.75	0.72	4	139.62	0.76	1	−44.87	−32.14
德阳	112.03	0.86	5	181.57	0.99	10	−69.54	−38.30
南充	113.77	0.87	6	164.87	0.90	4	−51.10	−30.99
眉山	114.46	0.87	7	173.56	0.95	6	−59.11	−34.06
重庆	116.39	0.89	8	207.77	1.13	13	−91.38	−43.98
绵阳	118.13	0.90	9	205.08	1.12	12	−86.96	−42.40
广安	140.53	1.07	10	167.73	0.91	5	−27.19	−16.21
乐山	153.49	1.17	11	210.21	1.15	14	−56.72	−26.98

续表

区域	高速铁路			高速公路			可达性变化	
	可达性 /min	可达性系数	排序	可达性 /min	可达性系数	排序	变化量 /min	变化率 /%
宜宾	161.78	1.24	12	195.85	1.07	11	−34.07	−17.40
自贡	176.58	1.35	13	176.58	0.96	8	0.00	0.00
泸州	177.92	1.36	14	177.92	0.97	9	0.00	0.00
达州	185.74	1.42	15	254.29	1.39	16	−68.54	−26.96
雅安	197.66	1.51	16	212.36	1.16	15	−14.69	−6.92
均值	130.83			183.49			−52.66	−29.25

由于自贡、泸州未与区域内其他地区有高速铁路交通线路连接，高速铁路的运行对这两个地区的旅游交通可达性没有影响。除自贡和泸州外，高速铁路的运行提升了区域内其他 14 个地区的旅游交通可达性，其中可达性提升较多的地区是成都、重庆和绵阳，时间距离分别减少 97.91min、91.38min 和 86.96min，提升幅度分别为 55.82%、43.98%、42.4%。高速铁路的运行与完善，使得成渝地区双城经济圈旅游交通可达性平均提升 52.66min，节约旅游时间成本接近 1h；旅游交通可达性提升高于区域平均值的地区还有内江、资阳、德阳、眉山、乐山、达州。从旅游交通可达性的区域位序来看，高速铁路的运行对于成都、重庆、德阳的位序提升最为明显，均提升 5 位，成都从第 7 提升到第 2，德阳和重庆分别从 10、13 提升到 5、8；其次是绵阳和乐山，位序提升 3 位；内江、资阳、遂宁、南充处于成都和重庆两大区域中心城市地理位置的中间，旅游交通通达性在高速公路和高速铁路交通条件下均处于较优的位置，但遂宁的位序下降较为明显，从第 1 降到第 4；广安、自贡、泸州受高铁运行的影响较大，由于未开通高速铁路或高速铁路班次较少的原因，旅游交通条件的可达性改善不多，在区域内的位序下降较为严重；达州和雅安无论在高速公路还是高速铁路交通条件下，旅游交通可达性均较弱。

（二）旅游经济潜力变化情况分析

通过公式计算高速铁路和高速公路交通条件下各地区的旅游经济潜力

值，结果见表4-12。总体来看，高速铁路的开通对于成渝地区双城经济圈区域整体旅游经济潜力的提升效应明显，除自贡和泸州的旅游经济潜力未发生变化外，区域旅游经济潜力平均提升283.98，旅游经济潜力平均增长率达到83.22%。在高速公路交通条件下，眉山、资阳、内江的旅游经济潜力较高，分别达到430.69、418.22、410.80，也是仅有的旅游经济潜力在400以上的三个地区，分列前三位；其次是遂宁、德阳，旅游经济潜力也较高，达到394.59和378.09；眉山、资阳和德阳紧邻成都，是成都旅游客流向外辐射的关键节点，资阳、内江是成都—重庆交通轴线的核心节点。旅游经济潜力高于区域整体平均值的地区还有广安、自贡、南充和乐山。成都、重庆作为区域内的两大中心城市，旅游经济潜力却较低，分别只有286.25和180.19，远远低于区域旅游经济潜力的平均值，排名倒数第3和第1，说明成渝地区的旅游客流更多的是从成都和重庆两个核心节点向外发散，外围客流向核心节点地区聚集的趋势不明显。

表4-12 高速铁路对旅游经济潜力的影响及变化情况

区域	高速铁路		高速公路		变化情况	
	旅游经济潜力	排序	旅游经济潜力	排序	变化量	变化率/%
资阳	1056.15	1	418.22	2	637.93	152.54
内江	981.68	2	410.80	3	570.87	138.97
德阳	939.12	3	378.09	5	561.03	148.38
眉山	882.77	4	430.69	1	452.08	104.97
成都	714.89	5	286.25	14	428.64	149.74
绵阳	707.81	6	291.87	12	415.93	142.51
遂宁	679.76	7	394.59	4	285.17	72.27
乐山	634.83	8	338.00	9	296.84	87.82
南充	600.79	9	338.01	8	262.78	77.74
广安	496.79	10	367.11	6	129.68	35.32
宜宾	423.46	11	287.29	13	136.17	47.40
雅安	389.68	12	315.45	11	74.23	23.53

续表

区域	高速铁路		高速公路		变化情况	
	旅游经济潜力	排序	旅游经济潜力	排序	变化量	变化率 /%
重庆	370.56	13	180.19	16	190.37	105.65
自贡	352.72	14	352.72	7	0.00	0.00
达州	329.78	15	227.86	15	101.92	44.73
泸州	317.95	16	317.95	10	0.00	0.00
平均值	617.42		333.44		283.98	83.22

高速铁路的运行，对于资阳、内江、德阳、眉山、成都、绵阳的旅游经济潜力提升最高，旅游经济潜力均提升 400 以上。从旅游经济潜力的变化率来看，资阳、成都、德阳、绵阳、内江、重庆、眉山的旅游经济潜力增长率较高，增长变化率均在 100% 以上，这些地区分别分布在成渝发展主轴（成都—资阳—内江—重庆）和成德绵乐（成都—德阳—绵阳—乐山）城市带，是区域的核心交通轴线，也是区域较早开通高铁线路的节点地区。此外，旅游经济潜力值提升超过区域整体平均值的地区还有乐山、遂宁。自贡、泸州的旅游经济潜力增长变化率为 0，雅安、达州、广安、宜宾的旅游经济潜力增长也不多。从旅游经济潜力的位序排名来看，资阳的旅游经济潜力在成渝地区双城经济圈内排名第 1，成都的位序排名提升最为明显，从第 14 位提升到第 5 位；其次是绵阳，位序排名提升 6 位；位序排名有提升的地区还有内江、德阳、乐山、宜宾、重庆；自贡、泸州、广安的旅游经济潜力排名下降较为明显，分别下降 7 位、6 位、4 位；眉山和遂宁的位序下降 3 位，南充、雅安的位序下降 1 位，达州的排序没有发生变化。

二、高速铁路对旅游经济联系变化影响分析

研究根据旅游经济联系模型，计算成渝地区双城经济圈内各地区的旅游经济联系量。从表 4-13 可以看出，在高速公路交通条件下，成都的旅游经济联系量最高，达到 21229.12，在区域中占比达到 39.08%；其次是重庆，旅

游经济联系量为 15594.59，占比达到 28.71%；这两个地区的旅游经济联系量要远远超过其他地区，排名第三的乐山，旅游经济联系量仅有 2874.01，占比仅为 5.29%。除成都、重庆外的其他 14 个地区，旅游经济联系度均低于区域平均值，说明成渝地区双城经济圈内的旅游经济联系主要集中在成都和重庆两大核心城市，处于区域旅游经济的核心位置。高速铁路的运行，对于成渝地区双城经济圈整体的旅游经济联系量提升显著，旅游经济联系量平均增加 14181.18，平均增长率为 302.60%。成都的旅游经济联系量增加最多，达到 120356.49，增长率达到 566.94%，旅游经济联系量占比达到 50.35%，说明高速铁路的运行进一步加强了成都在区域旅游经济中的核心地位。重庆的旅游经济联系量虽也有较为明显的增加，但其在区域中的旅游经济联系量占比有一定程度的下降，从 28.71% 下降到 24.14%。成都和重庆的旅游经济联系量累计占比达到 74.49%，相比高速公路交通条件提升 6.7%，双城核心地位进一步加强。乐山的旅游经济联系量占比略有上升，提升 0.45%，仍处于第 3 的位置。此外，绵阳、德阳、眉山的旅游经济联系量占比均有一定程度的增加，资阳的旅游经济联系量占比没有变化，其他地区则保持下降的趋势。

表 4-13 高速铁路对旅游经济联系的影响及变化情况

区域	高速铁路		高速公路		变化情况	
	旅游经济联系量	占比（%）	旅游经济联系量	占比（%）	变化量	变化率（%）
成都	141585.60	50.35	21229.12	39.08	120356.49	566.94
重庆	67877.30	24.14	15594.59	28.71	52282.71	335.26
乐山	16132.23	5.74	2874.01	5.29	13258.22	461.31
绵阳	12172.86	4.33	1444.95	2.66	10727.91	742.44
德阳	8982.20	3.19	1083.38	1.99	7898.82	729.09
眉山	8040.94	2.86	1478.93	2.72	6562.01	443.70
南充	6196.94	2.20	1792.76	3.30	4404.18	245.66
宜宾	4323.50	1.54	1713.10	3.15	2610.40	152.38
内江	4236.57	1.51	1176.56	2.17	3060.02	260.08
遂宁	4040.24	1.44	1483.79	2.73	2556.45	172.29

续表

区域	高速铁路		高速公路		变化情况	
	旅游经济联系量	占比（%）	旅游经济联系量	占比（%）	变化量	变化率（%）
资阳	2148.13	0.76	412.75	0.76	1735.37	420.44
广安	1865.50	0.66	809.73	1.49	1055.77	130.38
自贡	1297.22	0.46	1297.22	2.39	0.00	0.00
泸州	1103.45	0.39	1103.45	2.03	0.00	0.00
雅安	660.60	0.23	624.33	1.15	36.27	5.81
达州	555.75	0.20	201.51	0.37	354.23	175.79
均值	17576.19	6.25	3395.01	6.25	14181.18	302.60

根据公式，计算成渝地区双城经济圈的旅游经济联系隶属度，以旅游经济联系隶属度10%为界，分析旅游经济联系的主要方向。从表4-14可以看出，高速铁路加强了重庆和成都两个区域中心城市之间的旅游经济联系，重庆的旅游经济联系在向成都和内江转移，与遂宁、广安之间的旅游经济联系在减弱。高速铁路的运行使得旅游经济联系的主要方向趋于集中化，成都的旅游经济联系主要集中于重庆、德阳、绵阳和眉山，成德绵城市带内地区之间的旅游经济联系在加强，形成了成德绵旅游经济联系圈。内江与以成都、重庆为核心的圈层之间的旅游经济联系变得紧密，在成渝地区双城经济圈中节点作用的发挥愈加重要；宜宾的旅游经济联系方向逐渐向成都、乐山、眉山转移，与内江之间的旅游经济联系在变弱；乐山与眉山、宜宾之间的旅游经济联系在加强；自贡、泸州的旅游经济联系方向没有发生变化。资阳位于成都和内江之间，旅游经济联系方向也集中于这两个地区，且集中趋势明显。南充、遂宁的主要旅游经济联系方向没有发生变化，但主要方向的旅游经济联系在加强；广安的旅游经济联系方向在向南充和达州转移；达州与重庆之间的旅游经济联系在减弱，但与南充、达州之间的联系在加强；雅安的旅游经济联系方向集中于成都一个地区，与乐山、眉山之间的旅游经济联系在减弱。

表 4–14　高速铁路对旅游经济隶属度的影响及变化情况

区域	高速铁路	高速公路
	旅游经济联系方向及隶属度	旅游经济联系方向及隶属度
重庆	→成都（29.62%）→内江（19.80%）→南充（12.76%）	→成都（16.35%）→遂宁（10.51%）→南充（11.60%）→广安（14.23%）
成都	→重庆（11.85%）→德阳（20.97%）→绵阳（12.47%）→眉山（16.99%）	→德阳（13.15%）→乐山（10.54%）→眉山（20.86%）
自贡	→泸州（11.57%）→内江（32.44%）→宜宾（13.49%）	→泸州（11.57%）→内江（32.44%）→宜宾（13.49%）
泸州	→重庆（12.11%）→自贡（18.53%）→内江（18.86%）	→重庆（12.11%）→自贡（18.53%）→内江（18.86%）
德阳	→成都（32.51%）→绵阳（52.28%）	→成都（25.35%）→绵阳（27.25%）
绵阳	→成都（22.45%）→德阳（60.68%）	→成都（16.52%）→德阳（32.14%）
遂宁	→重庆（13.48%）→成都（17.61%）→南充（39.00%）	→重庆（10.85%）→成都（10.14%）→南充（18.71%）
内江	→重庆（19.17%）→成都（15.05%）→资阳（36.68%）	→自贡（29.65%）→泸州（10.77%）
乐山	→成都（16.52%）→眉山（55.64%）→宜宾（14.20%）	→成都（17.39%）→眉山（21.25%）
南充	→重庆（18.10%）→遂宁（40.33%）→广安（18.93%）	→重庆（13.07%）→遂宁（20.42%）→广安（19.57%）
眉山	→成都（28.34%）→乐山（51.06%）	→成都（30.58%）→乐山（18.89%）→雅安（10.85%）
宜宾	→成都（14.40%）→乐山（40.05%）→眉山（15.29%）	→自贡（19.27%）→内江（14.60%）→乐山（12.26%）
广安	→重庆（17.08%）→南充（41.15%）→达州（16.22%）	→重庆（22.13%）→遂宁（12.48%）→南充（27.02%）
达州	→遂宁（14.56%）→南充（26.62%）→广安（23.51%）	→重庆（16.68%）→南充（16.58%）→广安（17.09%）
雅安	→成都（58.32%）	→成都（19.05%）→乐山（15.51%）→眉山（21.14%）
资阳	→成都（29.49%）→内江（43.84%）	→成都（13.99%）→内江（15.72%）→眉山（10.27%）

三、旅游交通可达性与旅游经济联系耦合协调度分析

研究使用耦合协调度评价模型分析旅游交通可达性与旅游经济发展的协同效应，深入探讨交通条件改善对区域旅游经济的影响，详见表 4-15。计算分析可知，在高速公路交通条件下旅游交通可达性与旅游经济联系耦合协调度为 0.517，处于勉强协调的程度；高速铁路开通后，旅游交通可达性与旅游经济联系耦合协调度呈现一定程度的下降趋势，耦合协调度为 0.439，处于濒临失调的程度。高速铁路的开通提升了成渝地区双城经济圈整体的旅游交通可达性，但对于不同地区的提升程度存在明显的差异，且仍有部分地区未开通高速铁路，交通设施条件存在不均衡性，区域间的旅游经济联系也存在差异，旅游交通可达性与旅游经济联系的协调发展效应不明显，影响了区域整体耦合协调程度。从区域内不同地区旅游交通可达性与旅游经济联系的耦合协调度来看，成都和重庆的耦合协调度较高，旅游交通条件与旅游经济呈现较高水平的协调发展。高速铁路的发展进一步提升了成都旅游交通可达性与旅游经济联系的耦合协调度，耦合协调程度从良好协调上升为优质协调；重庆和德阳的耦合协调度略有提升，但提升幅度较小，耦合协调程度仍分别为初级协调和濒临失调；达州的耦合协调度一直处于极度失调的状态，其他地区的耦合协调度均保持下降趋势。

表 4-15　成渝地区双城经济圈交通可达性与旅游经济联系耦合协调度

区域	高速铁路			高速公路		
	耦合度 C 值	耦合协调度 D 值	协调程度	耦合度 C 值	耦合协调度 D 值	协调程度
成都	0.999	0.983	优质协调	0.956	0.860	良好协调
重庆	0.998	0.669	初级协调	0.889	0.668	初级协调
乐山	0.975	0.372	轻度失调	0.942	0.424	濒临失调
绵阳	0.749	0.428	濒临失调	0.607	0.473	濒临失调
德阳	0.638	0.407	濒临失调	0.743	0.402	濒临失调

续表

区域	高速铁路			高速公路		
	耦合度 C 值	耦合协调度 D 值	协调程度	耦合度 C 值	耦合协调度 D 值	协调程度
眉山	0.621	0.390	轻度失调	0.465	0.497	濒临失调
南充	0.551	0.365	轻度失调	0.592	0.431	濒临失调
宜宾	0.745	0.244	中度失调	0.748	0.363	轻度失调
内江	0.315	0.402	濒临失调	0.568	0.409	濒临失调
遂宁	0.374	0.357	轻度失调	0.425	0.456	濒临失调
资阳	0.219	0.319	轻度失调	0.530	0.387	轻度失调
广安	0.375	0.218	中度失调	0.540	0.378	轻度失调
自贡	0.504	0.139	严重失调	0.410	0.367	轻度失调
泸州	0.456	0.127	严重失调	0.534	0.264	中度失调
雅安	0.000	0.017	极度失调	0.214	0.305	轻度失调
达州	0.000	0.044	极度失调	0.000	0.010	极度失调
区域	0.900	0.439	濒临失调	0.859	0.517	勉强协调

根据不同地区旅游经济联系度和交通可达性水平的差异，进一步将耦合协调度分为交通发展滞后型（交通可达性 U_1 <旅游经济联系度 U_2）、旅游经济与交通发展同步型（交通可达性 U_1= 旅游经济联系度 U_2）、旅游经济发展滞后型（交通可达性 U_1 >旅游经济联系度 U_2）三种类型。在高速公路交通条件下，成都和重庆的交通可达性与旅游经济联系耦合协调度属于交通发展滞后型，交通条件的制约在一定程度上影响了区域旅游经济的快速发展；达州的交通可达性及与其他地区的旅游经济联系强度在区域内均处于垫底的位置，交通可进入性与旅游产业发展在区域内均没有优势，属于旅游经济与交通发展同步型；除成都、重庆、达州外，其他地区交通可达性与旅游经济联系度耦合协调类型属于旅游经济发展滞后型，其中眉山、遂宁、雅安、自贡、绵阳、南充、内江、资阳、广安的旅游经济发展滞后性较为严重，乐山、泸州、宜宾、德阳的旅游经济发展滞后性相对较轻。

在高速铁路交通条件下，区域整体旅游经济发展滞后性的状态得到一定程度的改善，交通运输条件的改善对区域旅游经济的发展作用初步显现，成都、重庆、乐山、自贡、泸州、雅安、达州的交通可达性与旅游经济联系耦合协调度属于旅游经济与交通发展同步型。高速铁路的开通，改善了交通运输条件对成都、重庆旅游经济发展的限制，加强了成都、重庆与其他地区间的旅游客流运输能力；乐山、自贡、泸州、雅安从旅游经济发展滞后型转变为旅游经济与交通发展同步型，说明交通运输条件的改善对上述六个地区的旅游经济发展促进效果明显。其他地区属于旅游经济发展滞后型，即高速铁路的开通改善了这些地区的交通运输条件，但对于旅游经济发展的促进效果还不够明显，交通运输对于旅游经济的促进作用还没有显现。这也进一步说明旅游产业的发展是由旅游资源、旅游交通、旅游服务设施等多种要素共同作用的结果，单一交通要素的改善对旅游产业发展的促进效果有限。

四、研究小结

研究基于加权平均旅行时间、可达性系数、旅游经济潜力、旅游经济联系等指标，分析高速铁路发展对成渝地区双城经济圈旅游交通可达性与旅游经济联系的影响，并通过耦合协调度评价模型探讨交通可达性与旅游经济发展的协同效应。主要得到以下结论：

（1）高速铁路的运行使得成渝地区双城经济圈旅游交通可达性条件整体得到改善，降低了区域间旅游客流移动的加权旅行平均时间；旅游交通可达性的提升存在明显的空间不均衡性，成都和重庆两大中心城市的旅游交通可达性提升幅度最大，依次是成德绵城市带沿线的地区；高速铁路对于成渝地区双城经济圈内多数地区旅游经济的影响仍以客源输出为主，核心地区旅游经济的外向辐射作用发挥不明显，高铁交通网络化格局还未形成。

（2）成渝地区双城经济圈内旅游客流的空间移动仍受到交通运输条件的制约，旅游交通可达性条件的改善使得成渝地区双城经济圈旅游经济联系的方向趋于集中化，高铁沿线地区受益明显，形成了成德绵乐高铁旅游经济带。高速铁路加强了重庆和成都两个区域中心城市之间的旅游经济联系，除成都和重庆外，内江和南充是主要的旅游客流转移方向，内江开始在成渝地区双城经济圈旅游客流的空间移动上扮演更加重要的角色。

（3）高速铁路对成渝地区双城经济圈旅游经济潜力的提升效果显著，进一步凸显了内江、资阳、德阳、成都、绵阳等地区的区位优势，属于典型的高铁驱动受益型区域；高速铁路带来的时空压缩效应加强了成渝地区双城经济圈区域间的旅游经济联系，成都、重庆之间的旅游经济联系在加强，成都在区域旅游经济中的核心地位得到进一步加强，重庆的旅游经济联系度虽也有较为明显的增加，但其在区域中的旅游经济联系量占比略下降。

（4）高速铁路的开通提升了成渝地区双城经济圈整体的旅游交通可达性，但是旅游交通可达性与旅游经济联系的协调发展效应不明显。高速铁路改善了区域旅游经济发展滞后性的状态，提升了成都、重庆、德阳的交通可达性与旅游经济联系的耦合协调程度，乐山、自贡、泸州、雅安转变为旅游经济与交通发展同步型；其他地区属于旅游经济发展滞后型，即高速铁路的开通改善了这些地区的交通运输条件，但对于旅游经济发展的促进作用还没有显现。

第五章　旅游信息流空间网络结构及溢出效应分析

第一节　研究方法与数据来源

一、旅游空间网络结构评价指标

（一）网络密度

网络密度是衡量区域空间成员紧密关系的重要指标，网络密度越大，说明区域间的空间联系越紧密，区域旅游整体的竞争能力越强。网络密度分别用来评价成渝地区双城经济圈旅游信息流空间交互关系和旅游经济空间联系的紧密程度。网络密度的计算公式如下：

$$D=\frac{\sum_{i=1}^{n}\sum_{j=1}^{n}d(n_i,\ n_j)}{n(n-1)} \tag{5-1}$$

式中，D 为网络空间的整体密度；n 为网络空间节点的数量；如果节点 i 和节点 j 有联系，则 $d(n_i,\ n_j)=1$，反之为 0；$n(n-1)$ 为整体网络中理论中存在的关系总数；$\sum_{i=1}^{n}\sum_{j=1}^{n}d(n_i, n_j)$ 为对空间网络中存在的实际关系数进行求和。

（二）度数中心度

度数中心度反映的是网络中个体成员与其他成员的交往能力。度数中心度越高，说明该成员在空间网络中的权力越大，用来评价个体成员在旅游信息流空间网络和旅游空间网络的中心地位。C_i 代表地区 i 的度数中心度，R_{ij} 是地区 i 和地区 j 的旅游信息流空间交互关系和旅游经济空间联系。

$$C_i = \sum_{j=1}^{n} R_{\mathrm{ij}} \tag{5-2}$$

（三）中间中心度

中间中心度测量的是网络中成员在多大程度上控制其他成员的能力。中间中心度越大，说明该成员控制其他成员的能力越强，用来评价网络成员在旅游信息流空间网络和旅游经济空间网络中对其他地区的控制能力。

$$B_i = \sum_{i=j\neq \mathrm{k}}^{n} \frac{D_{jk}(i)}{D_{jk}} \tag{5-3}$$

式中，B_i 代表单元 i 的中间中心度，D_{jk} 是单元 j 和单元 k 存在的捷径数目，$D_{jk}(i)$ 是单元 j 和单元 k 存在的经过单元 i 的捷径数目。

（四）接近中心度

接近中心度是测量一个行动者独立于其他行动者控制的一个指标，是一个行动者免受其他行动者“控制”的能力，用来评价网络成员在旅游信息流空间网络和旅游经济空间网络中不受其他成员影响的能力。接近中心度的计算公式如下：

$$C_{APi}^{-1} = \sum_{j=1}^{n} d_{ij} \tag{5-4}$$

式中，d_{ij} 是节点 i 和 j 之间的捷径距离（即捷径中包含的线数）。

（五）结构洞水平

结构洞水平表示节点在旅游信息流空间网络和旅游经济空间网络中的联络地位，通常用有效规模、效率性、限制度等指标来量化。结构洞水平高的节点在空间竞争中处于优势地位，能够控制资源的流动。

（六）“核心—边缘”结构

核心—边缘结构分析主要是为了直观反映空间单元在旅游信息流空间网络和旅游经济空间网络中的重要程度，处于旅游信息流空间网络和旅游经济空间网络核心位置的地区在和处于边缘位置地区的旅游流交换过程中占据优势地位。

二、旅游经济联系模型

（一）旅游经济引力模型

以旅游经济引力模型为基础，构建成渝地区双城经济圈旅游经济联系网络矩阵，测算区域间的旅游经济联系强度，见下式：

$$R_{ij} = K_{ij} \cdot \frac{\sqrt{P_i \times Q_i}\sqrt{P_j \times Q_j}}{D_{ij}^2}, \quad K_{ij} = \frac{Q_i}{Q_i + Q_j} \ (i \neq j) \tag{5-5}$$

式中，R_{ij} 是区域内地区 i 和地区 j 的旅游经济联系；K_{ij} 为地区 i 对 R_{ij} 的贡献率；P_i 和 P_j 是为地区 i 和 j 的旅游接待人数；Q_i 和 Q_j 是地区 i 和地区 j 的旅游收入；D_{ij} 是地区 i 和地区 j 之间的距离。

（二）旅游经济联系量

R_i 是地区 i 旅游经济联系量，是地区 i 和区域内其他地区的旅游经济联系总和，反映地区 i 在区域旅游经济中的地位和作用大小。

$$R_i = \sum_{j=1}^{n} R_{ij} \tag{5-6}$$

（三）旅游经济联系隶属度

旅游经济联系隶属度 L_{ij} 是地区 i 和地区 j 的旅游经济联系度占地区 i 旅游经济联系总量的比重，反映成渝地区双城经济圈 16 个地区间旅游经济联系的主要方向。

$$L_{ij} = R_{ij} / \sum_{j=1}^{n} R_{ij} \tag{5-7}$$

三、QAP 分析法

QAP 分析法是以矩阵关系数据的置换为基础，通过构建 N×N 矩阵进行相关分析和回归分析，可排除虚假结构关系[141]。基于关系数据的社会网络数据分析，运用 QAP 分析方法优于 OLS 分析，QAP 相关分析用来研究两种“关系”矩阵之间是否相关[142]。研究使用 QAP 分析法，分析成渝地区双城经济圈旅游信息流空间网络与旅游经济空间网络的相关性。

四、数据来源

百度指数是以百度网民搜索行为数据为基础的分析工具，对关键词的搜索数据进行统计，可以深度挖掘网络舆情、市场需求、用户兴趣等多方面的特征。成渝地区双城经济圈旅游信息流的数据来源于百度指数，以“成都旅游”“重庆旅游”“绵阳旅游”等作为搜索关键词，分别统计 2011—2021 年间成渝地区双城经济圈 16 个地区的日均旅游搜索量；如成都地区网民搜索“重庆旅游”的数据为成都与重庆的旅游信息流联系，重庆地区搜索“成都旅游”

的数据为重庆与成都的旅游信息流联系，分为旅游信息流输入和输出两种数据。

成渝地区双城经济圈旅游经济数据（旅游收入、旅游人次）来源于2016—2020年《四川统计年鉴》、2015—2019年重庆市旅游业统计公报。由于重庆市旅游统计数据的口径在2020年以后有变化，因此在分析旅游信息流的空间溢出效应部分的内容，数据仅包含2015—2019年的数据，未涉及2020年、2021年的旅游经济数据；旅游经济联系模型中区域空间单元间距离的测算以高德地图自驾的最短公路距离为基础。

第二节　旅游信息流空间联系强度分析

一、旅游信息流变化特征分析

（一）旅游信息流时间变化特征分析

对2011—2021年成渝地区双城经济圈16个地区的旅游搜索数据进行统计并汇总，以旅游信息日均流量为基础数据，结果见图5-1。从图5-1可以看出，2011—2018年，成渝地区双城经济圈旅游信息流流量增长迅速，旅游信息流日均搜索量从2833上升到9138，增长率达到222.56%。其中，2011—2014年，成渝地区双城经济圈旅游信息流流量呈现快速增长趋势，2011年区域整体旅游信息流日均搜索量为2833，2014年增长为6707；2014年至2016年，成渝地区双城经济圈旅游信息流流量有缓慢下降的态势，2015年、2016年成渝地区双城经济圈旅游信息流日均搜索量分别为6234和5671。2016—2018年，成渝地区双城经济圈旅游信息流流量快速增长，旅游信息日均搜索量从5671增加到9138，达到整体最高峰，成渝地区双城经济圈旅游信息空间联系更加紧密。2019年以后，旅游信息流流量整体呈现下降趋势，2019年的旅游信息流日均搜索流量为 7327，已经低于 2017 年的旅游信息流流量值。2020 年、2021 年的旅游信息流流量下降明显，区域旅游信息流日均搜索量分别仅有 3797 和 3376，成渝地区双城经济圈区域间的旅游信息流空间交互减少；说明受新冠疫情的影响，游客的出游需求被抑制，进而在网络上进行旅游信息搜索的频次在下降。

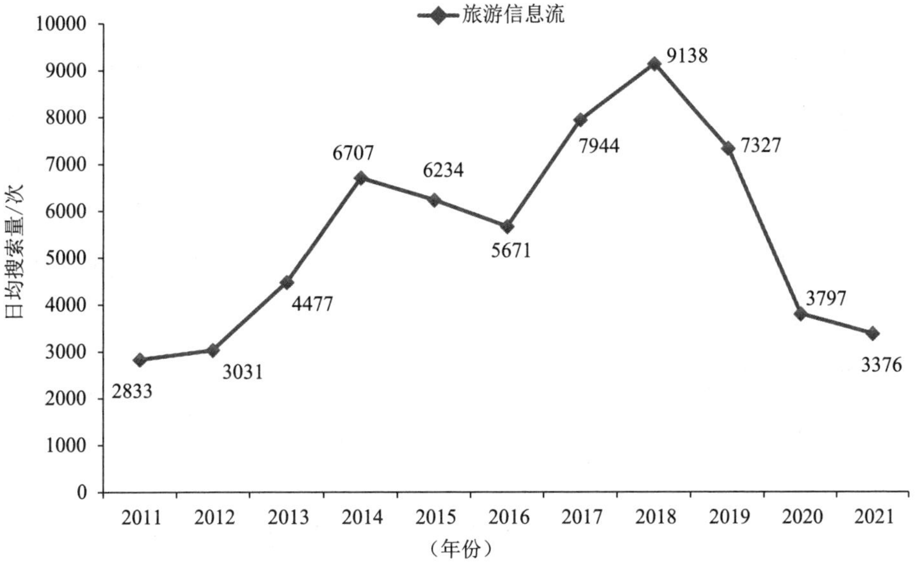

图 5-1　2011—2021 年成渝地区双城经济圈旅游信息流年度分布特征

对成渝地区双城经济圈 2011—2021 年的旅游搜索数据以月为单位进行统计，分析旅游信息流的月度时间分布特征，结果见图 5-2。从图中可以看出，旅游信息流在不同月份间的差异较为明显，呈现“上升—下降—上升—下降”的双峰型变化特征，其中 4 月和 9 月属于上下半年的两个搜索高峰，旅游信息搜索量分别为 3065613 和 3120518。11 月、12 月、1 月的旅游信息流搜索量明显低于其他月份，属于旅游信息搜索的淡季；同时这个时间段也是一年中旅游的淡季，冬季气候的舒适度较差，游客出游的需求不强烈。1 月以后，成渝地区双城经济圈的旅游信息搜索量快速增长，并在 4 月达到阶段性峰值，2 月份属于传统春节假期的时间，3、4 月份属于春季，气温逐渐回升，游客外出春游的欲望较为强烈，属于上半年旅游信息搜索的小高峰。5 月、6 月的旅游信息搜索较为平稳，属于旅游信息网络搜索的平季；7—10 月份属于一年中旅游信息流整体搜索较高且较为稳定的时期，这段时期包括暑假及国庆、中秋两个国家法定假日，属于旅游信息网络搜索的旺季。

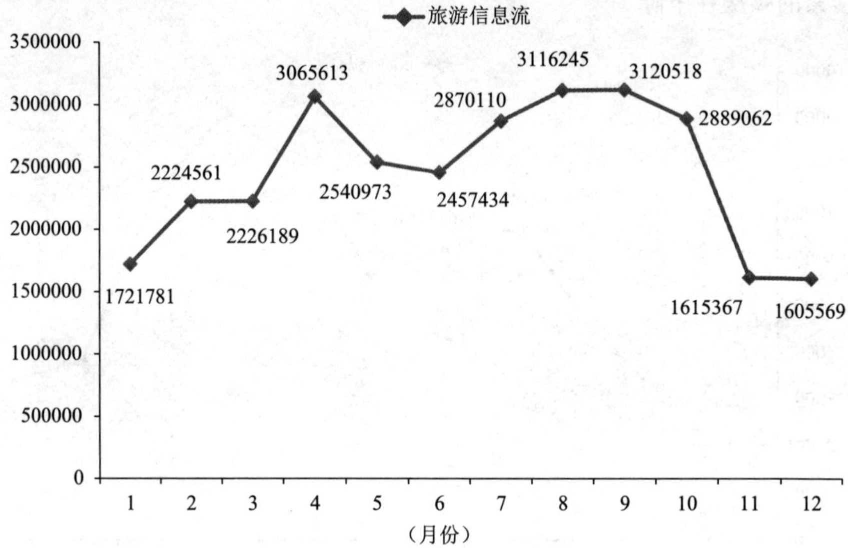

图 5-2　2011—2021 年成渝地区双城经济圈旅游信息流月度分布特征

（二）旅游信息流空间变化特征分析

从旅游信息流的空间分布来看，2011—2021 年成渝地区双城经济圈旅游信息流流量最多的地区是成都，其次是重庆，成都和重庆的旅游信息流日均流量总数分别为 27350 和 19523；绵阳、雅安、宜宾、自贡、南充、乐山的旅游信息流流量在区域中也处于较为靠前的位置，与其他地区间的旅游信息流交互较为密切，其中；绵阳的旅游信息流日均流量为 8209，雅安、宜宾、自贡、南充、乐山的旅游信息流日均流量分别为 6872、6699、6302、6274、6184；泸州、德阳、遂宁、眉山、内江、达州的旅游信息流日均流量在 4000~5000，处于区域的中间靠后的位置；资阳的旅游信息流日均流量最低，仅有 2493，其次是广安，旅游信息流日均流量为 3764，见图 5-3。

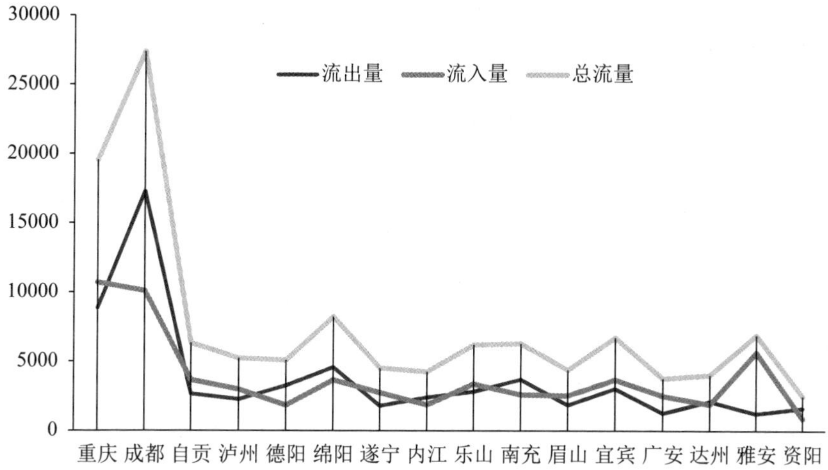

图 5-3　2011—2021 年成渝地区双城经济圈旅游信息流空间分布特征

从旅游信息流的流出方向来看，成都的旅游信息流流出量最多，旅游信息流日均流出量达到 17260；重庆、绵阳、南充、德阳、宜宾等地区的旅游信息流流出量也较多，旅游信息流日均流出量分别达到 8822、4559、3686、3240、3023，属于成渝地区双城经济圈旅游信息流强输出区域，说明这几个地区的居民具有较强的出游需求和出游能力，属于区域强旅游客源输出地，当地居民通过旅游信息搜索辅助旅游行为决策，旅游信息流搜索是游客出游的前兆。旅游信息流流出较少的区域有雅安、广安、资阳、眉山、遂宁，旅游信息流日均流出量均在 2000 以下，其中雅安和广安的旅游信息流流出量最少，旅游信息流日均流出量分别仅为 1225 和 1258。

从旅游信息流流入方向来看，重庆的旅游信息流流入量最多，旅游信息流日均流入量达到 10701；成都的旅游信息流流入量与重庆较为接近，达到 10090；雅安、宜宾、自贡、绵阳、乐山的旅游信息流流入量也较多，旅游信息流日均流入量分别为 5647、3676、3649、3650、3370，属于成渝地区双城经济圈旅游信息流强输入区域，说明这几个地区具有较强的旅游吸引力，能够吸引其他地区的旅游者进行旅游信息搜索，进而引起旅游信息流流入。旅游信息流流入量最少的地区是资阳，旅游信息流日均流入量仅为876，远远低于其他地区；德阳、内江、达州的旅游信息流流入量也较低，旅游信息流日均流入量分别为1828、1850、1898。

（三）旅游信息流空间流动类型分析

研究根据旅游信息流流入量和流出量之间的差异，进一步将成渝地区双城经济圈16个地区分为旅游信息流入型、旅游信息流出型、旅游信息均衡型三种目的地。其中，雅安的旅游信息流流入量要显著高于流出量，属于典型的旅游信息流入型目的地，重庆、自贡、泸州、遂宁、乐山、眉山、宜宾、广安也偏向于旅游信息流入型目的地；成都的旅游信息流流出量要明显高于其流入量，属于典型的旅游信息流出型目的地，德阳、绵阳、资阳、内江、南充也偏向于旅游信息流出型目的地；达州的旅游信息流入量和流出量差异较小，属于旅游信息均衡型目的地。从表5-1可以看出，2011年，旅游信息流入量排名前五的区域是成都、重庆、雅安、宜宾、乐山，旅游信息流出量排名前五的区域是成都、重庆、德阳、绵阳、内江；2015年，旅游信息流入量排名前五的区域是重庆、成都、雅安、绵阳、宜宾，旅游信息流出量排名前五的区域是成都、重庆、南充、绵阳、德阳；2019年，旅游信息流入量排名前五的区域是重庆、成都、雅安、自贡、乐山，旅游信息流出量排名前五的区域是成都、重庆、绵阳、宜宾、南充。受新冠疫情的影响，2020年以来，成渝地区双城经济圈旅游信息流的整体流入与流出量下降明显。2020年，旅游信息流入量排名前五的区域是重庆、成都、宜宾、乐山、雅安，旅游信息流出量排名前五的区域是成都、重庆、绵阳、宜宾、南充；2021年，旅游信息流入量排名前五的区域是成都、重庆、乐山、眉山、自贡，旅游信息流出量排名前五的区域是成都、重庆、绵阳、宜宾、南充。

表 5-1　2011—2021 年成渝地区双城经济圈旅游信息流日均流量

区域	2011 年		2015 年		2019 年		2020 年		2021 年	
	流出量	流入量	流出量	流入量	流出量	流入量	流出量	流入量	流出量	流入量
重庆	387	525	917	1246	1126	1154	588	681	480	596
成都	650	579	1817	1078	2046	1091	1306	628	1225	661
自贡	139	167	256	319	350	508	126	225	134	192
泸州	129	151	215	323	206	318	126	196	107	176
德阳	212	96	337	188	322	297	136	118	183	101
绵阳	211	182	410	401	741	420	305	200	275	171
遂宁	88	174	173	297	196	328	84	147	71	112
内江	156	0	245	191	236	278	144	129	85	107
乐山	145	182	333	334	263	453	108	255	103	235
南充	144	0	434	291	462	363	194	179	190	152
眉山	90	113	132	230	199	385	89	187	84	202
宜宾	148	237	220	343	486	347	236	273	196	186
广安	70	0	128	271	148	289	70	153	59	121
达州	90	103	296	214	259	207	165	120	93	125
雅安	94	324	165	404	89	781	36	249	28	179
资阳	80	0	156	104	198	108	84	57	63	60

二、旅游信息流空间联系强度分析

研究以旅游信息流日均流量来衡量成渝地区双城经济圈区域间联系强度，2011—2018 年成渝地区双城经济圈区域间日均旅游信息流量明显增大，2019 年以后旅游信息流流量整体呈现下降趋势，尤其以 2020 年的旅游信息流流量下降最为明显。从表 5-2 可以看出，2011 年，重庆与成都的旅游信息流联系最为紧密，旅游信息流日均流量为 106；其次是雅安、遂宁、宜宾、泸州，旅游信息流日均流量均在 30 以上；重庆与内江、南充、广安、资阳的旅游信息流联系强度为 0。成都与重庆的旅游信息流联系强度也最大，旅游信息流日均流量达到 97，其次是雅安、绵阳、乐山，旅游信息流日均流量分别达到 81、66 和 61；相比重庆，成都与区域内其他地区的旅游信息流联系强度分布较为均衡，不同地区间的旅游信息流联系强度差异较小。成都、重庆属于区域内其他地区旅游信息流的首位关联地区，旅游信息流流入量和流出量均排前两位；除与成都、重庆保持旅游信息联系高强度外，自贡与宜宾、德阳与绵阳、德阳与雅安、绵阳与雅安、乐山与雅安之间的旅游信息流联系强度也较强，区域内其他地区间的旅游信息流联系强度较弱。

表 5-2　2011 年成渝地区双城经济圈日均旅游信息流联系强度矩阵

	重庆	成都	自贡	泸州	德阳	绵阳	遂宁	内江	乐山	南充	眉山	宜宾	广安	达州	雅安	资阳
重庆		106	27	32	10	24	38	0	27	0	13	37	0	29	44	0
成都	97		52	45	47	66	53	0	61	0	47	59	0	42	81	0
自贡	27	30		13	3	4	4	0	11	0	4	29	0	1	13	0
泸州	45	30	7		2	4	4	0	5	0	2	18	0	2	10	0
德阳	38	53	8	5		35	8	0	13	0	8	11	0	4	29	0
绵阳	43	55	8	8	17		16	0	11	0	8	11	0	5	29	0
遂宁	27	26	1	2	2	8		0	4	0	2	3	0	3	10	0
内江	34	31	23	14	2	5	5		5	0	3	18	0	2	14	0
乐山	24	35	8	3	2	5	4	0		0	10	25	0	1	28	0
南充	35	41	3	3	2	8	16	0	5		2	6	0	7	16	0
眉山	15	29	4	2	2	5	2	0	6	0		7	0	1	17	0
宜宾	31	34	19	16	2	5	4	0	18	0	4		0	1	14	0
广安	35	16	1	1	0	2	4	0	1	0	1	2		4	3	0
达州	37	30	2	2	1	2	2	0	4	0	0	3	0		7	0
雅安	19	35	2	2	3	5	8	0	9	0	6	4	0	1		0
资阳	18	28	2	3	1	4	6	0	2	0	3	4	0	0	9	

从表 5-3 可以看出，相比 2011 年，2015 年成渝地区双城经济圈区域间的旅游信息流联系强度进一步加强，但旅游信息流的主要联系方向没有发生变化。重庆与成都的旅游信息流联系强度最大，日均旅游信息流流量达到 213；

其次是泸州、广安、南充、遂宁、宜宾，旅游信息流日均流量均在 65 以上，不存在旅游信息流联系强度为 0 的地区，说明重庆的旅游信息流向外辐射的范围变得更加广泛。与重庆相比，成都与区域内其他地区的旅游信息流联系强度更大、分布也更均衡；成都与重庆的旅游信息流联系最为紧密，其次是绵阳、雅安、乐山、自贡，旅游信息流日均流量均在 120 以上；旅游信息流联系最弱的资阳，日均旅游信息流流量也达到了 62。与 2011 年一样，成都、重庆属于区域内其他地区旅游信息流的首位关联地区，旅游信息流流入最多和流出最多的方向均分布在成都和重庆这两个地区。此外，自贡与宜宾、泸州与宜宾、德阳与绵阳、绵阳与德阳、乐山与雅安、南充与绵阳、宜宾与泸州、达州与绵阳也保持了较为紧密的旅游信息流空间联系。

表 5-3　2015 年成渝地区双城经济圈日均旅游信息流联系强度矩阵

	重庆	成都	自贡	泸州	德阳	绵阳	遂宁	内江	乐山	南充	眉山	宜宾	广安	达州	雅安	资阳
重庆		213	58	81	10	43	66	42	48	68	15	65	75	63	57	13
成都	278		122	115	102	148	101	83	138	108	117	125	89	86	143	62
自贡	57	48		30	2	8	6	22	17	6	4	34	2	2	16	2
泸州	81	46	18		2	6	3	6	6	4	3	26	2	2	9	1
德阳	75	88	10	7		51	9	4	22	12	13	12	8	4	20	2
绵阳	94	104	8	6	29		26	4	28	25	10	9	17	18	29	3
遂宁	60	47	4	2	2	13		3	3	14	3	3	7	3	6	3
内江	67	52	27	25	3	8	8		8	5	4	19	3	2	10	4
乐山	84	86	17	9	4	17	3	4		4	35	23	3	2	38	4
南充	102	99	9	5	17	48	36	3	14		6	12	34	23	24	2
眉山	30	40	5	3	1	10	2	1	12	2		4	3	1	15	3
宜宾	65	47	24	30	1	6	2	8	15	3	4		1	1	12	1
广安	69	28	1	1	0	3	4	0	2	11	0	1		5	2	1
达州	96	70	3	2	11	29	13	2	7	21	2	1	24		15	0
雅安	43	64	6	3	3	7	6	2	10	4	7	5	1	1		3
资阳	45	46	7	4	1	4	12	7	4	4	7	4	2	1	8	

从表 5-4 可以看出相比 2015 年，2019 年成渝地区双城经济圈旅游信息流整体联系强度仍有明显的提升，旅游信息流在不同区域间的流动更为频繁。重庆、成都仍然是区域内其他地区旅游信息流流入和流出的首选关联地，2019 年重庆与成都的日均旅游信息流联系强度为 248，成都与重庆的日均旅游信息流联系强度为 296，雅安同时是重庆和成都的第二大旅游信息流流出地，与成都、重庆均保持了较强的旅游信息流联系强度。除重庆、成都外，与其他地区旅游信息流联系强度较大的地区是绵阳、宜宾、南充，绵阳与德阳、南充、雅安保持了较为紧密的旅游信息流流动，宜宾与自贡、雅安、泸州的旅游信息流流动较为密切，南充与绵阳、雅安的旅游信息流联系强度较大。其他地区的旅游信息流流动较为集中，主要集中在成都、重庆方向，与重庆、成都外的其他地区旅游信息流联系较弱。自贡与雅安、德阳与绵阳、绵阳与德阳（南充、雅安）、乐山与雅安、南充与绵阳、眉山与雅安、宜宾与自贡也是成渝地区双城经济圈旅游信息流流动的主要方向。

表 5-4　2019 年成渝地区双城经济圈日均旅游信息流联系强度矩阵

	重庆	成都	自贡	泸州	德阳	绵阳	遂宁	内江	乐山	南充	眉山	宜宾	广安	达州	雅安	资阳
重庆		248	84	73	27	59	66	59	81	78	45	68	82	51	89	16
成都	296		141	103	124	159	101	92	150	116	153	122	91	80	257	61
自贡	63	64		26	8	13	9	28	29	9	17	32	4	2	43	3
泸州	60	45	22		2	5	3	10	9	4	6	17	2	1	20	0
德阳	63	69	18	4		46	11	4	20	11	15	8	6	3	42	2
绵阳	113	125	43	17	64		47	18	44	63	36	33	38	32	63	5
遂宁	54	43	6	2	8	20		3	6	19	5	4	8	1	16	1
内江	54	47	41	16	2	4	7		9	3	10	12	2	1	24	4
乐山	51	50	24	5	6	13	3	4		5	30	21	2	1	47	1
南充	94	81	22	5	24	53	37	6	15		10	9	34	27	42	3
眉山	39	52	13	3	6	9	3	3	18	3		7	1	2	39	1
宜宾	79	81	59	48	10	15	13	37	43	10	28		4	1	49	9
广安	51	38	6	5	1	3	7	1	3	18	1	2		4	8	0

续表

	重庆	成都	自贡	泸州	德阳	绵阳	遂宁	内江	乐山	南充	眉山	宜宾	广安	达州	雅安	资阳
达州	70	69	12	7	8	9	7	3	11	19	8	6	12		17	1
雅安	23	31	4	1	2	3	1	1	8	2	9	2	1	0		1
资阳	44	48	13	3	5	9	13	9	7	3	12	4	2	1	25	

受到新冠疫情的影响，2020 年、2021 年成渝地区双城经济圈旅游信息流日均流量呈现显著的下降趋势，区域间的旅游信息流联系强度减少。从表 5-5 可以看出，2020 年，成都与其他地区的旅游信息流日均流量总数为 1306，重庆为 588，绵阳为 305，宜宾为 236，其他地区的旅游信息流日均流量总数均低于 200，雅安、广安、资阳、遂宁、眉山的旅游信息流日均流量最低，与其他地区的旅游信息流联系最弱，日均流量总数均低于 100。从表 5-6 可以看出，2021 年，成渝地区双城经济圈除德阳、自贡的旅游信息流日均流量总数有稍微增加外，其他地区的旅游信息流日均流量总数均呈现明显的下降趋势，说明区域间旅游信息流的流动受到新冠疫情的影响。成都、重庆的旅游信息流日均流量总数仍然是区域的前两位，旅游信息流日均流量总数分别为 1225 和 480；雅安、广安、资阳、遂宁、眉山、内江的旅游信息流日均流量处于靠后的位置，与其他地区的旅游信息流联系强度处于靠后的位置。

表 5-5　2020 年成渝地区双城经济圈日均旅游信息流联系强度矩阵

	重庆	成都	自贡	泸州	德阳	绵阳	遂宁	内江	乐山	南充	眉山	宜宾	广安	达州	雅安	资阳
重庆		134	40	51	7	26	34	29	50	37	21	45	44	29	32	9
成都	182		87	78	74	103	63	62	110	79	95	107	60	58	112	36
自贡	30	26		12	1	3	2	8	10	2	4	18	1	1	8	0
泸州	42	27	11		0	2	3	4	6	4	3	16	2	0	6	0
德阳	33	42	6	1		16	2	1	6	2	7	8	2	1	8	1
绵阳	64	67	11	7	24		15	4	16	25	10	18	13	14	15	2
遂宁	29	23	2	1	2	6		1	2	5	1	4	3	2	3	0
内江	35	31	15	11	0	4	4		9	2	8	14	2	1	6	2

续表

	重庆	成都	自贡	泸州	德阳	绵阳	遂宁	内江	乐山	南充	眉山	宜宾	广安	达州	雅安	资阳
乐山	27	28	6	3	0	3	0	1		2	12	14	1	0	11	0
南充	56	47	5	3	3	16	13	2	6		3	6	15	10	8	1
眉山	20	31	3	1	1	3	1	1	8	1		7	1	0	9	2
宜宾	47	60	29	24	2	6	2	12	18	5	11		2	1	14	3
广安	33	21	1	0	0	1	1	0	1	5	1	1		3	2	0
达州	46	48	6	3	3	8	3	2	8	9	5	8	6		9	1
雅安	11	13	1	0	0	1	1	0	3	0	4	2	0	0		0
资阳	26	30	2	1	1	2	3	2	2	1	2	5	1	0	6	

表 5-6　2021 年成渝地区双城经济圈日均旅游信息流联系强度矩阵

	重庆	成都	自贡	泸州	德阳	绵阳	遂宁	内江	乐山	南充	眉山	宜宾	广安	达州	雅安	资阳
重庆		139	32	35	6	15	21	21	41	30	24	28	33	28	20	7
成都	164		87	77	65	99	56	50	106	76	97	92	53	61	102	40
自贡	33	35		13	1	4	2	7	9	2	7	13	1	1	5	1
泸州	34	38	9		1	1	0	4	4	1	3	8	1	1	2	0
德阳	43	55	6	2		18	3	3	8	9	11	6	4	5	8	2
绵阳	56	75	14	10	15		14	4	16	13	19	12	10	5	10	2
遂宁	24	19	2	1	1	4		1	2	7	3	2	1	1	2	1
内江	22	26	7	6	1	2	1		4	2	5	4	1	0	3	1
乐山	24	38	6	3	1	3	1	2		1	7	7	1	1	7	1
南充	50	51	7	4	6	13	7	2	6		6	6	10	17	4	1
眉山	18	37	2	1	1	3	1	1	6	1		3	1	0	7	2
宜宾	38	48	18	23	1	4	2	9	27	3	11		2	2	7	1
广安	30	17	1	0	1	1	1	0	1	3	1	1		2	0	0
达州	36	44	0	0	1	1	1	0	1	3	1	1	2		1	1
雅安	6	13	0	0	0	1	1	1	2	0	3	1	0	0		0
资阳	18	26	1	1	0	2	1	2	2	1	4	2	1	1	1	

三、研究小结

研究以 2011—2021 年间成渝地区双城经济圈 16 个地区的日均旅游搜索百度指数数据为基础，从时间和空间两个角度分析成渝地区双城经济圈旅游信息流的分布特征及联系强度，主要得到以下结论：

（一）旅游信息流在时间上呈现波动式变化趋势

2011—2021 年，成渝地区双城经济圈旅游信息流呈现“快速增长—缓慢下降—快速增长—快速下降”的波动式变化趋势。2011—2014 年，旅游信息流流量呈现快速增长趋势；2014—2016 年，旅游信息流呈现缓慢下降趋势；2016—2018 年旅游信息流快速增长，达到最高峰，区域间的旅游信息流空间联系更加紧密；2019 年以后，旅游信息流流量整体呈现下降趋势。受新冠疫情的影响，游客的出游需求被抑制，进而在网络上进行旅游信息搜索的频次在下降；2020 年、2021 年的成渝地区双城经济圈旅游信息流流量下降明显。

（二）旅游信息流在空间上呈现不均衡分布态势

2011—2021 年，成渝地区双城经济圈旅游信息流流量最多的地区是成都，其次是重庆，说明成都和重庆处于区域旅游信息流空间流动的核心位置；绵阳、雅安、宜宾、自贡、南充、乐山的旅游信息流流量在区域也处于较为靠前的位置，与区域内其他地区间的旅游信息流空间交换也较为密切。成都、重庆、绵阳、南充、德阳、宜宾等地区的旅游信息流流出较多，属于旅游信息流强输出区域；重庆、成都、雅安、宜宾、自贡、绵阳、乐山的旅游信息流流入较多，属于旅游信息流强输入区域。

（三）旅游信息流联系强度方向呈现空间集中化

2011—2018 年，成渝地区双城经济圈区域间的旅游信息流联系强度明显增大，旅游信息流在不同区域间的流动更为频繁，区域间旅游信息流向外辐射和内向吸引的范围更加广泛；2019 年以后区域间的旅游信息流联系强度减小；2020 年的旅游信息流联系强度下降最为明显，说明区域间旅游信息流的流动受到新冠疫情的影响。区域旅游信息流流动方向在空间上呈现集中化分布，成都、重庆是其他地区旅游信息流的首位关联地区，旅游信息流流入最多和流出最多的方向均分布在成都和重庆。

第三节　旅游信息流空间网络结构分析

一、旅游信息流空间网络密度分析

（一）整体网络密度分析

从表 5-7 可以看出，成渝地区双城经济圈旅游信息流空间网络 2011 年的整体密度为 0.2125，成员之间的平均距离为 1.728，建立在“距离”基础上的凝聚力指数为 0.480。网络密度值在 0~1，凝聚力指数在 0~1 之间，指数越大，表明网络成员之间越具有凝聚力。2012—2018 年，成渝地区双城经济圈旅游信息流的网络密度总体上呈现明显的增加趋势，说明成员间的旅游信息流交互变得更为紧密，网络凝聚力增加明显，成员间的平均距离也在减少。2012 年、2018 年成渝地区双城经济圈旅游信息流空间网络的整体密度分别是 0.1917 和 0.4570，成员之间的平均距离分别为 1.750 和 1.575，建立在“距离”基础上的凝聚力指数分别为 0.443 和 0.744。2018 年以后，成渝地区双城经济圈旅游信息流空间网络密度呈现明显的下降趋势；2019 年旅游信息流网络密度为 0.3875，受新冠疫情对旅游业的影响，2020 年、2021 年的网络密度分别仅为 0.2292 和 0.1958；2019—2021 年，成渝地区双城经济圈旅游信息流空间网络成员之间的平均距离为 1.613、1.769、1.840，凝聚力指数分为 0.694、0.581、0.559，成员间的网络交互距离明显增加，网络凝聚力下降明显。

表 5-7　2011—2021 年成渝地区双城经济圈旅游信息流空间网络整体密度

年份	网络密度	平均距离	网络凝聚力
2011	0.2125	1.728	0.480
2012	0.1917	1.750	0.443
2013	0.2458	1.767	0.621
2014	0.3375	1.663	0.669
2015	0.3250	1.675	0.663
2016	0.2875	1.725	0.642
2017	0.4250	1.575	0.713
2018	0.4570	1.513	0.744
2019	0.3875	1.613	0.694
2020	0.2292	1.769	0.581
2021	0.1958	1.840	0.559

（二）个体网络密度分析

表 5-8 至表 5-10 是 2011 年、2015 年、2019 年成渝地区双城经济圈旅游信息流空间网络 16 个空间单元的个体密度。2011 年，重庆的个体网规模为 13，说明与重庆有旅游信息流联系的地区有 13 个；成都的个体网规模最高为 14，成渝地区双城经济圈旅游信息流空间网络单元的个体网络规模的均值是 4.125，个体网规模在均值以上的地区还有雅安，雅安的个体网规模是 5；自贡、德阳、绵阳、乐山、宜宾的个体网规模均为 4，说明这几个地区与其他地区存在较为紧密的旅游信息流空间联系。成都在旅游信息流空间网络中与其他成员的关系总数为 25，理论上所有成员之间存在的关系总和为 182，成都的旅游信息流空间网络个体网络密度为 13.74。关系总数较多的地区还有重庆、雅安、德阳、宜宾、乐山、绵阳、自贡；泸州、遂宁、南充、达州的个体网规模和关系总数均为 2，眉山、广安、资阳的关系总数为 0，说明这几个地区在区域旅游信息流空间网络中与其他地区的信息交互

较少。

表 5-8　2011 年成渝地区双城经济圈旅游信息流空间网络个体密度

区域	个体网规模	关系总数	关系总和	个体密度
重庆	13.000	27.000	156.00	17.31
成都	14.000	25.000	182.00	13.74
自贡	4.000	8.000	12.00	66.67
泸州	2.000	2.000	2.00	100.00
德阳	4.000	10.000	12.00	83.33
绵阳	4.000	9.000	12.00	75.00
遂宁	2.000	2.000	2.00	100.00
内江	3.000	6.000	6.00	100.00
乐山	4.000	9.000	12.00	75.00
南充	2.000	2.000	2.00	100.00
眉山	1.000	0.000	0.00	0.00
宜宾	4.000	10.000	12.00	83.33
广安	1.000	0.000	0.00	0.00
达州	2.000	2.000	2.00	100.00
雅安	5.000	14.000	20.00	70.00
资阳	1.000	0.000	0.00	0.00
均值	4.125	7.875	27.00	61.52

相比 2011 年，2015 年成渝地区双城经济圈旅游信息流空间网络的个体网规模、关系总数等均有明显的提升，成渝地区双城经济圈旅游信息流空间网络单元的个体网络规模的均值是 6，个体网络成员之间关系总数的均值为 18.94。重庆和成都的个体网规模均为 15，说明与重庆、成都有旅游信息流联系的地区有 15 个；重庆与空间网络中其他成员之间的关系总数最高，为 51，其次是成都的 48。绵阳、南充、乐山的个体网规模高于整体均值，自贡、泸州、宜宾、达州、雅安的个体网规模为 5，处于区域旅游信息流空间网络的中游水平。在旅游信息流空间网络的关系总数中，除重庆、成都外，绵阳、南充的关系总数也处于较高的位置，其次是乐山、自贡、泸州、达州、雅安、

宜宾。与 2011 年相比，旅游信息流空间中关系总数为 0 的地区明显减少，资阳与其他地区旅游信息流交互最少，关系总数仅为 2。重庆在旅游信息流空间网络中，理论上所有成员之间存在的关系总和为 210，个体网络密度为 24.29。

表 5–9　2015 年成渝地区双城经济圈旅游信息流空间网络个体密度

区域	个体网规模	关系总数	关系总和	个体密度
重庆	15	51.00	210.00	24.29
成都	15	48.00	210.00	22.86
自贡	5	17.00	20.00	85.00
泸州	5	17.00	20.00	85.00
德阳	3	6.00	6.00	100.00
绵阳	8	29.00	56.00	51.79
遂宁	4	12.00	12.00	100.00
内江	4	11.00	12.00	91.67
乐山	6	18.00	30.00	60.00
南充	7	26.00	42.00	61.90
眉山	3	6.00	6.00	100.00
宜宾	5	15.00	20.00	75.00
广安	4	11.00	12.00	91.67
达州	5	17.00	20.00	85.00
雅安	5	17.00	20.00	85.00
资阳	2	2.00	2.00	100.00
均值	6	18.94	43.63	76.20

可以看出，在 2015—2019 年间，成渝地区双城经济圈旅游信息流空间网络的个体密度继续呈现明显的增长趋势，个体网规模、关系总数、关系总和的均值均有明显的增加。在旅游信息流空间网络的个体规模中，重庆和成都仍然最高，均为 15，说明重庆和成都与区域内的其他地区均保持旅游信息流的空间交互；绵阳、雅安、宜宾、南充、自贡的个体网规模也在区域整体网络均值之上，资阳、广安、达州、泸州、遂宁的个体网规模较低，说明与其有旅游信息流空间交互的地区较少。在个体网络成员之间的关系总数中，旅

游信息流空间网络整体均值从18.94增加到31.25，说明区域内16个地区间的旅游信息流交互更加密切，旅游信息流在不同地区间的输入和输出更加频繁。重庆、成都与其他地区的旅游信息流交互关系总数仍然最高，绵阳、雅安、宜宾、自贡、南充、乐山的关系总数增加较多，绵阳、雅安的个体网关系总数分别达到了59和56。

表5-10　2019年成渝地区双城经济圈旅游信息流空间网络个体密度

区域	个体网规模	关系总数	关系总和	个体密度
重庆	15	64.00	210.00	30.48
成都	15	63.00	210.00	30.00
自贡	8	35.00	56.00	62.50
泸州	4	12.00	12.00	100.00
德阳	5	18.00	20.00	90.00
绵阳	12	59.00	132.00	44.70
遂宁	4	12.00	12.00	100.00
内江	5	18.00	20.00	90.00
乐山	7	32.00	42.00	76.19
南充	8	33.00	56.00	58.93
眉山	6	24.00	30.00	80.00
宜宾	9	44.00	72.00	61.11
广安	4	12.00	12.00	100.00
达州	4	12.00	12.00	100.00
雅安	11	56.00	110.00	50.91
资阳	3	6.00	6.00	100.00
均值	7.5	31.25	63.25	73.43

受新冠疫情的影响，2020年、2021年成渝地区双城经济圈旅游信息流空间网络的个体网规模、关系总数、关系总和的均值均有明显的下降趋势，详见表5-11。2019年，旅游信息流空间网络个体网规模的均值为7.5，关系总数、关系总和的均值分别为31.25、63.25；2020年则分别下降为4、7、28.38；

2021年成渝地区双城经济圈旅游信息流空间网络的个体网规模、关系总数、关系总和的均值分别为3.5、5、23.88。这说明成渝地区双城经济圈16个地区间的旅游信息流交互在减弱，旅游信息流在不同地区间的输入和输出下降明显。2020年，旅游信息流空间网络中，个体网规模最高的是成都，其次是重庆，宜宾和绵阳的个体网规模等同于区域整体均值，其他地区的个体网规模均小于区域整体均值；成都、重庆、宜宾、绵阳的关系总数也是仅有的四个高于区域整体均值的地区。2021年，重庆的个体网规模进一步下降，成都没有发生变化；乐山、眉山的个体网规模分别从1、2增加到2、3，是仅有的两个个体网规模保持增加的地区。在个体网络关系总数中，重庆与其他地区的关系总数最高，达到了22，其次是成都；关系总数超过区域整体均值的地区还有泸州、乐山、宜宾，内江、雅安、资阳的关系总数是0，说明内江、雅安、资阳与区域内其他地区不存在旅游信息流的空间交互。

表5-11 2020—2021年成渝地区双城经济圈旅游信息流空间网络个体密度

区域	2020年				2021年			
	规模	关系总数	关系总和	密度	规模	关系总数	关系总和	密度
重庆	14	28	182	15.38	12	22	132	16.67
成都	15	27	210	12.86	15	20	210	9.52
自贡	3	6	6	100.00	2	2	2	100.00
泸州	3	6	6	100.00	3	6	6	100.00
德阳	3	6	6	100.00	2	2	2	100.00
绵阳	4	9	12	75.00	2	2	2	100.00
遂宁	2	2	2	100.00	2	2	2	100.00
内江	2	2	2	100.00	1	0	0	0.00
乐山	2	2	2	100.00	3	6	6	100.00
南充	3	6	6	100.00	2	2	2	100.00
眉山	1	0	0	0.00	2	2	2	100.00
宜宾	4	10	12	83.33	4	10	12	83.33
广安	2	2	2	100.00	2	2	2	100.00

续表

区域	2020 年				2021 年			
	规模	关系总数	关系总和	密度	规模	关系总数	关系总和	密度
达州	2	2	2	100.00	2	2	2	100.00
雅安	2	2	2	100.00	1	0	0	0.00
资阳	2	2	2	100.00	1	0	0	0.00
均值	4	7	28.38	80.41	3.5	5	23.88	69.35

二、旅游信息流空间网络中心度分析

（一）度数中心度分析

如果旅游信息流空间网络中某节点具有最高的度数，则称该节点居于旅游信息流网络的中心，在与该点所对应的行动者也是中心人物，因而拥有最大权力。从表 5-12 可以看出，2011—2019 年间，成渝地区双城经济圈旅游信息流空间网络度数中心度整体呈现增加的趋势，区域度数中心度整体均值从 4.125 增加到 7.5，说明区域内的 16 个地区在旅游信息流空间网络中的角色分量在增加，在区域旅游信息流空间流动交互方面承担的作用也更加明显，区域间的旅游信息流空间交互也更为密切。2011 年，成都的度数中心度最高，达到 14，其次是重庆，度数中心度值为 13，说明成都和重庆在区域旅游信息流空间网络中的权力最大，旅游信息流流出和流入的能力最强；除成都、重庆外，只有雅安的度数中心度值在区域均值以上，说明这三个地区处于成渝地区旅游信息流空间网络的中心位置。2011—2015 年，除雅安的度数中心度没有发生变化外，其他地区的度数中心度都有一定程度的增加，说明除雅安外的 15 个地区在旅游信息流空间网络中的权力在提升；度数中心度增加最大的地区是南充，其次是绵阳，说明南充、绵阳在区域旅游信息流空间网络中的作用地位提升明显。2015 年，重庆和成都的度数中心度最高，均达到了 15；度数中心度值超过区域均值的地区还有绵阳、南充、乐山。2015—2019

年，成渝地区双城经济圈旅游信息流空间网络度数中心度整体均值进一步提升，成都和重庆的度数中心度值依然处于区域最高的位置，在区域旅游信息流空间网络中的地位最高；泸州、达州的度数中心度略有下降，遂宁、广安的度数中心度没有发生变化，其他地区的度数中心度均有不同程度的增加，其中雅安、宜宾、绵阳的增长幅度最为明显。2019 年以后，受新冠疫情的影响，成渝地区双城经济圈旅游信息流空间网络度数中心度下降明显，除成都的度数中心度没有发生变化外，其他地区的度数中心度均呈现显著的下降趋势，说明除成都外的其他地区在旅游信息流空间网络中的权力和作用在下降，区域间的旅游信息流空间交互在减弱，其中雅安、绵阳、自贡、乐山、南充、眉山的下降最为明显，见图 5-4。

表 5-12　2011—2021 年成渝地区双城经济圈旅游信息流空间网络度数中心度

区域	2011 年	2015 年	2019 年	2020 年	2021 年
重庆	13	15	15	14	12
成都	14	15	15	15	15
自贡	4	5	8	3	2
泸州	2	5	4	3	3
德阳	4	3	5	3	2
绵阳	4	8	12	4	2
遂宁	2	4	4	2	2
内江	3	4	5	2	1
乐山	4	6	7	2	3
南充	2	7	8	3	2
眉山	1	3	6	1	2
宜宾	4	5	9	4	4
广安	1	4	4	2	2
达州	2	5	4	2	2
雅安	5	5	11	2	1
资阳	1	2	3	2	1
均值	4.125	6	7.5	4	3.5

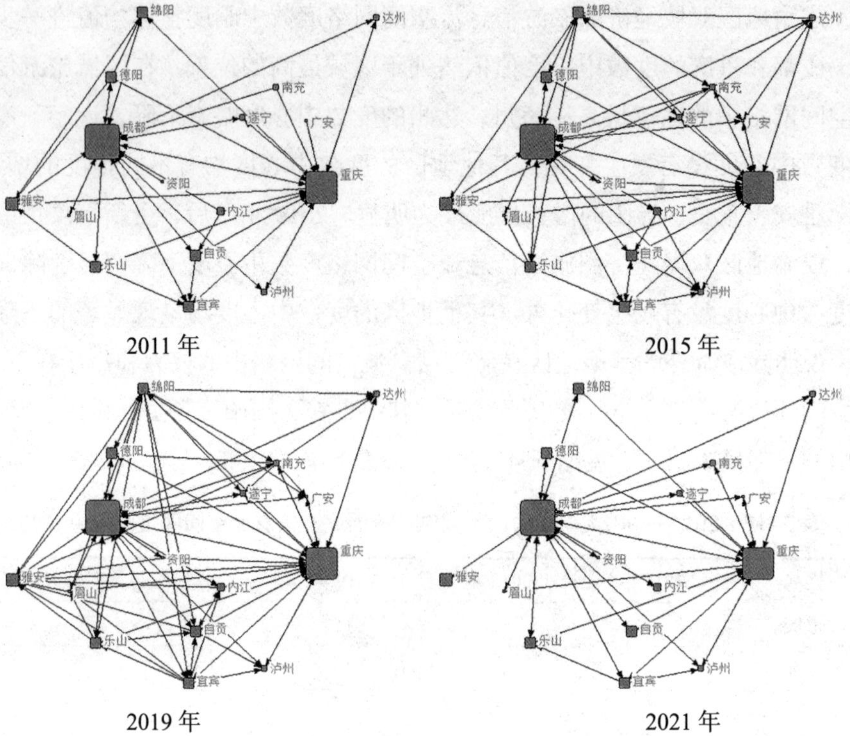

图 5-4　2011—2021 年成渝地区双城经济圈旅游信息流空间网络度数中心度

（二）中间中心度分析

中间中心度衡量的是网络节点对其他节点的控制能力。从表 5-13 可以看出，2011—2021 年间，成渝地区双城经济圈旅游信息流空间网络中，除成都和重庆外，其他地区的中间中心度值均很小，多数地区的中间中心度值为 0，说明除成都、重庆外的其他地区，没有控制其他地区旅游信息流空间移动的能力。2011 年，成都和重庆的中间中心度值分别为 86.833 和 43.833，自贡的中间中心度值为 0.333，其他地区的中间中心度值均为 0。2015 年，中间中心度为 0 的地区数量在减少，说明开始有更多的地区参与到成渝地区双城经济圈旅游信息流的空间移动中来；成都的中间中心度最高，达到 95.75，其次是重庆，中间中心度值为 58.25；绵阳的中间中心度排名第三，达到了 4.5，说明绵阳具备一定的控制区域旅游信息流的能力；乐山和宜宾的中间中心度分别为 1.333 和 1，其他地区的中间中心度值均小于 1。2019 年，成渝地区双城经济圈旅游信息流空间网络中间中心度排名前 6 的地区分别是成都、重庆、绵阳、自贡、宜宾、乐山，中间中心度值分别为 76.75、62.75、4、2.5、0.75、0.25，其他地区的中间中心度值均为 0。2020 年，成都和重庆的旅游信息流空间网络中间中心度进一步增加，分别达到了 103.5 和 68.5；绵阳的中间中心度为 1，其他地区的中间中心度均为 0，说明中间中心度进一步趋于集中化，成都、重庆的旅游信息流控制能力进一步加强，其他地区没有控制旅游信息流空间移动的能力。2021 年，除重庆和成都外，其他 14 个地区的中间中心度均为 0，成都的中间中心度进一步增加，重庆的中间中心度略有下降，分别为 133 和 56，说明成都的旅游信息流控制能力在增强，重庆控制其他地区旅游信息流的能力在减弱，见图 5–5。

表 5–13 2011—2021 年成渝地区双城经济圈旅游信息流空间网络中间中心度

区域	2011 年	2015 年	2019 年	2020 年	2021 年
重庆	43.833	58.250	62.75	68.5.000	56.000
成都	86.833	95.750	76.75	103.500	133.000
自贡	0.333	0.250	2.50	0.000	0.000
泸州	0.000	0.250	0.000	0.000	0.000
德阳	0.000	0.000	0.000	0.000	0.000
绵阳	0.000	4.500	4.000	1.000	0.000
遂宁	0.000	0.000	0.000	0.000	0.000
内江	0.000	0.000	0.000	0.000	0.000
乐山	0.000	1.333	0.250	0.000	0.000
南充	0.000	0.667	0.000	0.000	0.000
眉山	0.000	0.000	0.000	0.000	0.000
宜宾	0.000	1.000	0.750	0.000	0.000
广安	0.000	0.000	0.000	0.000	0.000
达州	0.000	0.000	0.000	0.000	0.000
雅安	0.000	0.000	0.000	0.000	0.000
资阳	0.000	0.000	0.000	0.000	0.000

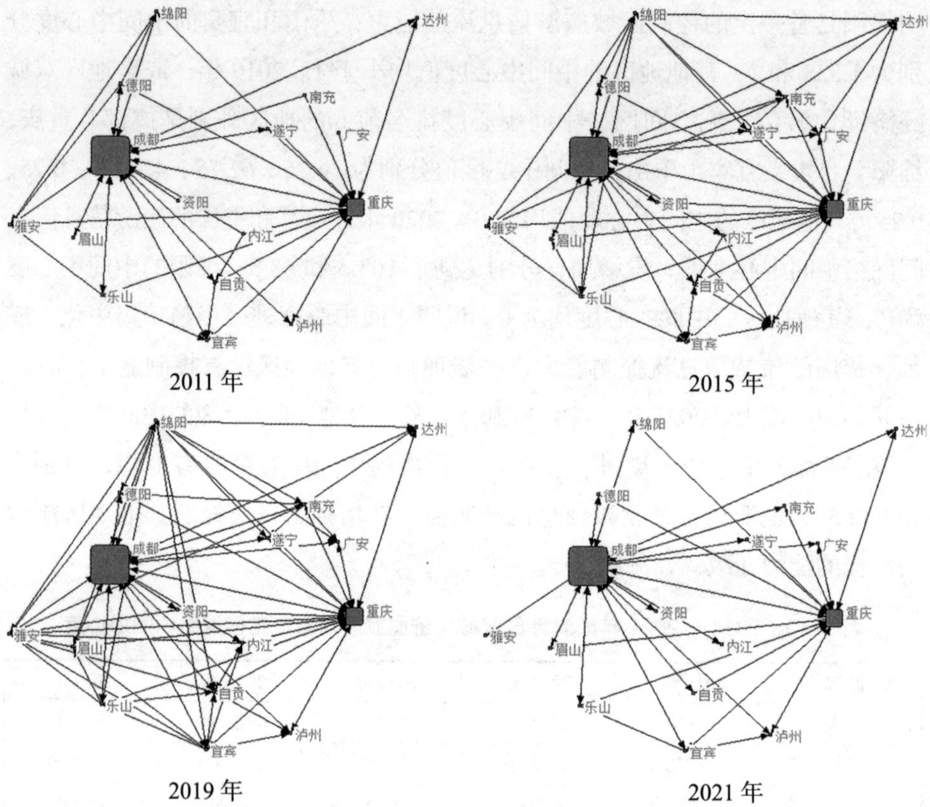

图 5-5　2011—2021 年成渝地区双城经济圈旅游信息流空间网络中间中心度

（三）接近中心度分析

接近中心度显示个体之间的紧密关系，如果一个节点与网络中所有其他点的距离都很短，则称该节点具有较高的接近中心度。接近中心度测量的是旅游信息流空间网络节点免受其他节点“控制”的能力。接近中心度的值越大，说明该点越不是网络的核心点；接近中心度值较小，能以最短的路径到达其他点，在网络中处于比较核心的位置。从表 5-14 可以看出，2011 年，成渝地区双城经济圈旅游信息流空间网络中，成都具有最高的接近中心度，接近中心度值为 16，说明成都和区域内其他地区旅游信息流空间流动的距离最短，处于旅游信息流空间网络的核心位置；其次是重庆，接近中心度值为 17，不受其他地区旅游信息流控制的能力也较强；广安、资阳、眉山的接近中心度最低，旅游信息流的空间流动较大程度地受其他地区的影响。2015 年，成都、重庆的接近中心度值均为 15，在旅游信息流空间网络中拥有最高的接近中心度，旅游信息流不受其他地区影响的能力最强；其他地区的接近中心度值较为接近，整体差距不大。2019 年，成都、重庆的接近中心度仍然处于区域最高的水平，其次是绵阳、雅安，接近中心度值均小于 20，和区域旅游信息流空间网络中其他地区的距离较短；资阳、广安、达州、遂宁、泸州的接近中心度值较大，说明这几个地区的旅游信息流到达其他地区的距离较远。2020—2021 年，除成都、重庆外的其他地区，接近中心度的值差异较小；2020 年，成都的接近中心度值为 15，重庆的接近中心度值为 16；2021 年，成都的接近中心度值为 15，重庆的接近中心度值为 18，见图 5-6。

表 5-14 2011—2021 年成渝地区双城经济圈旅游信息流空间网络接近中心度

区域	2011 年	2015 年	2019 年	2020 年	2021 年
重庆	17	15	15	16	18
成都	16	15	15	15	15
自贡	26	25	22	27	28
泸州	28	25	26	27	27
德阳	26	27	25	27	28
绵阳	26	22	18	26	28
遂宁	28	26	26	28	28
内江	27	26	25	28	29
乐山	26	24	23	28	27
南充	28	23	22	27	28
眉山	30	27	24	29	28
宜宾	26	25	21	26	26
广安	31	26	26	28	28
达州	28	25	26	28	28
雅安	25	25	19	28	29
资阳	30	28	27	28	29

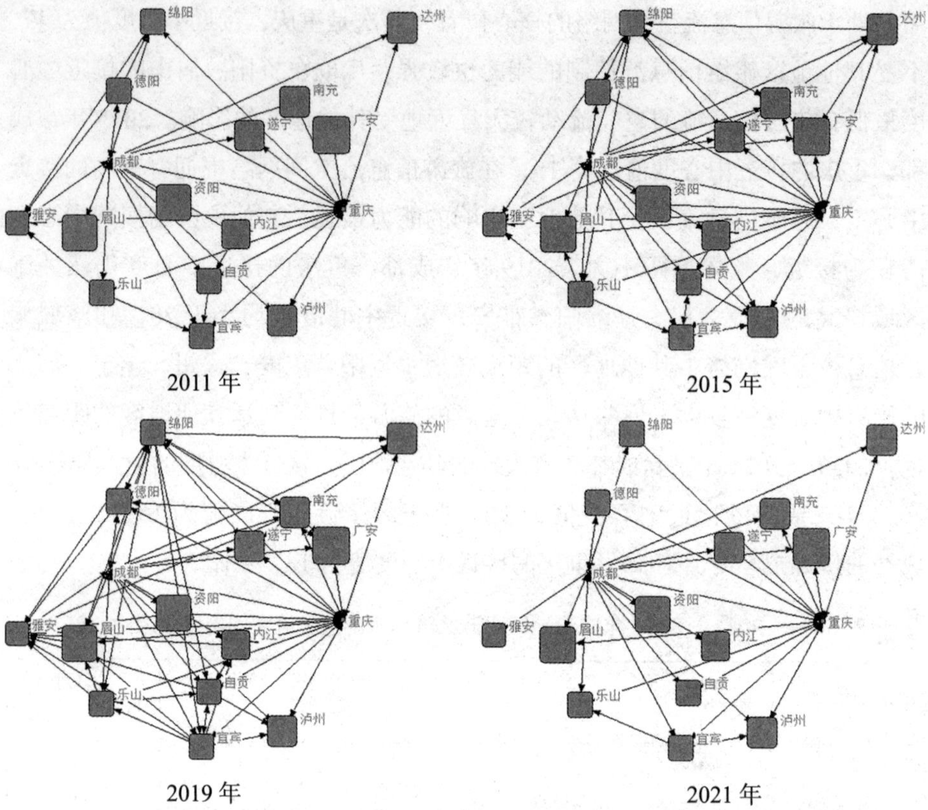

图 5-6　2011—2021 年成渝地区双城经济圈旅游信息流空间网络接近中心度

三、旅游信息流空间网络结构洞水平分析

从表 5-15 可见，在成渝地区双城经济圈旅游信息流网络结构洞水平评价指标中，2011—2019 年，成都的有效规模、效率性值在 16 个地区中均处于最高的位置，说明成都在成渝地区双城经济圈旅游信息流网络中的行动最自由、行动效率也最高；旅游信息流受其他市（州）的限制影响较小，拥有最高的结构洞水平。2011 年成都的有效规模、效率性、限制度分别为 11.94、0.853、0.254，2015 年为 11.8、0.787、0.241，2019 年为 10.8、0.72、0.247。

重庆的结构洞水平在成渝地区双城经济圈旅游信息流空间网络中处于第二的位置，仅次于成都，说明其旅游信息流空间流动也较为自由，受其他地区的影响较小；2011 年重庆的有效规模、效率性、限制度分别为 10.571、0.813、0.319，2015 年 为 11.389、0.759、0.275，2019 年 为 10.638、0.709、0.258。2011—2019 年，自贡、绵阳、南充、宜宾、雅安的旅游信息流空间网络结构洞水平呈现明显的增长趋势，旅游信息流空间网络的有效规模和行动效率持续增长，限制度在明显减小，旅游信息流空间交换的能力在不断增强。

表 5-15　2011—2019 年成渝地区双城经济圈旅游信息流空间网络结构洞水平分析

区域	2011 年			2015 年			2019 年		
	有效规模	效率性	限制度	有效规模	效率性	限制度	有效规模	效率性	限制度
重庆	10.571	0.813	0.319	11.389	0.759	0.275	10.638	0.709	0.258
成都	11.940	0.853	0.254	11.800	0.787	0.241	10.800	0.720	0.247
自贡	1.500	0.375	0.803	1.500	0.300	0.677	3.385	0.423	0.461
泸州	1.000	0.500	1.125	1.500	0.300	0.677	1.000	0.25	0.814
德阳	1.400	0.35	0.841	1.000	0.333	0.970	1.313	0.262	0.677
绵阳	1.667	0.417	0.797	4.042	0.505	0.481	6.469	0.539	0.362
遂宁	1.000	0.500	1.125	1.000	0.250	0.814	1.000	0.250	0.814
内江	1.000	0.333	1.08	1.167	0.292	0.818	1.313	0.262	0.677
乐山	1.583	0.396	0.818	2.563	0.427	0.639	2.200	0.314	0.524
南充	1.000	0.500	1.389	2.850	0.407	0.548	3.273	0.409	0.503
眉山	1.000	1.000	1.000	1.000	0.333	1.024	1.750	0.292	0.608
宜宾	1.333	0.333	0.827	1.889	0.378	0.659	3.542	0.394	0.443
广安	1.000	1.000	1.000	1.167	0.292	0.818	1.000	0.250	0.814
达州	1.000	0.500	1.125	1.429	0.286	0.701	1.000	0.250	0.814
雅安	2.000	0.400	0.719	1.429	0.286	0.701	5.192	0.472	0.388
资阳	1.000	1.000	1.000	1.000	0.50	1.235	1.000	0.333	1.024

2011 年，成渝地区双城经济圈除成都、重庆外的其他地区，旅游信息流空间网络的有效规模均较低，排名第三的雅安的有效规模值仅为 2，绵阳、乐山、自贡、德阳、宜宾的有效规模值分别为 1.667、1.583、1.5、1.4、1.333，

其他地区的有效规模值均为 1，旅游信息流空间网络结构洞水平均偏低；眉山、广安、资阳的有效规模、效率性、限制度均为 1，三个地区在区域旅游信息流空间网络中的行动完全没有自由，广安的旅游信息流流动完全被重庆所控制和影响，眉山、资阳的旅游信息流流动均被成都完全限制和影响，其他地区的旅游信息流主要受到重庆和成都的限制，详见表 5-16。2015 年，绵阳的旅游信息流空间网络结构洞排名第三，仅次于成都和重庆，拥有较好的旅游信息流空间交换能力，在旅游信息流空间网络中的行动也较自由，受其他地区的限制也较小；南充、乐山在区域整体中的结构洞水平相对也较高，处于第四、第五的位置；资阳、眉山的限制度处于区域最高的水平，旅游信息流空间交换受其他地区的影响最大，详见表 5-17。2019 年，成都、重庆、绵阳、雅安、宜宾、自贡、南充、乐山拥有较高的结构洞水平，旅游信息流空间网络有效规模、效率性、限制度在成渝地区双城经济圈旅游信息流空间网络中均处于较优的位置；达州、广安、遂宁、泸州在旅游信息流空间网络中的行动效率最低，资阳在旅游信息流空间网络中的限制度最高，详见表 5-18。

表 5-16　2011 年成渝地区双城经济圈旅游信息流空间网络限制度分析

	重庆	成都	自贯	泸州	德阳	绵阳	遂宁	内江	乐山	南充	眉山	宜宾	广安	达州	雅安	资阳
重庆	0.00	0.19	0.02	0.01	0.01	0.01	0.01	0.00	0.02	0.00	0.00	0.02	0.00	0.01	0.01	0.00
成都	0.14	0.00	0.01	0.01	0.01	0.01	0.01	0.00	0.01	0.00	0.01	0.01	0.00	0.01	0.02	0.00
自贯	0.30	0.30	0.00	0.00	0.00	0.00	0.00	0.07	0.00	0.00	0.00	0.13	0.00	0.00	0.00	0.00
泸州	0.56	0.56	0.00	0.00	0.00	0.00	0.00	0.00	0.00	0.00	0.00	0.00	0.00	0.00	0.00	0.00
德阳	0.17	0.38	0.00	0.00	0.00	0.17	0.00	0.00	0.00	0.00	0.00	0.00	0.00	0.00	0.13	0.00
绵阳	0.23	0.33	0.00	0.00	0.11	0.00	0.00	0.00	0.00	0.00	0.00	0.00	0.00	0.00	0.11	0.00
遂宁	0.56	0.56	0.00	0.00	0.00	0.00	0.00	0.00	0.00	0.00	0.00	0.00	0.00	0.00	0.00	0.00
内江	0.36	0.36	0.36	0.00	0.00	0.00	0.00	0.00	0.00	0.00	0.00	0.00	0.00	0.00	0.00	0.00
乐山	0.28	0.33	0.00	0.00	0.00	0.00	0.00	0.00	0.00	0.00	0.00	0.12	0.00	0.00	0.09	0.00
南充	0.69	0.69	0.00	0.00	0.00	0.00	0.00	0.00	0.00	0.00	0.00	0.00	0.00	0.00	0.00	0.00
眉山	0.00	1.00	0.00	0.00	0.00	0.00	0.00	0.00	0.00	0.00	0.00	0.00	0.00	0.00	0.00	0.00

续表

	重庆	成都	自贯	泸州	德阳	绵阳	遂宁	内江	乐山	南充	眉山	宜宾	广安	达州	雅安	资阳
宜宾	0.30	0.30	0.11	0.00	0.00	0.00	0.00	0.00	0.11	0.00	0.00	0.00	0.00	0.00	0.00	0.00
广安	1.00	0.00	0.00	0.00	0.00	0.00	0.00	0.00	0.00	0.00	0.00	0.00	0.00	0.00	0.00	0.00
达州	0.56	0.56	0.00	0.00	0.00	0.00	0.00	0.00	0.00	0.00	0.00	0.00	0.00	0.00	0.00	0.00
雅安	0.15	0.32	0.00	0.00	0.08	0.10	0.00	0.00	0.08	0.00	0.00	0.00	0.00	0.00	0.00	0.00
资阳	0.00	1.00	0.00	0.00	0.00	0.00	0.00	0.00	0.00	0.00	0.00	0.00	0.00	0.00	0.00	0.00

表 5-17 2015 年成渝地区双城经济圈旅游信息流空间网络限制度分析

	重庆	成都	自贯	泸州	德阳	绵阳	遂宁	内江	乐山	南充	眉山	宜宾	广安	达州	雅安	资阳
重庆	0.00	0.12	0.01	0.01	0.00	0.02	0.01	0.01	0.01	0.02	0.00	0.02	0.01	0.01	0.01	0.00
成都	0.10	0.00	0.01	0.01	0.01	0.02	0.01	0.01	0.01	0.02	0.01	0.01	0.01	0.01	0.01	0.00
自贯	0.19	0.19	0.00	0.10	0.00	0.00	0.00	0.06	0.00	0.00	0.00	0.15	0.00	0.00	0.00	0.00
泸州	0.19	0.19	0.10	0.00	0.00	0.00	0.00	0.06	0.00	0.00	0.00	0.15	0.00	0.00	0.00	0.00
德阳	0.22	0.38	0.00	0.00	0.00	0.38	0.00	0.00	0.00	0.00	0.00	0.00	0.00	0.00	0.00	0.00
绵阳	0.13	0.16	0.00	0.00	0.04	0.00	0.02	0.00	0.02	0.06	0.00	0.00	0.00	0.02	0.03	0.00
遂宁	0.26	0.26	0.00	0.00	0.00	0.15	0.00	0.00	0.00	0.15	0.00	0.00	0.00	0.00	0.00	0.00
内江	0.28	0.28	0.13	0.13	0.00	0.00	0.00	0.00	0.00	0.00	0.00	0.00	0.00	0.00	0.00	0.00
乐山	0.21	0.24	0.00	0.00	0.00	0.05	0.00	0.00	0.00	0.00	0.04	0.04	0.00	0.00	0.05	0.00
南充	0.16	0.16	0.00	0.00	0.00	0.09	0.03	0.00	0.00	0.00	0.00	0.00	0.03	0.04	0.03	0.00
眉山	0.27	0.49	0.00	0.00	0.00	0.00	0.00	0.00	0.27	0.00	0.00	0.00	0.00	0.00	0.00	0.00
宜宾	0.19	0.19	0.12	0.12	0.00	0.00	0.00	0.00	0.04	0.00	0.00	0.00	0.00	0.00	0.00	0.00
广安	0.28	0.28	0.00	0.00	0.00	0.00	0.00	0.00	0.00	0.13	0.00	0.00	0.00	0.13	0.00	0.00
达州	0.22	0.22	0.00	0.00	0.00	0.09	0.00	0.00	0.00	0.10	0.00	0.00	0.08	0.00	0.00	0.00
雅安	0.22	0.22	0.00	0.00	0.00	0.10	0.00	0.00	0.00	0.08	0.09	0.00	0.00	0.00	0.00	0.00
资阳	0.44	0.79	0.00	0.00	0.00	0.00	0.00	0.00	0.00	0.00	0.00	0.00	0.00	0.00	0.00	0.00

表 5-18　2019 年成渝地区双城经济圈旅游信息流空间网络限制度分析

	重庆	成都	自贯	泸州	德阳	绵阳	遂宁	内江	乐山	南充	眉山	宜宾	广安	达州	雅安	资阳
重庆	0.00	0.09	0.02	0.01	0.01	0.03	0.01	0.01	0.01	0.02	0.01	0.02	0.01	0.01	0.02	0.01
成都	0.08	0.00	0.02	0.01	0.01	0.03	0.01	0.01	0.01	0.02	0.01	0.02	0.01	0.01	0.02	0.01
自贯	0.11	0.11	0.00	0.02	0.00	0.02	0.00	0.05	0.05	0.00	0.00	0.07	0.00	0.00	0.03	0.00
泸州	0.26	0.26	0.15	0.00	0.00	0.00	0.00	0.00	0.00	0.00	0.00	0.15	0.00	0.00	0.00	0.00
德阳	0.18	0.18	0.00	0.00	0.00	0.16	0.00	0.00	0.00	0.09	0.00	0.00	0.00	0.00	0.07	0.00
绵阳	0.10	0.10	0.01	0.00	0.03	0.00	0.01	0.00	0.01	0.04	0.01	0.01	0.01	0.01	0.02	0.00
遂宁	0.26	0.26	0.00	0.00	0.00	0.15	0.00	0.00	0.00	0.15	0.00	0.00	0.00	0.00	0.00	0.00
内江	0.18	0.18	0.16	0.00	0.00	0.00	0.00	0.00	0.00	0.00	0.00	0.09	0.00	0.00	0.07	0.00
乐山	0.13	0.13	0.09	0.00	0.00	0.04	0.00	0.00	0.00	0.00	0.04	0.05	0.00	0.00	0.04	0.00
南充	0.14	0.14	0.00	0.00	0.03	0.10	0.02	0.00	0.00	0.00	0.00	0.00	0.02	0.02	0.03	0.00
眉山	0.17	0.17	0.00	0.00	0.00	0.07	0.00	0.00	0.07	0.00	0.00	0.07	0.00	0.00	0.07	0.00
宜宾	0.11	0.11	0.07	0.02	0.00	0.03	0.00	0.02	0.03	0.00	0.02	0.00	0.00	0.00	0.03	0.00
广安	0.26	0.26	0.00	0.00	0.00	0.15	0.00	0.00	0.00	0.15	0.00	0.00	0.00	0.00	0.00	0.00
达州	0.26	0.26	0.00	0.00	0.00	0.15	0.00	0.00	0.00	0.15	0.00	0.00	0.00	0.00	0.00	0.00
雅安	0.10	0.11	0.03	0.00	0.02	0.03	0.00	0.02	0.02	0.02	0.02	0.02	0.00	0.00	0.00	0.01
资阳	0.27	0.49	0.00	0.00	0.00	0.00	0.00	0.00	0.00	0.00	0.00	0.00	0.00	0.00	0.27	0.00

受到新冠疫情的影响，2020 年成渝地区双城经济圈旅游信息流的流动减少，除成都、重庆的有效规模和效率性值有上升外，其他地区的旅游信息流结构洞水平呈现明显的下降趋势。成都、重庆的旅游信息流行动效率有略微提升，但受其他地区影响的限制度有增加，在区域旅游信息流空间网络中的自由度有下降。从表 5-19 可以看出绵阳、宜宾的有效规模值分别为 1.583 和 1.333，其他地区的有效规模值均为 1，限制度也较高，说明这些地区的旅游信息流流动效率较低，在旅游信息流空间交换中处于弱势地位，详见表 5-20。2021 年，成都的旅游信息流空间网络有效规模、效率性值略有增加，限制度也在减小，说明成都在旅游信息流空间网络中的优势地位进一步加强；重庆的旅游信息流空间网络结构洞水平略有下降，在区域旅游信息流空间网络中的行动效率和自由度均有所下降，受其他地区影响的限制度也在增加。内江、

雅安、资阳的旅游信息流空间移动完全被成都所限制，自贡、泸州、遂宁、南充、达州的旅游信息流受成都、重庆限制的程度较为接近，德阳、绵阳、眉山的旅游信息流流动受成都的限制更为明显，广安则是受重庆的限制更为明显，详见表 5-21。

表 5-19 2020—2021 年成渝地区双城经济圈旅游信息流空间网络结构洞水平分析

区域	2020 年				2021 年			
	有效规模	效率性	限制度	等级	有效规模	效率性	限制度	等级
重庆	11.84	0.846	0.333	0.489	9.925	0.827	0.386	0.493
成都	13.089	0.873	0.278	0.455	13.537	0.902	0.233	0.424
自贡	1.000	0.333	0.97	0.026	1.000	0.500	1.125	0.000
泸州	1.000	0.333	0.97	0.026	1.000	0.333	0.970	0.026
德阳	1.000	0.333	1.024	0.041	1.000	0.500	1.235	0.057
绵阳	1.583	0.396	0.818	0.096	1.000	0.500	1.235	0.057
遂宁	1.000	0.500	1.125	0.000	1.000	0.500	1.389	0.000
内江	1.000	0.500	1.125	0.000	1.000	1.000	1.000	1.000
乐山	1.000	0.500	1.125	0.000	1.000	0.333	0.970	0.026
南充	1.000	0.333	0.970	0.026	1.000	0.500	1.125	0.000
眉山	1.000	1.000	1.000	1.000	1.000	0.500	1.235	0.057
宜宾	1.333	0.333	0.827	0.080	1.333	0.333	0.827	0.080
广安	1.000	0.500	1.235	0.057	1.000	0.500	1.235	0.057
达州	1.000	0.500	1.125	0.000	1.000	0.500	1.125	0.000
雅安	1.000	0.500	1.389	0.000	1.000	1.000	1.000	1.000
资阳	1.000	0.500	1.235	0.057	1.000	1.000	1.000	1.000

表 5-20 2020 年成渝地区双城经济圈旅游信息流空间网络限制度分析

	重庆	成都	自贯	泸州	德阳	绵阳	遂宁	内江	乐山	南充	眉山	宜宾	广安	达州	雅安	资阳
重庆	0.00	0.23	0.01	0.01	0.00	0.01	0.01	0.01	0.01	0.01	0.00	0.01	0.01	0.01	0.00	0.00
成都	0.19	0.00	0.01	0.01	0.01	0.01	0.01	0.01	0.01	0.01	0.01	0.01	0.00	0.01	0.00	0.01
自贯	0.38	0.38	0.00	0.00	0.00	0.00	0.00	0.00	0.00	0.00	0.00	0.22	0.00	0.00	0.00	0.00

续表

	重庆	成都	自贯	泸州	德阳	绵阳	遂宁	内江	乐山	南充	眉山	宜宾	广安	达州	雅安	资阳
泸州	0.38	0.38	0.00	0.00	0.00	0.00	0.00	0.00	0.00	0.00	0.00	0.22	0.00	0.00	0.00	0.00
德阳	0.27	0.49	0.00	0.00	0.00	0.27	0.00	0.00	0.00	0.00	0.00	0.00	0.00	0.00	0.00	0.00
绵阳	0.28	0.33	0.00	0.00	0.09	0.00	0.00	0.00	0.00	0.12	0.00	0.00	0.00	0.00	0.00	0.00
遂宁	0.56	0.56	0.00	0.00	0.00	0.00	0.00	0.00	0.00	0.00	0.00	0.00	0.00	0.00	0.00	0.00
内江	0.56	0.56	0.00	0.00	0.00	0.00	0.00	0.00	0.00	0.00	0.00	0.00	0.00	0.00	0.00	0.00
乐山	0.56	0.56	0.00	0.00	0.00	0.00	0.00	0.00	0.00	0.00	0.00	0.00	0.00	0.00	0.00	0.00
南充	0.38	0.38	0.00	0.00	0.00	0.00	0.22	0.00	0.00	0.00	0.00	0.00	0.00	0.00	0.00	0.00
眉山	0.00	0.10	0.00	0.00	0.00	0.00	0.00	0.00	0.00	0.00	0.00	0.00	0.00	0.00	0.00	0.00
宜宾	0.30	0.30	0.11	0.11	0.00	0.00	0.00	0.00	0.00	0.00	0.00	0.00	0.00	0.00	0.00	0.00
广安	0.79	0.44	0.00	0.00	0.00	0.00	0.00	0.00	0.00	0.00	0.00	0.00	0.00	0.00	0.00	0.00
达州	0.56	0.56	0.00	0.00	0.00	0.00	0.00	0.00	0.00	0.00	0.00	0.00	0.00	0.00	0.00	0.00
雅安	0.69	0.69	0.00	0.00	0.00	0.00	0.00	0.00	0.00	0.00	0.00	0.00	0.00	0.00	0.00	0.00
资阳	0.44	0.79	0.00	0.00	0.00	0.00	0.00	0.00	0.00	0.00	0.00	0.00	0.00	0.00	0.00	0.00

表 5-21　2021 年成渝地区双城经济圈旅游信息流空间网络限制度分析

	重庆	成都	自贯	泸州	德阳	绵阳	遂宁	内江	乐山	南充	眉山	宜宾	广安	达州	雅安	资阳
重庆	0.00	0.27	0.01	0.02	0.00	0.00	0.00	0.00	0.02	0.01	0.00	0.02	0.01	0.01	0.00	0.00
成都	0.15	0.00	0.01	0.01	0.01	0.01	0.00	0.01	0.01	0.01	0.01	0.01	0.00	0.01	0.00	0.01
自贯	0.56	0.56	0.00	0.00	0.00	0.00	0.00	0.00	0.00	0.00	0.00	0.00	0.00	0.00	0.00	0.00
泸州	0.38	0.38	0.00	0.00	0.00	0.00	0.00	0.00	0.00	0.00	0.00	0.22	0.00	0.00	0.00	0.00
德阳	0.44	0.79	0.00	0.00	0.00	0.00	0.00	0.00	0.00	0.00	0.00	0.00	0.00	0.00	0.00	0.00
绵阳	0.44	0.79	0.00	0.00	0.00	0.00	0.00	0.00	0.00	0.00	0.00	0.00	0.00	0.00	0.00	0.00
遂宁	0.69	0.69	0.00	0.00	0.00	0.00	0.00	0.00	0.00	0.00	0.00	0.00	0.00	0.00	0.00	0.00
内江	0.00	1.00	0.00	0.00	0.00	0.00	0.00	0.00	0.00	0.00	0.00	0.00	0.00	0.00	0.00	0.00
乐山	0.38	0.38	0.00	0.00	0.00	0.00	0.00	0.00	0.00	0.00	0.00	0.22	0.00	0.00	0.00	0.00
南充	0.56	0.56	0.00	0.00	0.00	0.00	0.00	0.00	0.00	0.00	0.00	0.00	0.00	0.00	0.00	0.00
眉山	0.44	0.79	0.00	0.00	0.00	0.00	0.00	0.00	0.00	0.00	0.00	0.00	0.00	0.00	0.00	0.00
宜宾	0.30	0.30	0.00	0.11	0.00	0.00	0.00	0.00	0.11	0.00	0.00	0.00	0.00	0.00	0.00	0.00

续表

	重庆	成都	自贯	泸州	德阳	绵阳	遂宁	内江	乐山	南充	眉山	宜宾	广安	达州	雅安	资阳
广安	0.79	0.44	0.00	0.00	0.00	0.00	0.00	0.00	0.00	0.00	0.00	0.00	0.00	0.00	0.00	0.00
达州	0.56	0.56	0.00	0.00	0.00	0.00	0.00	0.00	0.00	0.00	0.00	0.00	0.00	0.00	0.00	0.00
雅安	0.00	1.00	0.00	0.00	0.00	0.00	0.00	0.00	0.00	0.00	0.00	0.00	0.00	0.00	0.00	0.00
资阳	0.00	1.00	0.00	0.00	0.00	0.00	0.00	0.00	0.00	0.00	0.00	0.00	0.00	0.00	0.00	0.00

四、旅游信息流空间网络“核心—边缘”结构分析

研究对 2011—2021 年成渝地区双城经济圈旅游信息流空间网络进行“核心—边缘”结构分析，详见表 5-22、表 5-23。2011 年，成渝地区双城经济圈旅游信息流空间网络“核心—边缘”结构的初始拟合度值为 0.462，最终拟合值为 0.749，拟合度较好，说明成渝地区双城经济圈旅游信息流空间网络存在明显“核心—边缘”结构，重庆、成都、自贡、德阳、绵阳处于旅游信息流空间网络的核心位置，泸州、遂宁、内江、乐山、南充、眉山、宜宾、广安、达州、雅安、资阳处于空间网络的边缘位置。核心区内地区之间的旅游信息流交往较为密切，关系密度为 0.700；边缘区内市（州）之间的关系密度为 0.018，说明边缘区内部之间的旅游信息流联系较弱；核心区到边缘区的关系密度为 0.291，边缘区到核心区的关系密度为 0.345，说明核心区与边缘区之间的旅游信息流互动不强。

表 5-22　2011—2021 年成渝地区双城经济圈旅游信息流空间网络关系密度

年份	核心区	核心区→边缘区	边缘区→核心区	边缘区
2011	0.700	0.291	0.345	0.018
2015	0.619	0.429	0.381	0.014
2019	0.653	0.413	0.317	0.000
2020	0.833	0.438	0.458	0.015
2021	0.833	0.417	0.354	0.000

表 5-23　2011—2021 年成渝地区双城经济圈旅游信息流空间网络“核心—边缘”结构

年份	位置	区域
2011	核心区	重庆　成都　自贡　德阳　绵阳
	边缘区	泸州　遂宁　内江　乐山　南充　眉山　宜宾　广安　达州　雅安　资阳
2015	核心区	重庆　成都　自贡　泸州　绵阳　乐山　南充
	边缘区	德阳　遂宁　内江　眉山　宜宾　广安　达州　雅安　资阳
2019	核心区	重庆　成都　自贡　泸州　绵阳　乐山　南充　宜宾　雅安
	边缘区	德阳　遂宁　内江　眉山　广安　达州　资阳
2020	核心区	重庆　成都　自贡　泸州
	边缘区	德阳　绵阳　遂宁　内江　乐山　南充　眉山　宜宾　广安　达州　雅安　资阳
2021	核心区	重庆　成都　自贡　宜宾
	边缘区	泸州　德阳　绵阳　遂宁　内江　乐山　南充　眉山　广安　达州　雅安　资阳

2015 年，成渝地区双城经济圈旅游信息流空间网络“核心—边缘”结构的初始拟合度值为 0.264，最终拟合值为 0.687；相比 2011 年，核心区内地区的数量增加，边缘区内的地区数量减少；重庆、成都、自贡、泸州、绵阳、乐山、南充处于旅游信息流空间网络的核心位置，德阳、遂宁、内江、眉山、宜宾、广安、达州、雅安、资阳处于空间网络的边缘位置。核心区内地区之间的关系密度为 0.619，边缘区内市（州）之间的关系密度为 0.014，核心区、边缘内地区之间的联系均有细微的减弱；核心区到边缘区的关系密度为 0.429，边缘区到核心区的关系密度为 0.381，说明核心区对边缘区的旅游信息流辐射在增强。

2019 年，成渝地区双城经济圈旅游信息流空间网络“核心—边缘”结构的初始拟合度值为 0.205，最终拟合值为 0.640，旅游信息流空间网络仍存在明显的“核心—边缘结构”；相比 2015 年，核心区内地区的数量进一步增加，重庆、成都、自贡、泸州、绵阳、乐山、南充、宜宾、雅安处于旅游信息流空间网络的核心位置，德阳、遂宁、内江、眉山、广安、达州、资阳处于空间网络的边缘位置。核心区内地区之间的关系密度为 0.653，边缘区内市（州）之间的关系密度为 0.000；核心区到边缘区的关系密度为 0.413，边缘区到核心区的关系密度为 0.317，说明核心区对边缘区的旅游信息流辐射在增强。

2020 年、2021 年成渝地区双城经济圈旅游信息流空间网络“核心—边缘”结构的初始拟合度值分别为 0.571、0.703，最终拟合值分别为 0.818、0.906，拟合度值相比 2019 年之前明显增加，说明新冠疫情的影响使得成渝地区旅游信息流空间网络的“核心—边缘”结构愈加明显。2020 年，重庆、成都、自贡、泸州处于旅游信息流空间网络的核心位置，核心区内的关系密度为 0.833，核心区到边缘区的关系密度为 0.438，边缘区对核心区的关系密度为 0.458，说明核心区内地区间的旅游信息流交往较为密切，且核心区与边缘区之间的旅游信息流互动较好；2021 年，重庆、成都、自贡、宜宾处于旅游信息流空间网络的核心位置，泸州、德阳、绵阳、遂宁、内江、乐山、南充、眉山、广安、达州、雅安、资阳处于旅游信息流空间网络的边缘位置，边缘区内的地区之间的关系密度为 0。

五、旅游信息流空间网络权力地位评价

权力地位主要用来评价和衡量某一地区在整体旅游信息流空间网络中的影响力，主要通过度数中心度、中间中心度和接近中心度来综合评价，其具体计算公式如下：

$$N_i=aDC_i+bBC_i+cCC_i \tag{5-8}$$

其中，N_i 值越大说明地区 i 的权力地位越高，在旅游信息流空间网络中的影响力越大；DC_i、BC_i、CC_i 分别代表市（州）i 的度数中心度、中间中心度和接近中心度，a、b、c 分别代表度数中心度、中间中心度和接近中心度的权重。研究认为在旅游信息流空间网络的权力地位中，三者同等重要，因此将三者的权重均赋值为 1/3。为了消除指标间量纲的差异和数据尺寸、大小的影响，在对旅游信息流空间网络权力地位计算前对度数中心度、中间中心度、接近中心度的数值进行标准化处理。按照上述公式进行计算，得出 2011—2021 年

成渝地区双城经济圈旅游信息流空间网络 16 个地区的权力地位评价值。

从表 5-24 可以看出，2011—2019 年成渝地区双城经济圈旅游信息流空间网络权力地位评价整体均值由 0.192 增加到 0.266，标准差从 0.279 增加到 0.307，说明成渝地区旅游信息流空间网络权力地位总体呈现上升的趋势，且不同地区间的旅游信息流空间交换差异也更明显；2020—2021 年，成渝地区双城经济圈旅游信息流空间网络权力地位评价整体均值有明显的下降，2020 年、2021 年的网络权力评价均值分别为 0.163 和 0.136，标准差分别为 0.295 和 0.274，说明新冠疫情的影响使得地区间的旅游信息流网络权力差距变小。2011—2021 年，成渝地区双城经济圈旅游信息流空间网络权力地位最高的地区是成都，其空间网络权力地位评价值均为 1；重庆的网络权力地位评价值处于第二的位置，2011 年、2015 年、2019 年、2020 年、2021 年的网络权力地位评价值分别为 0.769、0.869、0.939、0.820、0.621。由于成渝地区双城经济圈旅游信息流空间网络权力评价值差异较大，相比均值，用中位数值描述区域旅游信息流网络权力地位变化更为准确。2011 年，成渝地区双城经济圈旅游信息流空间网络权力地位评价值中位数为 0.124，网络权力地位超过中位数的地区是成都、重庆、自贡、绵阳、德阳、乐山、宜宾，这些地区的网络权力地位较高；2015 年，成都、重庆、绵阳、南充、乐山、宜宾拥有较高的旅游信息流网络权力地位；2019 年，成都、重庆、绵阳、雅安、宜宾、自贡、南充、乐山拥有较高的旅游信息流网络权力地位；2020 年，成都、重庆、绵阳、宜宾拥有较高的旅游信息流网络权力地位；2021 年，成都、重庆、宜宾的旅游信息流网络权力地位最高。

表 5-24　2011—2021 年成渝地区双城经济圈旅游信息流空间网络权力地位评价分析

区域	2011 年	2015 年	2019 年	2020 年	2021 年
重庆	0.769	0.869	0.939	0.820	0.621
成都	1.000	1.000	1.000	1.000	1.000
自贡	0.147	0.124	0.244	0.074	0.037
泸州	0.064	0.124	0.044	0.074	0.074

续表

区域	2011 年	2015 年	2019 年	2020 年	2021 年
德阳	0.145	0.040	0.089	0.074	0.037
绵阳	0.145	0.274	0.476	0.116	0.037
遂宁	0.064	0.081	0.044	0.037	0.037
内江	0.104	0.081	0.089	0.037	0.000
乐山	0.145	0.171	0.185	0.037	0.074
南充	0.064	0.214	0.234	0.074	0.037
眉山	0.012	0.040	0.135	0.000	0.037
宜宾	0.145	0.127	0.289	0.113	0.113
广安	0.000	0.081	0.044	0.037	0.037
达州	0.064	0.123	0.044	0.037	0.037
雅安	0.188	0.123	0.398	0.037	0.000
资阳	0.012	0.000	0.000	0.037	0.000
均值	0.192	0.217	0.266	0.163	0.136
中位数	0.124	0.123	0.160	0.055	0.037
标准差	0.279	0.289	0.307	0.295	0.274

六、研究小结

研究使用社会网络分析方法，从网络密度、网络中心性、凝聚子群、核心—边缘结构等方面对成渝地区双城经济圈旅游信息流空间网络结构特征和权力地位进行分析，主要得到以下结论：

（一）旅游信息流空间网络整体紧密度不高

成渝地区双城经济圈旅游信息流空间网络整体密度不高，区域间的旅游信息流空间流动不紧密；旅游信息流个体网络密度差异，成都和重庆的个体网规模最高，拥有最多的旅游信息流关系总数和关系总和。2012—2018 年，旅游信息流的网络密度总体上呈现明显的增加趋势，区域间的旅游信息流交互变得更为紧密；2018 年以后，成渝地区双城经济圈旅游信息流空间网络密度呈现明显的下降趋势，成员间的网络交互距离明显增加，网络凝聚力下降明显。2011—2019 年，成渝地区双城经济圈旅游信息流空间网络的个体密度总体呈现明显的增长趋势，个体网规模、关系总数、关系总和的均值均有明显的增加，区域间的旅游信息流交互更加密切；2020—2021 年间的旅游信息流交互在减弱，旅游信息流在不同地区间的输入和输出下降明显。

（二）旅游信息流空间网络中心度差距较大

2011—2019 年间，成渝地区双城经济圈旅游信息流空间网络度数中心度整体呈现增加的趋势，区域内的 16 个地区在旅游信息流空间网络中的角色分量在增加，在区域旅游信息流空间流动交互方面承担的作用也更加明显。2019 年以后，受新冠疫情的影响，区域旅游信息流空间网络度数中心度下降明显，除成都的度数中心度没有发生变化外，其他地区的度数中心度均呈现显著的下降趋势。此外，成都、重庆拥有最高的中间中心度和度数中心度，拥有较强的控制其他地区旅游信息流流动和不受其他地区旅游信息流流动控制的能力，和区域内其他地区旅游信息流空间流动的距离最短，处于旅游信息流空间网络的核心位置；除成都和重庆外其他地区的中间中心度和接近中心度差异较小，控制其他地区旅游信息流空间移动的能力较弱。

（三）旅游信息流空间网络结构洞水平差异明显

成都在成渝地区双城经济圈旅游信息流网络中的行动最自由、行动效率也最高，旅游信息流受其他市（州）的限制较小，拥有最高的结构洞水平。重庆的结构洞水平在区域旅游信息流空间网络中处于第二的位置，说明其旅游信息流空间流动也较为自由，受其他地区的影响较小；自贡、绵阳、南充、宜宾、雅安的旅游信息流空间网络结构洞水平呈现明显的增长趋势，旅游信息流空间网络的有效规模和行动效率持续增长，限制度在明显减小，旅游信息流空间交换的能力在不断增强。受新冠疫情的影响，成渝地区双城经济圈旅游信息流的流动减少，除成都、重庆的有效规模和效率性值有上升外，其他地区的旅游信息流结构洞水平呈现明显的下降趋势，但成都、重庆在区域旅游信息流空间网络中的自由度在下降。

（四）旅游信息流空间网络存在“核心—边缘”结构

成渝地区双城经济圈旅游信息流空间网络存在明显“核心—边缘”结构，核心区内地区之间的旅游信息流交往较为密切，边缘区内部之间的旅游信息流联系较弱，核心区与边缘区之间的旅游信息流互动不强。2011—2019年间，核心区内地区的数量在增加，说明更多的地区开始在旅游信息流空间网络中扮演重要的角色；核心区与边缘区的关系密度在增加，说明核心区与边缘区内地区间的旅游信息流互动在增强。成渝地区双城经济圈旅游信息流空间网络权力地位总体呈现上升的趋势，且不同地区间的旅游信息流空间交换差异也更明显，新冠疫情的影响使得地区间的旅游信息流网络权力差距变小。成渝地区双城经济圈旅游信息流空间网络权力地位最高的地区是成都，其次是重庆，绵阳、宜宾、乐山等地也具有较高的网络权力地位。

第四节　旅游信息流空间网络的溢出效应分析

一、旅游经济空间联系强度分析

（一）旅游经济联系量空间分布分析

研究使用旅游经济联系量计算公式，对成渝地区双城经济圈16个地区的旅游经济联系量和每个地区在整个旅游经济空间网络中的旅游经济联系所占比例进行计算，具体数据见表5-25。从表中可以看出，2015—2019年成渝地区双城经济圈旅游经济联系量整体处于快速增长的趋势，2015年成渝地区双城经济圈旅游经济联系量整体均值为475.07，2019年增长到2440.46，增长率达到 413.70%，说明区域内 16 个地区间的旅游经济要素空间交往更加密切，旅游经济联系强度加大。从旅游经济联系量占比来看，成渝地区旅游经济联系量分布较为集中，不同地区间的旅游经济联系量差异较大，其中成都的旅游经济联系量占比在 2015—2019 年分别为 40.36%、39.33%、37.73%、37.90%、38.30%，重庆的旅游经济联系量占比分别为 28.89%、25.66%、26.07%、26.35%、27.25%，累计占比在 65% 左右；其他地区的旅游经济联系量占比均低于 5%，与成都、重庆的差距较为明显，说明成渝地区双城经济圈的旅游经济联系量主要集中在成都、重庆两大区域中心城市。

表 5-25　2015—2019 年成渝地区双城经济圈旅游经济联系量及占比

区域	2015 年		2016 年		2017 年		2018 年		2019 年	
	联系量	占比 /%	联系量	占比 /%	联系量	占比 /%	联系量	占比 /%	联系量	占比 /%
重庆	2195.87	28.89	3512.77	25.66	5197.29	26.07	7408.11	26.35	10639.42	27.25
成都	3067.76	40.36	5385.54	39.33	7521.31	37.73	10655.11	37.90	14955.55	38.30
自贡	269.17	3.54	553.55	4.04	816.24	4.10	1063.10	3.78	1273.62	3.26
泸州	127.47	1.68	328.62	2.40	561.61	2.82	713.53	2.54	902.10	2.31
德阳	110.58	1.45	239.98	1.75	460.25	2.31	780.67	2.78	1094.77	2.80
绵阳	229.28	3.02	491.79	3.59	775.68	3.89	1147.88	4.08	1489.52	3.81
遂宁	173.65	2.28	387.77	2.83	548.64	2.75	758.97	2.70	1062.18	2.72
内江	178.39	2.35	401.61	2.93	589.76	2.96	778.37	2.77	977.70	2.50
乐山	269.55	3.55	568.61	4.15	817.49	4.10	1096.04	3.90	1479.04	3.79
南充	209.12	2.75	426.73	3.12	594.82	2.98	867.76	3.09	1338.35	3.43
眉山	181.40	2.39	349.51	2.55	562.66	2.82	711.25	2.53	917.51	2.35
宜宾	194.72	2.56	464.21	3.39	727.28	3.65	1089.81	3.88	1493.71	3.83
广安	137.27	1.81	281.73	2.06	371.73	1.86	460.76	1.64	595.48	1.53
达州	14.12	0.19	30.77	0.22	43.44	0.22	63.10	0.22	134.96	0.35
雅安	45.47	0.60	133.88	0.98	164.78	0.83	279.31	0.99	396.72	1.02
资阳	197.36	2.60	134.70	0.98	179.12	0.90	237.34	0.84	296.71	0.76
均值	475.07		855.74		1245.76		1756.94		2440.46	

2015 年，乐山、自贡、绵阳与其他地区的旅游经济联系量分列区域的

3—5位，旅游经济联系量分别达到269.55、269.17、229.28，但是旅游经济联系量占比分别仅有3.55%、3.54%、3.02%；达州、雅安的旅游经济联系量处于区域倒数的位置，分别仅有14.12和45.47，占比分别仅为0.19%和0.60%，说明达州、雅安与区域内其他地区之间的旅游经济联系较少。2016—2018年，成都、重庆、乐山、自贡、绵阳、宜宾的旅游经济联系量占比位于区域前列，成渝地区双城经济圈的旅游经济联系主要围绕在上述几个地区；达州、雅安、资阳的旅游经济联系量占比均低于1%，在成渝地区双城经济圈旅游经济空间网络中与其他地区的互动较少。2019年，成渝地区双城经济圈旅游经济联系量占比前二的地区仍然是成都、重庆，但相比2015年有所下降；宜宾的旅游经济联系量占比为3.83%，处于区域第三的位置；绵阳、乐山、南充、自贡分列区域4—7位，旅游经济联系量占比分别为3.81%、3.79%、3.43%、3.26%；达州、资阳处于区域倒数的位置，旅游经济联系量占比仍然低于1%。

（二）旅游经济空间联系隶属度分析

研究根据公式计算成渝地区双城经济圈16个地区的旅游经济联系隶属度，以旅游经济联系隶属度10%为界，分析旅游经济联系的主要方向，详见表5-26。2015年，成都和广安、南充、遂宁是重庆旅游经济空间联系的主要方向，旅游经济联系分别占重庆旅游经济联系量的14.31%、19.13%、10.38%、10.02%，说明重庆的旅游客流主要流向成都和南遂广城镇密集区。成都的旅游经济联系方向主要集中在成都都市圈的眉山、资阳、德阳，旅游经济隶属度分别为24.87%、15.26%、13.16%；眉山的旅游经济联系方向以成都为核心，旅游经济联系隶属度超过40%。乐山的旅游经济联系方向集中在成都、自贡、雅安，旅游经济联系隶属度分别为23.45%、11.48%、11.92%。德阳、绵阳互为彼此的第一旅游经济联系方向，并共同向成都转移旅游客流。川南城镇密集区的自贡、内江、泸州、宜宾，也是彼此主要的旅游经济联系方向，内江、宜宾是自贡的旅游经济联系主要方向，泸州的旅游经济联系方向集中在自贡、内江、宜宾、重庆，宜宾的旅游经济联系方向集中在自贡、泸州、内江，自贡是内江的旅游经济第一联系地。南充、广安、遂宁互为彼此的主要旅游经济联系方向，并同时向重庆辐射旅游客流；达州和雅安在区域中的位置相对较为孤立，达州的旅游经济联系方向主要集中在临近的广安、南充、重庆，雅安的旅游经济联系方向集中在眉山、乐山、成都。

表 5-26　2015—2019 年成渝地区双城经济圈旅游经济联系方向及隶属度变化

区域	2015 年 旅游经济联系方向及隶属度	2019 年 旅游经济联系方向及隶属度
重庆	→广安（19.13%）→成都（14.31%）→南充（10.38%）→遂宁（10.02%）	→广安（16.28%）→成都（12.20%）→南充（11.62%）→遂宁（11.10%）
成都	→眉山（24.87%）→资阳（15.26%）→德阳（13.16%）	→眉山（25.20%）→德阳（17.73%）
自贡	→内江（42.85%）→宜宾（16.01%）	→内江（43.58%）→宜宾（17.89%）
泸州	→宜宾（22.01%）→自贡（18.07%）→内江（16.64%）→重庆（13.52%）	→宜宾（24.98%）→自贡（18.16%）→内江（15.95%）→重庆（13.03%）
德阳	→绵阳（40.66%）→成都（27.93%）	→绵阳（45.36%）→成都（25.26%）
绵阳	→德阳（45.10%）→成都（17.67%）	→德阳（52.01%）→成都（13.67%）
遂宁	→南充（26.54%）→重庆（11.71%）→广安（10.26%）	→南充（28.93%）→重庆（11.11%）
内江	→自贡（44.20%）→资阳（10.60%）	→自贡（46.74%）
乐山	→成都（23.45%）→自贡（11.48%）→雅安（11.92%）	→成都（20.20%）→雅安（14.90%）→自贡（11.80%）→宜宾（10.64%）
南充	→遂宁（27.76%）→广安（24.83%）→重庆（11.51%）	→遂宁（30.24%）→广安（21.89%）→重庆（11.04%）
眉山	→成都（45.57%）	→成都（41.70）%
宜宾	→自贡（28.28%）→泸州（19.65%）→内江（12.31%）	→自贡（28.64%）→泸州（20.46%）→内江（12.08%）
广安	→南充（29.75%）→重庆（28.16%）→遂宁（12.56%）	→南充（31.46%）→重庆（24.62%）→遂宁（13.52%）
达州	→广安（21.15%）→南充（17.92%）→重庆（17.71%）	→南充（19.25%）→广安（18.95%）→重庆（17.78%）
雅安	→眉山（23.01%）→乐山（19.99%）→成都（18.68%）	→眉山（23.47%）→乐山（20.99%）→成都（17.18%）
资阳	→成都（26.08%）→眉山（13.03%）→内江（12.74%）	→成都（18.12%）→内江（14.68%）→眉山（14.52%）

2015—2019 年间，成渝地区双城经济圈旅游经济联系方向及隶属度变化不大。重庆与南充、遂宁方向的旅游经济联系在加强，与广安、成都方向的旅游经济联系在减弱，广安方向的旅游经济联系隶属度最高，2019 年达到 16.28%。成都与资阳方向的旅游经济联系在减弱，旅游经济联系进一步向眉山和德阳方向集中。

南遂广城镇密集区与川南城镇密集区内部的旅游经济联系方向在加强，遂宁与南充方向的旅游经济联系方向在加强，与广安方向的旅游经济联系在减弱；内江与资阳方向的旅游经济联系在下降，与自贡的旅游经济联系在加强；南充与遂宁方向的旅游经济联系在加强，广安与南充、遂宁方向的旅游经济联系在加强。德阳、绵阳之间的旅游经济联系进一步稳固，互为对方主要的旅游经济联系方向；乐山与宜宾、雅安、自贡方向的旅游经济联系在加强，与成都的旅游经济联系隶属度略有下降；资阳与成都方向的旅游经济联系在减弱，加强了与眉山、内江之间的旅游经济联系；达州、雅安的主要旅游经济联系方向没有变化，旅游经济联系主要方向分别是南充、广安、重庆和眉山、乐山、成都，见图 5-7。

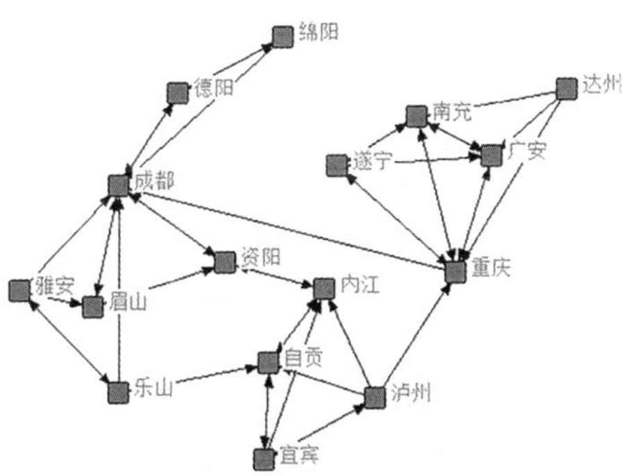

2019 年

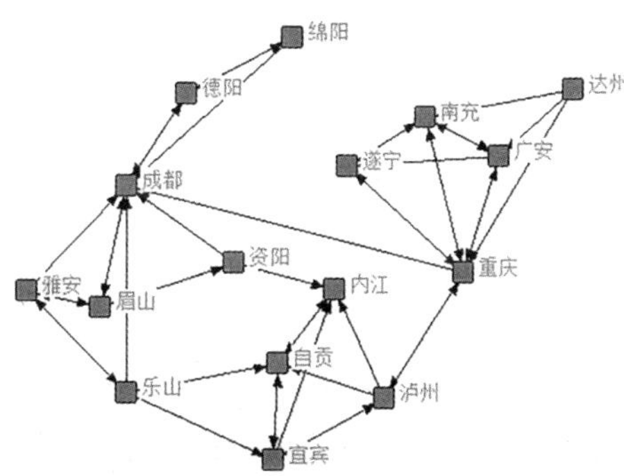

2021 年

图 5-7　2015—2019 年成渝地区双城经济圈旅游经济联系隶属度空间流向

二、旅游经济空间网络结构分析

（一）旅游经济空间网络密度分析

从表 5-27 可以看出，2015 年成渝地区双城经济圈旅游经济空间网络的整体密度为 0.0917，成员之间的平均距离为 1.267，建立在“距离”基础上的凝聚力指数为 0.108。2015—2019 年，成渝地区双城经济圈旅游经济空间网络密度总体上呈现明显的增加趋势，网络凝聚力增加明显，成员间的平均距离也在缩短，说明地区之间的旅游经济联系在加强。2019 年，成渝地区双城经济圈旅游经济空间网络的整体密度是 0.2667，成员之间的平均距离为 1.929，建立在“距离”基础上的凝聚力指数为 0.541。

表 5-27　2015—2019 年成渝地区双城经济圈旅游经济空间网络整体密度

年份	网络密度	平均距离	网络凝聚力
2015	0.0917	1.267	0.108
2016	0.1542	1.573	0.230
2017	0.2042	1.973	0.382
2018	0.2292	2.031	0.482
2019	0.2667	1.929	0.541

从表 5-28 可以看出，在成渝地区双城经济圈旅游经济空间网络个体密度中，2015 年，成都、重庆的个体网规模“Size”均为 10，说明与成都、重庆有旅游经济联系的地区有 10 个，成都、重庆的个体网络成员之间的关系总数“Ties”分别为 6 和 7，理论上存在的关系总和“Pairs”均为 90；其他地区的个体网规模均明显低于成都、重庆，自贡、内江的个体网规模是 3，与网络内其他地区存在的关系总数均为 4；遂宁、乐山、资阳的个体网规模为 2，与其他关系的关系总数为 2；泸州、南充、眉山、宜宾、广安、达州、雅安与其他地区的关系总数均为 0，说明上述地区与其他地区的旅游经济联系较差，尤其

是达州，在区域内处于孤立的位置。

表 5-28　2015—2019 年成渝地区双城经济圈旅游经济空间网络个体密度

区域	2015 年				2017 年				2019 年			
	Size	Ties	Pairs	Densit	Size	Ties	Pairs	Densit	Size	Ties	Pairs	Densit
重庆	10.00	6.00	90.00	14.84	14.00	31.00	182.00	17.03	15.00	43.00	210.00	20.48
成都	10.00	7.00	90.00	13.74	14.00	29.00	182.00	15.93	14.00	44.00	182.00	24.18
自贡	3.00	4.00	6.00	50.00	6.00	14.00	30.00	46.67	6.00	20.00	30.00	66.67
泸州	1.00	0.00	0.00	66.67	5.00	12.00	20.00	60.00	5.00	14.00	20.00	70.00
德阳	2.00	1.00	2.00	83.33	3.00	5.00	6.00	83.33	3.00	5.00	6.00	83.33
绵阳	2.00	1.00	2.00	66.67	3.00	5.00	6.00	83.33	4.00	8.00	12.00	66.67
遂宁	2.00	2.00	2.00	66.67	3.00	4.00	6.00	66.67	5.00	13.00	20.00	65.00
内江	3.00	4.00	6.00	66.67	4.00	7.00	12.00	58.33	6.00	22.00	30.00	73.33
乐山	2.00	2.00	2.00	50.00	4.00	5.00	12.00	41.67	6.00	16.00	30.00	53.33
南充	1.00	0.00	0.00	58.33	4.00	7.00	12.00	58.33	4.00	9.00	12.00	75.00
眉山	1.00	0.00	0.00	100.00	2.00	2.00	2.00	100.00	4.00	6.00	12.00	50.00
宜宾	1.00	0.00	0.00	50.00	4.00	7.00	12.00	58.33	6.00	19.00	30.00	63.33
广安	1.00	0.00	0.00	66.67	3.00	4.00	6.00	66.67	4.00	10.00	12.00	83.33
达州	0.00	0.00	0.00	0.00	1.00	0.00	0.00	0.00	1.00	0.00	0.00	0.00
雅安	1.00	0.00	0.00	100.00	2.00	2.00	2.00	100.00	4.00	8.00	12.00	66.67
资阳	2.00	2.00	2.00	100.00	2.00	2.00	2.00	100.00	3.00	5.00	6.00	83.33
均值	2.63	1.81	12.63	59.60	4.63	8.50	30.75	59.77	5.63	15.13	39.00	59.04

在 2015—2019 年间，成渝地区双城经济圈旅游经济空间网络的个体密度呈现明显的增长趋势，区域内各地区的个体网规模、关系总数、关系总和均有明显的增加，个体网、关系总数、关系总和的均值分别从 2.63、1.81、12.63 增加到了 5.63、15.13、39.00，区域间的旅游经济联系更加密切。2019 年，在旅游经济空间网络的个体规模中，重庆最高，达到了 15，说明重庆与区域内的其他地区均保持了较强的旅游经济联系；成都的个体网规模仅次于重庆，达到了 14，与区域内其他地区的关系总数为 44，略高于重庆的 43；自贡、内江、乐山、宜宾的旅游经济空间网络个体网规模均为 6，与区域

内存在旅游经济联系的地区数量为6个，低于重庆、成都，位于区域旅游经济空间网络个体密度的第二集团；达州、资阳、德阳的个体网络规模处于区域靠后的位置，与其他的旅游经济联系较弱。

（二）旅游经济空间网络中心度分析

1. 度数中心度分析

从表5-29可以看出，2015—2019年间，成渝地区双城经济圈旅游经济空间网络度数中心度整体呈现增加的趋势，区域度数中心度均值从2.625增加到5.625，进一步说明成渝地区双城经济圈内各地区在旅游经济空间网络中的角色分量在增加，在区域旅游客流空间交互方面承担的作用也更加明显。2015年，成都、重庆的度数中心度最高，处于旅游经济空间网络的核心位置，拥有最大的网络权力；自贡、内江的度数中心度为3，高于区域整体均值，是成渝地区双城经济圈旅游经济空间交换的次核心节点地区；其他地区的度数中心度值均偏低，其中达州的度数中心度为0，在区域旅游经济空间网络中的权力最低。

表5-29　2015—2019年成渝地区双城经济圈旅游经济空间网络度数中心度

区域	2015年	2016年	2017年	2018年	2019年
重庆	10	12	14	15	15
成都	10	13	14	14	14
自贡	3	4	6	6	6
泸州	1	3	5	5	5
德阳	2	2	3	3	3
绵阳	2	3	3	3	4
遂宁	2	3	3	3	5
内江	3	3	4	5	6
乐山	2	2	4	5	6
南充	1	4	4	4	4

续表

区域	2015 年	2016 年	2017 年	2018 年	2019 年
眉山	1	2	2	2	4
宜宾	1	4	4	6	6
广安	1	2	3	3	4
达州	0	1	1	1	1
雅安	1	1	2	3	4
资阳	2	1	2	2	3
均值	2.625	3.75	4.625	5	5.625

2015—2019 年间，成渝地区双城经济圈内 16 个地区的度数中心度值均有一定程度的增加，其中重庆、成都、泸州、乐山、宜宾等地的增加幅度最多，说明上述地区在成渝地区双城经济圈内的核心位置进一步得到巩固；达州、资阳、德阳的度数中心度增加较少，在区域内的旅游经济空间网络权力变化不大。2019 年，重庆的度数中心度最高，达到 15，其次是重庆，度数中心度值为 14，说明重庆和成都在区域旅游经济空间网络中的权力进一步加强，是区域旅游经济的聚焦扩散中心；除重庆、成都外，度数中心度值在区域均值以上的地区还有自贡、内江、乐山、宜宾，这些地区在成渝地区双城经济圈旅游经济空间网络中扮演重要的角色，见图 5-8。

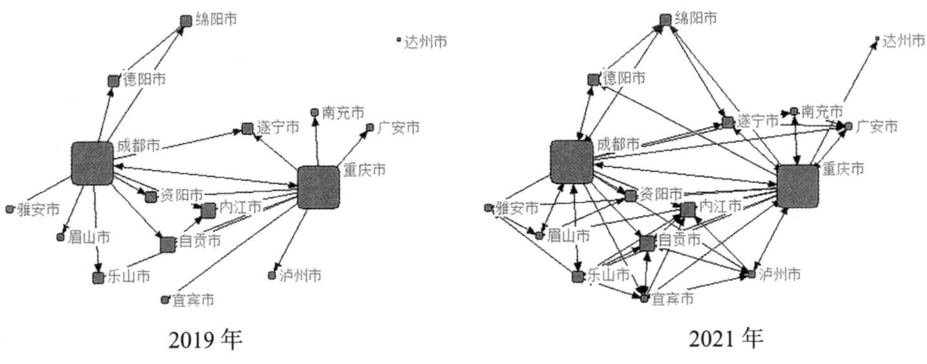

图 5-8　2015—2019 年成渝地区双城经济圈旅游经济空间网络度数中心度

2. 中间中心度分析

从表 5-30 可以看出，2015 年成渝地区双城经济圈旅游经济空间网络中，成都、重庆的中间中心度最高，均为 4，说明成都、重庆在旅游经济空间网络中拥有较大的控制其他地区的权力，在旅游客流空间移动中起到中介作用，是区域旅游客流的中转站；其他 14 个地区的中间中心度均为 0，说明其他地区对旅游客流转移的控制能力较弱。2015—2019 年间，成渝地区双城经济圈旅游经济空间网络中间中心度的均值呈现增加的趋势，中间中心度为 0 的地区数量在不断减少，说明有更多的地区参与到成渝地区双城经济圈旅游客流的空间移动中来。

表 5-30　2015—2019 年成渝地区双城经济圈旅游经济空间网络中间中心度

区域	2015 年	2016 年	2017 年	2018 年	2019 年
重庆	4	4.500	41.500	85.500	80.667
成都	4	30.500	53.000	49.667	54.333
自贡	0	3.000	3.500	14.667	14.333
泸州	0	0.000	0.500	36.000	10.333
德阳	0	0.000	0.000	0.000	0.000
绵阳	0	0.500	0.000	0.000	0.5
遂宁	0	0.000	0.000	0.000	2
内江	0	0.000	0.000	0.000	0
乐山	0	0.000	2.000	0.000	2.333
南充	0	2.500	14.500	14.500	0.500
眉山	0	0.000	0.000	0.000	14.000
宜宾	0	2.000	2.000	0.667	15.500
广安	0	0.000	26.000	0.000	0.000
达州	0	0.000	0.000	0.000	0.000
雅安	0	0.000	0.000	0.000	0.500
资阳	0	0.000	0.000	0.000	0.000
均值	0.5	2.688	8.938	12.563	12.187

2017 年，南充、广安是重庆、成都外的区域旅游客流中转点；2018 年，重庆、成都、自贡、泸州、南充是区域的旅游客流中转点；2019 年，中间中心度最高的地区是重庆，但中间中心度的值从 85.5 下降到 80.667，成都的中间中心度从 49.667 增加到 54.333，说明成都的旅游客流中转能力在加强；泸州、南充的中间中心度下降最为明显，说明其在成渝地区旅游经济空间网络中控制其他地区的能力在下降；眉山、宜宾的中间中心度增加最为明显，说明其控制其他地区的旅游客流能力提升显著；其他地区的中间中心度均较低，与其他地区的旅游经济交互较少，控制其他地区的能力较差，见图 5-9。

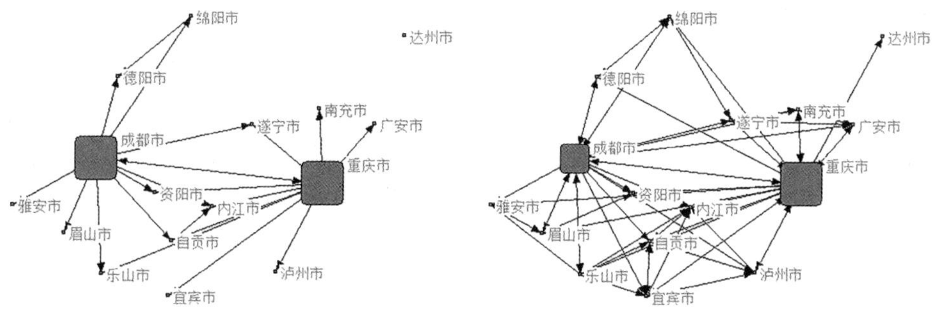

2019 年　　　　2021 年

图 5-9　2015—2019 年成渝地区双城经济圈旅游经济空间网络中间中心度

3. 接近中心度分析

从表 5-31 可以看出，2015 年成渝地区双城经济圈旅游经济空间网络中，成都、重庆具有最高的接近中心度，接近中心度值为 34，说明成都、重庆和区域内其他地区旅游经济空间流动的距离最短，处于旅游经济空间网络的核心位置；其次是自贡、内江、遂宁、乐山，接近中心度分别为 41、41、42、42，旅游经济的空间流动不受其他地区影响的能力较强。2015—2019 年，成渝地区双城经济圈旅游经济空间网络的接近中心度均值分别为 43.333、27、25.5、25、24.375，呈现逐年下降的趋势，说明区域整体旅游经济空间网络节点间的距离在缩短，旅游客流在不同地区间的空间流动更加自由。

表 5-31　2015—2019 年成渝地区双城经济圈旅游经济空间网络接近中心度

区域	2015 年	2016 年	2017 年	2018 年	2019 年
重庆	34	18	16	15	15
成都	34	17	16	16	16
自贡	41	26	24	24	24
泸州	47	27	25	25	25
德阳	46	30	27	27	27
绵阳	46	27	27	27	26
遂宁	42	27	27	27	25
内江	41	27	26	25	24
乐山	42	28	26	25	24
南充	47	26	26	26	26
眉山	47	28	28	28	26
宜宾	47	26	26	24	24
广安	47	31	27	27	26
达州		32	30	29	29
雅安	47	31	29	27	26
资阳	42	31	28	28	27
均值	43	27	26	25	24

2016 年，重庆、成都、自贡、南充、宜宾的接近中心度分别为 18、17、26、26、26；2017 年，重庆、成都、自贡、泸州的接近中心度分别为 16、16、24、25；2018 年，重庆、成都、自贡、泸州、宜宾、内江、乐山的接近中心度分别为 15、16、24、25、24、25、25；2019 年，重庆、成都、自贡、宜宾、内江、乐山的接近中心度分别为 15、16、24、24、25、25，均低于区域当年接近中心度整体均值，说明上述地区的旅游客流空间流动受其他地区的限制较少，见图 5-10。

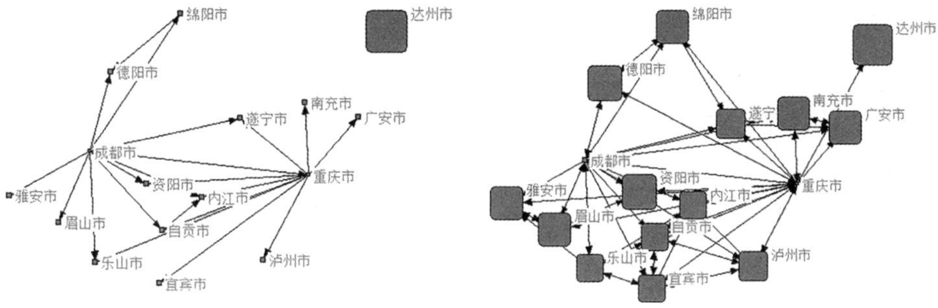

2019 年　　　　2021 年

图 5-10 2015—2019 年成渝地区双城经济圈旅游经济空间网络接近中心度

（三）旅游经济空间网络结构洞水平分析

在成渝地区双城经济圈旅游经济空间网络结构洞水平评价指标中，成都、重庆的结构洞水平要明显高于其他地区，说明成都、重庆在区域旅游经济空间网络中的行动最自由、行动效率也最高，旅游经济受其他地区的限制影响较小。从表 5-32 可以看出，2015 年重庆的有效规模、效率性、限制度指标均处于区域最优的位置，有效规模、效率性、限制度指标分别为 8.682、0.868、0.261；成都的结构洞水平略低于重庆，在区域中处于次优的位置，有效规模、效率性、限制度指标分别为 8.500、0.850、0.282；内江、自贡的旅游经济空间网络结构洞水平相等，有效规模、效率性、限制度指标值均一样；达州的有效规模为 0，其他地区的有效规模均为 1，说明这些地区旅游经济活动的自由性和效率均较差；遂宁、乐山、资阳的限制度最大，受其他地区旅游经济活动的限制最为明显。2015 年，除重庆、成都外，其他地区的限制度均较大；自贡的旅游经济受到重庆、成都、内江的限制；泸州、南充、宜宾、广安的旅游经济完全受重庆的限制，眉山、雅安的旅游经济完全被成都所限制；德阳、绵阳互相限制，并同时受成都的影响；遂宁、乐山受重庆、成都的限制，内江受成都、重庆、自贡的限制。

表 5-32　2015—2019 年成渝地区双城经济圈旅游经济空间网络结构洞水平分析

区域	2015 年			2017 年			2019 年		
	有效规模	效率性	限制度	有效规模	效率性	限制度	有效规模	效率性	限制度
重庆	8.682	0.868	0.261	11.406	0.815	0.287	11.810	0.787	0.243
成都	8.500	0.850	0.282	11.763	0.840	0.249	10.658	0.761	0.262
自贡	1.333	0.444	0.997	3.813	0.635	0.517	2.722	0.454	0.553
泸州	1.000	1.000	1.000	2.667	0.533	0.648	2.125	0.425	0.650
德阳	1.000	0.500	1.125	1.300	0.433	0.947	1.300	0.433	0.947
绵阳	1.000	0.500	1.125	1.300	0.433	0.947	2.000	0.500	0.769
遂宁	1.000	0.500	1.389	1.750	0.583	0.891	2.286	0.457	0.674
内江	1.333	0.444	0.997	1.900	0.475	0.747	2.357	0.393	0.585
乐山	1.000	0.500	1.389	2.100	0.525	0.776	3.063	0.510	0.562
南充	1.000	1.000	1.000	2.417	0.604	0.675	1.714	0.429	0.756
眉山	1.000	1.000	1.000	1.000	0.500	1.235	2.250	0.563	0.708
宜宾	1.000	1.000	1.000	2.333	0.583	0.704	2.850	0.475	0.536
广安	1.000	1.000	1.000	1.700	0.567	0.853	1.417	0.354	0.808
达州	0.000	0.000		1.000	1.000	1.000	1.000	1.000	1.000
雅安	1.000	1.000	1.000	1.000	0.500	1.389	2.100	0.525	0.777
资阳	1.000	0.500	1.389	1.000	0.500	1.389	1.333	0.444	1.049

2015—2019 年，重庆、绵阳、遂宁、内江、乐山、眉山、宜宾、雅安、资阳的旅游经济空间网络结构洞水平呈现明显的增长趋势，旅游经济空间网络的有效规模和行动效率持续增长，限制度在明显减小，旅游经济要素空间交换的能力在不断增强，其中，乐山、宜宾的结构洞水平提升最为明显。2015—2019 年，成都、自贡、泸州、南充、广安的结构洞水平虽然整体上呈现增加的趋势，但 2019 年的结构洞水平要低于 2017 年，呈现“快速增加—缓慢下降的变化趋势”；达州的结构洞水平在 2015—2019 年间均处于成渝地区双城经济圈旅游经济空间网络垫底的位置。2019 年，重庆的有效规模、效率性、限制度指标均处于区域最优的位置，拥有最强的结构洞水平，其次是成都；乐山的旅游经济空间网络结构洞水平处于区域第三的位置，有效规模、

效率性、限制度分别为 3.063、0.510、0.562，宜宾、自贡、内江、遂宁、眉山的结构洞水平也处于区域靠前的位置详见表 5-33 至表 5-37。

表 5-33 2015 年成渝地区双城经济圈旅游经济空间网络结构洞限制度分析

	重庆	成都	自贯	泸州	德阳	绵阳	遂宁	内江	乐山	南充	眉山	宜宾	广安	达州	雅安	资阳
重庆	0.00	0.14	0.02	0.01	0.00	0.00	0.01	0.02	0.01	0.01	0.00	0.01	0.01	0.00	0.00	0.01
成都	0.14	0.00	0.02	0.00	0.02	0.02	0.01	0.02	0.01	0.00	0.01	0.00	0.00	0.00	0.01	0.01
自贯	0.37	0.37	0.00	0.00	0.00	0.00	0.00	0.25	0.00	0.00	0.00	0.00	0.00	0.00	0.00	0.00
泸州	1.00	0.00	0.00	0.00	0.00	0.00	0.00	0.00	0.00	0.00	0.00	0.00	0.00	0.00	0.00	0.00
德阳	0.00	0.56	0.00	0.00	0.00	0.56	0.00	0.00	0.00	0.00	0.00	0.00	0.00	0.00	0.00	0.00
绵阳	0.00	0.56	0.00	0.00	0.56	0.00	0.00	0.00	0.00	0.00	0.00	0.00	0.00	0.00	0.00	0.00
遂宁	0.69	0.69	0.00	0.00	0.00	0.00	0.00	0.00	0.00	0.00	0.00	0.00	0.00	0.00	0.00	0.00
内江	0.37	0.37	0.25	0.00	0.00	0.00	0.00	0.00	0.00	0.00	0.00	0.00	0.00	0.00	0.00	0.00
乐山	0.69	0.69	0.00	0.00	0.00	0.00	0.00	0.00	0.00	0.00	0.00	0.00	0.00	0.00	0.00	0.00
南充	1.00	0.00	0.00	0.00	0.00	0.00	0.00	0.00	0.00	0.00	0.00	0.00	0.00	0.00	0.00	0.00
眉山	0.00	1.00	0.00	0.00	0.00	0.00	0.00	0.00	0.00	0.00	0.00	0.00	0.00	0.00	0.00	0.00
宜宾	1.00	0.00	0.00	0.00	0.00	0.00	0.00	0.00	0.00	0.00	0.00	0.00	0.00	0.00	0.00	0.00
广安	1.00	0.00	0.00	0.00	0.00	0.00	0.00	0.00	0.00	0.00	0.00	0.00	0.00	0.00	0.00	0.00
达州	0.00	0.00	0.00	0.00	0.00	0.00	0.00	0.00	0.00	0.00	0.00	0.00	0.00	0.00	0.00	0.00
雅安	0.00	1.00	0.00	0.00	0.00	0.00	0.00	0.00	0.00	0.00	0.00	0.00	0.00	0.00	0.00	0.00
资阳	0.69	0.69	0.00	0.00	0.00	0.00	0.00	0.00	0.00	0.00	0.00	0.00	0.00	0.00	0.00	0.00

表 5-34 2016 年成渝地区双城经济圈旅游经济空间网络结构洞限制度分析

	重庆	成都	自贯	泸州	德阳	绵阳	遂宁	内江	乐山	南充	眉山	宜宾	广安	达州	雅安	资阳
重庆	0.00	0.16	0.02	0.01	0.00	0.01	0.01	0.01	0.01	0.03	0.01	0.02	0.01	0.01	0.00	0.00
成都	0.10	0.00	0.02	0.01	0.01	0.01	0.01	0.01	0.02	0.01	0.02	0.01	0.00	0.00	0.00	0.00
自贯	0.16	0.16	0.00	0.00	0.00	0.00	0.00	0.16	0.00	0.00	0.00	0.16	0.00	0.00	0.00	0.00
泸州	0.37	0.37	0.00	0.00	0.00	0.00	0.00	0.00	0.00	0.00	0.00	0.25	0.00	0.00	0.00	0.00
德阳	0.00	0.31	0.00	0.00	0.00	0.69	0.00	0.00	0.00	0.00	0.00	0.00	0.00	0.00	0.00	0.00
绵阳	0.14	0.34	0.00	0.00	0.32	0.00	0.00	0.00	0.00	0.00	0.00	0.00	0.00	0.00	0.00	0.00
遂宁	0.25	0.25	0.00	0.00	0.00	0.00	0.00	0.00	0.00	0.39	0.00	0.00	0.00	0.00	0.00	0.00

续表

	重庆	成都	自贯	泸州	德阳	绵阳	遂宁	内江	乐山	南充	眉山	宜宾	广安	达州	雅安	资阳
内江	0.25	0.25	0.39	0.00	0.00	0.00	0.00	0.00	0.00	0.00	0.00	0.00	0.00	0.00	0.00	0.00
乐山	0.44	0.79	0.00	0.00	0.00	0.00	0.00	0.00	0.00	0.00	0.00	0.00	0.00	0.00	0.00	0.00
南充	0.25	0.14	0.00	0.00	0.00	0.00	0.24	0.00	0.00	0.00	0.00	0.00	0.06	0.00	0.00	0.00
眉山	0.44	0.79	0.00	0.00	0.00	0.00	0.00	0.00	0.00	0.00	0.00	0.00	0.00	0.00	0.00	0.00
宜宾	0.20	0.20	0.23	0.08	0.00	0.00	0.00	0.00	0.00	0.00	0.00	0.00	0.00	0.00	0.00	0.00
广安	0.56	0.00	0.00	0.00	0.00	0.00	0.00	0.00	0.00	0.56	0.00	0.00	0.00	0.00	0.00	0.00
达州	1.00	0.00	0.00	0.00	0.00	0.00	0.00	0.00	0.00	0.00	0.00	0.00	0.00	0.00	0.00	0.00
雅安	0.00	1.00	0.00	0.00	0.00	0.00	0.00	0.00	0.00	0.00	0.00	0.00	0.00	0.00	0.00	0.00
资阳	0.00	1.00	0.00	0.00	0.00	0.00	0.00	0.00	0.00	0.00	0.00	0.00	0.00	0.00	0.00	0.00

表 5-35　2017 年成渝地区双城经济圈旅游经济空间网络结构洞限制度分析

	重庆	成都	自贯	泸州	德阳	绵阳	遂宁	内江	乐山	南充	眉山	宜宾	广安	达州	雅安	资阳
重庆	0.00	0.14	0.02	0.01	0.01	0.01	0.01	0.01	0.01	0.02	0.01	0.01	0.02	0.00	0.00	0.00
成都	0.09	0.00	0.02	0.01	0.02	0.02	0.01	0.01	0.02	0.01	0.01	0.01	0.01	0.00	0.01	0.00
自贯	0.09	0.11	0.00	0.09	0.00	0.00	0.00	0.09	0.03	0.00	0.00	0.11	0.00	0.00	0.00	0.00
泸州	0.11	0.11	0.16	0.00	0.00	0.00	0.00	0.07	0.00	0.00	0.00	0.19	0.00	0.00	0.00	0.00
德阳	0.17	0.44	0.00	0.00	0.00	0.34	0.00	0.00	0.00	0.00	0.00	0.00	0.00	0.00	0.00	0.00
绵阳	0.17	0.44	0.00	0.00	0.34	0.00	0.00	0.00	0.00	0.00	0.00	0.00	0.00	0.00	0.00	0.00
遂宁	0.25	0.25	0.00	0.00	0.00	0.00	0.00	0.00	0.00	0.39	0.00	0.00	0.00	0.00	0.00	0.00
内江	0.17	0.17	0.28	0.13	0.00	0.00	0.00	0.00	0.00	0.00	0.00	0.00	0.00	0.00	0.00	0.00
乐山	0.16	0.44	0.10	0.00	0.00	0.00	0.00	0.00	0.00	0.00	0.00	0.00	0.00	0.00	0.07	0.00
南充	0.20	0.14	0.00	0.00	0.00	0.00	0.16	0.00	0.00	0.00	0.00	0.00	0.18	0.00	0.00	0.00
眉山	0.44	0.79	0.00	0.00	0.00	0.00	0.00	0.00	0.00	0.00	0.00	0.00	0.00	0.00	0.00	0.00
宜宾	0.13	0.13	0.22	0.22	0.00	0.00	0.00	0.00	0.00	0.00	0.00	0.00	0.00	0.00	0.00	0.00
广安	0.36	0.21	0.00	0.00	0.00	0.00	0.00	0.00	0.00	0.28	0.00	0.00	0.00	0.00	0.00	0.00
达州	1.00	0.00	0.00	0.00	0.00	0.00	0.00	0.00	0.00	0.00	0.00	0.00	0.00	0.00	0.00	0.00
雅安	0.00	0.69	0.00	0.00	0.00	0.00	0.00	0.00	0.69	0.00	0.00	0.00	0.00	0.00	0.00	0.00
资阳	0.69	0.69	0.00	0.00	0.00	0.00	0.00	0.00	0.00	0.00	0.00	0.00	0.00	0.00	0.00	0.00

表 5-36　2018 年成渝地区双城经济圈旅游经济空间网络结构洞限制度分析

	重庆	成都	自贯	泸州	德阳	绵阳	遂宁	内江	乐山	南充	眉山	宜宾	广安	达州	雅安	资阳
重庆	0.00	0.11	0.02	0.02	0.01	0.01	0.01	0.01	0.01	0.03	0.00	0.01	0.02	0.00	0.00	0.00
成都	0.11	0.00	0.01	0.01	0.02	0.02	0.01	0.01	0.02	0.01	0.01	0.01	0.01	0.00	0.01	0.00
自贯	0.08	0.00	0.00	0.13	0.00	0.00	0.00	0.09	0.03	0.00	0.00	0.13	0.00	0.00	0.00	0.00
泸州	0.14	0.08	0.18	0.00	0.00	0.00	0.00	0.08	0.00	0.00	0.00	0.15	0.00	0.00	0.00	0.00
德阳	0.17	0.44	0.00	0.00	0.00	0.34	0.00	0.00	0.00	0.00	0.00	0.00	0.00	0.00	0.00	0.00
绵阳	0.17	0.44	0.00	0.00	0.34	0.00	0.00	0.00	0.00	0.00	0.00	0.00	0.00	0.00	0.00	0.00
遂宁	0.33	0.20	0.00	0.00	0.00	0.00	0.00	0.00	0.00	0.44	0.00	0.00	0.00	0.00	0.00	0.00
内江	0.11	0.09	0.22	0.14	0.00	0.00	0.00	0.00	0.00	0.00	0.00	0.12	0.00	0.00	0.00	0.00
乐山	0.15	0.26	0.10	0.00	0.00	0.00	0.00	0.00	0.00	0.00	0.00	0.10	0.00	0.00	0.06	0.00
南充	0.28	0.12	0.00	0.00	0.00	0.00	0.13	0.00	0.00	0.00	0.00	0.00	0.16	0.00	0.00	0.00
眉山	0.44	0.79	0.00	0.00	0.00	0.00	0.00	0.00	0.00	0.00	0.00	0.00	0.00	0.00	0.00	0.00
宜宾	0.09	0.08	0.17	0.14	0.00	0.00	0.00	0.06	0.04	0.00	0.00	0.00	0.00	0.00	0.00	0.00
广安	0.44	0.17	0.00	0.00	0.00	0.00	0.00	0.00	0.00	0.34	0.00	0.00	0.00	0.00	0.00	0.00
达州	1.00	0.00	0.00	0.00	0.00	0.00	0.00	0.00	0.00	0.00	0.00	0.00	0.00	0.00	0.00	0.00
雅安	0.30	0.44	0.00	0.00	0.00	0.00	0.00	0.00	0.30	0.00	0.00	0.00	0.00	0.00	0.00	0.00
资阳	0.69	0.69	0.00	0.00	0.00	0.00	0.00	0.00	0.00	0.00	0.00	0.00	0.00	0.00	0.00	0.00

表 5-37　2019 年成渝地区双城经济圈旅游经济空间网络结构洞限制度分析

	重庆	成都	自贯	泸州	德阳	绵阳	遂宁	内江	乐山	南充	眉山	宜宾	广安	达州	雅安	资阳
重庆	0.00	0.07	0.01	0.02	0.01	0.01	0.02	0.01	0.01	0.03	0.01	0.02	0.02	0.00	0.01	0.00
成都	0.08	0.00	0.01	0.01	0.02	0.03	0.01	0.01	0.02	0.01	0.02	0.01	0.01	0.00	0.01	0.01
自贯	0.08	0.06	0.00	0.11	0.00	0.00	0.00	0.10	0.05	0.00	0.00	0.14	0.00	0.00	0.00	0.00
泸州	0.17	0.07	0.17	0.00	0.00	0.00	0.00	0.07	0.00	0.00	0.00	0.17	0.00	0.00	0.00	0.00
德阳	0.17	0.44	0.00	0.00	0.00	0.34	0.00	0.00	0.00	0.00	0.00	0.00	0.00	0.00	0.00	0.00
绵阳	0.17	0.32	0.00	0.00	0.21	0.00	0.07	0.00	0.00	0.00	0.00	0.00	0.00	0.00	0.00	0.00
遂宁	0.24	0.12	0.00	0.00	0.00	0.05	0.00	0.00	0.00	0.17	0.00	0.00	0.10	0.00	0.00	0.00
内江	0.09	0.08	0.16	0.08	0.00	0.00	0.00	0.00	0.06	0.00	0.00	0.11	0.00	0.00	0.00	0.00
乐山	0.11	0.15	0.08	0.00	0.00	0.00	0.00	0.06	0.00	0.00	0.00	0.14	0.00	0.00	0.03	0.00

续表

	重庆	成都	自贯	泸州	德阳	绵阳	遂宁	内江	乐山	南充	眉山	宜宾	广安	达州	雅安	资阳
南充	0.28	0.10	0.00	0.00	0.00	0.00	0.19	0.00	0.00	0.00	0.00	0.00	0.19	0.00	0.00	0.00
眉山	0.17	0.29	0.00	0.00	0.00	0.00	0.00	0.00	0.00	0.00	0.00	0.00	0.00	0.00	0.18	0.07
宜宾	0.12	0.07	0.12	0.10	0.00	0.00	0.00	0.05	0.08	0.00	0.00	0.00	0.00	0.00	0.00	0.00
广安	0.30	0.11	0.00	0.00	0.00	0.00	0.14	0.00	0.00	0.26	0.00	0.00	0.00	0.00	0.00	0.00
达州	1.00	0.00	0.00	0.00	0.00	0.00	0.00	0.00	0.00	0.00	0.00	0.00	0.00	0.00	0.00	0.00
雅安	0.15	0.29	0.00	0.00	0.00	0.00	0.00	0.00	0.09	0.00	0.25	0.00	0.00	0.00	0.00	0.00
资阳	0.30	0.44	0.00	0.00	0.00	0.00	0.00	0.00	0.00	0.00	0.30	0.00	0.00	0.00	0.00	0.00

（四）旅游经济空间网络核心—边缘结构分析

研究对 2015—2019 年成渝地区双城经济圈旅游经济空间网络进行“核心—边缘”结构分析，发现 2015—2019 年成渝地区双城经济圈旅游经济空间网络“核心—边缘”结构的初始拟合度值均在 0.5 以上，拟合度较好，说明成渝地区双城经济圈旅游经济空间网络存在明显“核心—边缘”结构。2015 年，重庆、成都处于成渝地区双城经济圈旅游经济空间网络的核心位置，其他地区处于旅游经济空间网络的边缘位置；2015—2019 年，成渝地区双城经济圈旅游经济空间网络核心区内地区的数量逐年增加，边缘区内的地区数量逐年减少，这说明成渝地区双城经济圈内地区之间的旅游经济联系更加紧密，区域旅游经济发展的均衡性在提升。2019 年，处于成渝地区双城经济圈旅游经济空间网络核心区的地区有重庆、成都、自贡、泸州、内江、乐山、宜宾，德阳、绵阳、遂宁、南充、眉山、广安、达州、雅安、资阳处于旅游经济空间网络的边缘位置，详见表 5-38。

表 5-38　2015—2019 年成渝地区双城经济圈旅游经济空间网络“核心—边缘”结构

年份	位置	区域
2015	核心区	重庆　成都
	边缘区	自贡　泸州　德阳　绵阳　遂宁　内江　乐山　南充　眉山　宜宾　广安　达州　雅安　资阳

续表

年份	位置	区域
2016	核心区	重庆　成都　自贡　绵阳　遂宁　南充
	边缘区	泸州　德阳　内江　乐山　眉山　宜宾　广安　达州　雅安　资阳
2017	核心区	重庆　成都　自贡　泸州　德阳　绵阳　南充
	边缘区	遂宁　内江　乐山　眉山　宜宾　广安　达州　雅安　资阳
2018	核心区	重庆　成都　自贡　泸州　内江　宜宾
	边缘区	德阳　绵阳　遂宁　乐山　南充　眉山　广安　达州　雅安　资阳
2019	核心区	重庆　成都　自贡　泸州　内江　乐山　宜宾
	边缘区	德阳　绵阳　遂宁　南充　眉山　广安　达州　雅安　资阳

从表5-39可以看出，成渝地区双城经济圈旅游经济空间网络“核心—边缘”结构的关系密度中，2015年，核心区的地区的关系密度是1，由于核心区内只有成都、重庆两个地区，说明二者存在强旅游经济联系；边缘区内地区间的关系密度为0.011，说明边缘区内地区间的旅游经济联系较弱，地区之间的旅游经济空间交互较差；核心区对边缘区的关系密度为0.643，说明核心区内的成都、重庆对边缘内的地区具有较强的旅游经济辐射。2016—2018年，成渝地区双城经济圈旅游经济空间网络核心区、边缘区内地区间的关系密度均在加强，说明区域间的旅游经济联系进一步加强，但核心区对边缘区的关系密度在下降。2019年，成渝地区双城经济圈旅游经济空间网络核心区的关系密度为0.690，核心区对边缘区的关系密度为0.286，边缘区内的关系密度为0.153，核心区内地区间的旅游经济联系略有下降，边缘内地区间的旅游经济联系略有提升。

表5-39　2015—2019年成渝地区双城经济圈旅游经济空间网络“核心—边缘”结构关系密度

年份	核心区	核心区→边缘区	边缘区→核心区	边缘区
2015	1.000	0.643	0.000	0.011
2016	0.400	0.317	0.083	0.011
2017	0.405	0.349	0.143	0.014

续表

年份	核心区	核心区→边缘区	边缘区→核心区	边缘区
2018	0.700	0.317	0.133	0.078
2019	0.690	0.286	0.095	0.153

三、旅游信息流空间与旅游经济空间的关联性分析

研究以成渝地区双城经济圈 2015—2019 年的旅游经济联系强度矩阵为因变量，旅游信息流联系强度矩阵为自变量，使用 QAP 相关分析方法探讨旅游信息流空间网络与旅游经济空间网络的关联性，详见表 5-40。从表中可以看出，2015—2019 年成渝地区双城经济圈旅游信息流空间网络与旅游经济空间网络存在显著的相关性，2015—2019 年成渝地区双城经济圈旅游信息流空间网络与旅游经济空间网络的相关系数分别为 0.578、0.612、0.549、0.587、0.624，回归系数分别为 0.334、0.374、0.301、0.345、0.389，均在 0.01 水平上保持显著。旅游信息流空间是旅游信息要素流动及旅游信息资源的聚集，旅游经济空间是旅游经济要素的聚集及流动。区域旅游经济发展的促进基础设施完善及互联网发展水平的提升，为旅游信息的空间传播提供平台；旅游信息流的空间流动，促进旅游目的地品牌形象的传播，实现旅游目的地对客精准营销，吸引更多的外来旅游者，进而促进区域旅游经济的发展[143]。

表 5-40 旅游信息流空间与旅游经济空间的 QAP 相关分析结果

	旅游信息流空间网络				
	年份	QAP 相关分析		QAP 回归分析	
		相关系数	显著性水平	回归系数	显著性水平
旅游经济空间网络	2015	0.578	0.000	0.334	0.001
	2016	0.612	0.000	0.374	0.000
	2017	0.549	0.002	0.301	0.001
	2018	0.587	0.001	0.345	0.000
	2019	0.624	0.001	0.389	0.000

四、旅游信息流网络权力与旅游经济权力地位的耦合分析

（一）旅游空间网络权力地位分析

旅游经济权力地位的计算同旅游信息流，不再赘述。从表 5-41 可以看出，成渝地区双城经济圈旅游经济空间网络权力的区域排序中，2015 年成都、重庆在区域中拥有最大的旅游空间网络权力，属于成渝地区旅游经济空间网络的核心节点、旅游客流的集散中心，度数中心度、中间中心度、接近中心度均在区域中排名前二，吸引外部旅游客流的能力最强，并向其他地区输出旅游客流。自贡、内江、遂宁、乐山、资阳的旅游空间网络权力分列 3—7 位，属于区域中的重要旅游目的地，是连接核心节点与其他节点旅游经济联系的关键枢纽，具备较强的吸引外部旅游客流的能力，接受核心节点的旅游客源输入并向其他市（州）辐射，是重要的旅游客流中转地。德阳、绵阳的旅游空间网络权力值为 0.092，在旅游经济空间网络中的地位一般，旅游经济发展水平不如核心旅游目的地和重要旅游目的地，具备一定的吸引外部旅游客流的能力。其他地区的旅游空间网络权力地位评价值较小，其中达州的旅游空间网络权力值为 0，在和其他地区的旅游经济空间交换中处于弱势地位，旅游经济客流空间流动受其他地区的限制，属于边缘旅游目的地。

表 5-41　2015—2019 年成渝地区双城经济圈旅游经济空间网络权力地位评价分析

区域	2015 年	2016 年	2017 年	2018 年	2019 年	权力地位（2015 年）	权力地位（2019 年）
重庆	1.000	0.666	0.928	1.000	1.000	核心旅游目的地	核心旅游目的地
成都	1.000	1.000	1.000	0.813	0.844	核心旅游目的地	核心旅游目的地
自贡	0.254	0.249	0.293	0.295	0.297	重要旅游目的地	重要旅游目的地
泸州	0.033	0.167	0.225	0.331	0.233	边缘旅游目的地	重要旅游目的地
德阳	0.092	0.072	0.123	0.095	0.095	一般旅游目的地	边缘旅游目的地
绵阳	0.092	0.172	0.123	0.095	0.145	一般旅游目的地	一般旅游目的地

续表

区域	2015 年	2016 年	2017 年	2018 年	2019 年	权力地位（2015 年）	权力地位（2019 年）
遂宁	0.195	0.167	0.123	0.095	0.199	重要旅游目的地	一般旅游目的地
内江	0.254	0.167	0.172	0.190	0.238	重要旅游目的地	重要旅游目的地
乐山	0.195	0.117	0.185	0.190	0.248	重要旅游目的地	重要旅游目的地
南充	0.033	0.244	0.263	0.199	0.145	边缘旅游目的地	一般旅游目的地
眉山	0.033	0.117	0.073	0.048	0.201	边缘旅游目的地	一般旅游目的地
宜宾	0.033	0.239	0.185	0.241	0.302	边缘旅游目的地	重要旅游目的地
广安	0.033	0.050	0.286	0.095	0.143	边缘旅游目的地	一般旅游目的地
达州	0.000	0.000	0.000	0.000	0.000	边缘旅游目的地	边缘旅游目的地
雅安	0.033	0.022	0.049	0.095	0.145	边缘旅游目的地	一般旅游目的地
资阳	0.195	0.022	0.073	0.048	0.095	重要旅游目的地	边缘旅游目的地
均值	0.217	0.217	0.256	0.239	0.271		
标准差	0.317	0.261	0.289	0.278	0.268		

2015—2019 年成渝地区双城经济圈旅游经济空间网络权力地位评价整体均值由 0.217 增加到 0.271，标准差从 0.317 减小到 0.268，说明成渝地区双城经济圈旅游经济空间网络权力地位总体呈现上升的趋势，且区域间的旅游空间网络权力的差异在变小。2019 年，重庆、成都的旅游空间网络权力值仍是区域前二的位置，且与其他地区间的差距仍较大，在成渝地区旅游经济空间网络中处于核心位置，属于区域中的核心旅游目的地。宜宾、自贡、乐山、内江、泸州的旅游经济权力处于 3—7 位，属于区域中的重要旅游目的地；宜宾在区域旅游经济空间网络中的权力地位提升最为明显，旅游空间网络权力地位排序提升十位，从边缘旅游目的地提升为重要旅游目的地。眉山、遂宁、绵阳、南充、雅安、广安的旅游经济权力地位评价值分别为 0.201、0.199、0.145、0.145、0.145、0.143，属于区域中的一般旅游目的地，遂宁在区域旅游经济空间网络中的地位有着明显的下降。资阳、德阳、达州的旅游空间网络权力地位值较小，在区域旅游经济空间网络中属于边缘旅游目的地，资阳、德阳的旅游空间网络权力地位下降最为明显。

（二）旅游信息流网络权力地位分析

从表 5-42 可以看出，2015—2019 年，成渝地区双城经济圈旅游信息流空间网络权力均值呈现波动变化趋势，区域旅游信息流网络权力均值 2016 年最低，2018 年最高。2015 年，成渝地区双城经济圈旅游信息流网络权力最高的地区是成都，其次是重庆，旅游信息流网络权力值较其他地区的优势较为明显，处于区域旅游信息流空间网络的核心位置；绵阳、南充的旅游信息流空间网络权力地位位于第 3—4，属于区域旅游信息流空间网络的重要节点地区，是核心地区与其他地区旅游信息流空间交换的中转枢纽；乐山、宜宾、自贡、泸州、达州、雅安属于区域旅游信息流空间网络的一般节点，接受区域旅游信息流空间网络核心地区、重要地区的旅游信息流输入；其他地区的旅游信息流网络权力地位值在区域中处于靠后的位置，属于区域旅游信息流空间网络的边缘地区，旅游信息流流入和流出的能力均较差。

表 5-42　2015—2019 年成渝地区双城经济圈旅游信息流空间网络权力地位评价分析

区域	2015 年	2016 年	2017 年	2018 年	2019 年	权力地位（2015 年）	权力地位（2019 年）
重庆	0.869	0.919	0.887	1.000	0.939	核心网络节点	核心网络节点
成都	1.000	1.000	1.000	1.000	1.000	核心网络节点	核心网络节点
自贡	0.124	0.155	0.285	0.517	0.244	一般网络节点	一般网络节点
泸州	0.124	0.103	0.224	0.121	0.044	一般网络节点	边缘网络节点
德阳	0.040	0.051	0.056	0.182	0.089	边缘网络节点	边缘网络节点
绵阳	0.274	0.108	0.542	0.531	0.476	重要网络节点	重要网络节点
遂宁	0.081	0.051	0.111	0.121	0.044	边缘网络节点	边缘网络节点
内江	0.081	0.000	0.167	0.121	0.089	边缘网络节点	边缘网络节点
乐山	0.171	0.209	0.234	0.307	0.185	一般网络节点	一般网络节点
南充	0.214	0.205	0.224	0.386	0.234	重要网络节点	一般网络节点
眉山	0.040	0.051	0.056	0.245	0.135	边缘网络节点	一般网络节点
宜宾	0.127	0.156	0.281	0.397	0.289	一般网络节点	重要网络节点

续表

区域	2015 年	2016 年	2017 年	2018 年	2019 年	权力地位（2015 年）	权力地位（2019 年）
广安	0.081	0.051	0.111	0.123	0.044	边缘网络节点	边缘网络节点
达州	0.123	0.051	0.111	0.061	0.044	一般网络节点	边缘网络节点
雅安	0.123	0.051	0.556	0.545	0.398	一般网络节点	重要网络节点
资阳	0.000	0.000	0.000	0.000	0.000	边缘网络节点	边缘网络节点
均值	0.217	0.198	0.303	0.354	0.266		
标准差	0.289	0.305	0.295	0.306	0.307		

2015—2019 年，旅游信息流空间网络权力地位提升的地区有雅安、眉山、德阳、内江、自贡、宜宾，其中雅安、眉山的旅游信息流空间网络权力地位位序提升最为明显，分别从第 10、15 位提升到第 6、9 位；成都、重庆、绵阳、资阳的旅游信息流网络权力地位位序没有发生变化，分列第 1、2、3、16 位；其他地区的旅游信息流网络权力地位位序呈现下降的趋势，其中泸州、达州的位序均下降 4 位，南充、乐山、遂宁的位序下降 3 位，广安的位序下降 2 位。2019 年，成都、重庆属于成渝地区双城经济圈旅游信息流空间网络的核心节点地区，绵阳、雅安、宜宾属于旅游信息流空间网络的重要节点地区，自贡、南充、乐山、眉山属于旅游信息流空间网络的一般节点地区，内江、德阳、泸州、达州、遂宁、广安、资阳属于旅游信息流空间网络的边缘型节点地区。

（三）旅游信息流网络权力与旅游经济权力地位的耦合分析

研究使用耦合协调度评价模型分析成渝地区双城经济圈旅游信息流网络权力与旅游经济权力地位的耦合协调水平，详见表 5-43。计算可知，2015—2019 年间，成渝地区双城经济圈旅游信息流网络权力与旅游经济权力地位的耦合协调水平呈现上升的态势，2015 年耦合协调度水平均值为 0.390，2019 年上升为 0.459，从轻度失调上升为濒临失调状态。

表 5-43　2015—2019 年旅游信息流网络权力与旅游经济权力地位的耦合分析

区域	2015 年	2016 年	2017 年	2018 年	2019 年	总体协调类型
重庆	0.961	0.881	0.948	0.995	0.980	0.972（优质协调）
成都	0.995	0.995	0.995	0.945	0.954	0.995（优质协调）
自贡	0.430	0.450	0.541	0.627	0.523	0.535（勉强协调）
泸州	0.273	0.373	0.48	0.455	0.335	0.411（濒临失调）
德阳	0.265	0.264	0.303	0.373	0.316	0.317（轻度失调）
绵阳	0.409	0.379	0.516	0.484	0.519	0.484（濒临失调）
遂宁	0.366	0.319	0.353	0.339	0.323	0.354（轻度失调）
内江	0.390	0.204	0.420	0.399	0.392	0.387（轻度失调）
乐山	0.435	0.405	0.463	0.497	0.469	0.465（濒临失调）
南充	0.311	0.479	0.498	0.531	0.437	0.474（濒临失调）
眉山	0.214	0.294	0.270	0.346	0.414	0.333（轻度失调）
宜宾	0.275	0.447	0.483	0.560	0.547	0.487（濒临失调）
广安	0.248	0.244	0.431	0.341	0.299	0.334（轻度失调）
达州	0.190	0.156	0.186	0.163	0.152	0.171（严重失调）
雅安	0.273	0.209	0.424	0.487	0.497	0.409（濒临失调）
资阳	0.212	0.133	0.169	0.155	0.179	0.179（严重失调）
均值	0.390	0.390	0.468	0.481	0.459	0.457（濒临失调）

2015 年，成都、重庆的旅游信息流网络权力与旅游经济权力地位的耦合协调指数分别为 0.995、0.961，处于优质协调的状态，旅游信息流网络权力与旅游经济权力地位在区域中均处于优势地位，旅游信息流与旅游经济发展互相促进协调发展。乐山、自贡、绵阳的旅游信息流网络权力与旅游经济权力的耦合协调属于濒临失调状态，旅游信息流与旅游经济发展的协调性一般；乐山、自贡的旅游信息流发展滞后于旅游经济发展，绵阳的旅游经济发展滞后于旅游信息流发展，旅游信息流对于客源引导的经济效应没有充分发挥。内江、遂宁、南充的旅游信息流与旅游经济发展处于轻度失调的状态，旅游信息流与旅游经济发展的协调性较差，内江、遂宁的旅游信息流发展滞后于旅游经济发展，南充的旅游经济发展滞后于旅游信息流发展。宜宾、泸州、

雅安、德阳、广安、眉山、资阳的旅游信息流与旅游经济发展处于中度失调的状态，旅游信息流与旅游经济发展的协调性很差，资阳的旅游信息流滞后于旅游经济发展，其他地区的旅游经济发展滞后于旅游信息流发展，旅游信息流对旅游经济发展的促进作用不明显。达州的旅游信息流与旅游经济发展的耦合协调性最差，属于严重失调的状态。

2015—2019 年，除成都、遂宁、达州、资阳的耦合协调指数略有下降外，其他地区旅游信息流与旅游经济发展的耦合协调指数均有一定程度的增加，旅游信息流与旅游经济互相促进协调发展的效应在增强，其中宜宾、雅安、眉山、南充的提升最为明显。2019 年，重庆、成都的旅游信息流网络权力与旅游经济权力地位处于优质协调的状态，耦合协调指数分别为 0.98 和 0.954，旅游信息流与旅游经济发展实现了良好的互相促进效果。宜宾、自贡、绵阳的旅游信息流网络权力与旅游经济权力的耦合协调属于勉强协调状态，旅游信息流与旅游经济发展的协调性较好，其中绵阳的旅游信息流网络权力排名区域第 3，宜宾、自贡的旅游信息流网络权力与旅游经济权力均处于区域靠前的位置。雅安、乐山、南充、眉山的旅游信息流与旅游经济发展处于濒临失调的状态，雅安、眉山的旅游信息流发展超前于旅游经济发展，在旅游信息流空间网络中的权力较大；乐山、眉山的旅游信息流发展滞后于旅游经济发展，旅游信息化发展有待提升。内江、泸州、遂宁、德阳的旅游信息流与旅游经济发展处于轻度失调的状态，旅游信息流与旅游经济发展的协调性较差，德阳的旅游信息流和旅游经济权力均处于区域靠后的位置，内江、泸州、遂宁的旅游信息流网络权力较差，落后于旅游经济发展。广安、资阳、达州的旅游信息流与旅游经济发展的协调性很差，分别处于中度失调、严重失调、严重失调的状态，旅游信息流网络权力和旅游经济权力在区域旅游发展中均不存在竞争优势，在旅游信息流空间网络和旅游经济空间网络中处于边缘的位置，与其他地区的互动、交流较少，旅游信息流、旅游客流流入、流出的能力较差。

五、研究小结

研究以旅游经济引力模型为基础，使用社会网络分析方法，从网络密度、网络中心性、凝聚子群、核心—边缘结构等方面分析成渝地区双城经济圈的旅游经济空间网络结构特征和权力地位，并通过耦合协调度模型分析旅游信息流空间网络权力地位与旅游经济空间网络权力地位的相关性，主要得到以下结论：

（一）区域旅游经济联系快速增长，旅游经济联系方向变化不大

2015—2019年间，成渝地区双城经济圈旅游经济联系量快速增长，区域内地区间的旅游经济要素空间交往更加密切，区域间的旅游经济联系强度加大。成渝地区双城经济圈旅游经济联系量分布较为集中，不同地区间的旅游经济联系量差异较大，旅游经济联系量主要集中在成都、重庆两大区域中心城市；乐山、自贡、绵阳等地的旅游经济联系量在区域中也处于靠前的位置，达州、资阳的占比最低。成渝地区双城经济圈旅游经济联系方向及隶属度变化不大，重庆与南充、遂宁方向的旅游经济联系在加强，成都与资阳方向的旅游经济联系在减弱，南遂广城镇密集区与川南城镇密集区内部的旅游经济联系方向在加强，德阳、绵阳之间的旅游经济联系进一步稳固，乐山与宜宾的旅游经济联系在加强，达州、雅安的主要旅游经济联系方向没有变化。

（二）旅游经济空间网络凝聚力增强，空间网络结构洞水平提升明显

2015—2019年，成渝地区双城经济圈旅游经济空间网络密度呈现明显的增加趋势，网络凝聚力增加明显，成员间的平均距离也在缩短，地区之间的旅游经济联系不断加强，区域内各地区的个体网规模、关系总数、关系总和也均有明显的增加。在旅游经济空间网络结构洞水平评价指标中，成都、重庆在区域旅游经济空间网络中的行动最自由、行动效率也最高，旅游经济受

其他地区的限制影响较小；重庆、绵阳、遂宁、内江、乐山、眉山、宜宾、雅安、资阳的旅游经济空间网络结构洞水平提升明显，旅游经济空间网络的有效规模和行动效率持续增长，旅游经济要素空间交换的能力不断增强；其中乐山、宜宾的结构洞水平提升最为明显；成都、自贡、泸州、南充、广安的结构洞水平呈现“快速增加—缓慢下降的变化趋势”；达州的结构洞水平处于区域垫底的位置。

（三）旅游经济空间网络中心度差异较大，存在明显的核心—边缘结构

2015—2019 年间，成渝地区双城经济圈旅游经济空间网络度数中心度呈现增加的趋势，各地区在旅游经济空间网络中的角色分量在增加；其中重庆、成都、泸州、乐山、宜宾等地的增加幅度最大，在区域内的核心位置进一步得到巩固；达州、资阳、德阳的度数中心度增加较少，在区域内的旅游经济空间网络权力变化不大。旅游经济空间网络中中间中心度为 0 的地区数量在不断减少，有更多的地区参与到区域旅游客流的空间移动中来，重庆、成都、自贡、泸州、南充是区域的旅游客流中转点。旅游经济空间网络的接近中心度呈现逐年下降的趋势，旅游经济空间网络节点间的距离在缩短，旅游客流在不同地区间的空间流动更加自由。成渝地区双城经济圈旅游经济空间网络存在明显的“核心—边缘”结构，核心区内地区的数量逐年增加且关系密度较好，边缘区内的地区数量逐年减少，区域旅游经济发展的均衡性在提升。

（四）旅游信息流与旅游经济存在相关性，整体耦合协调发展状态一般

成渝地区双城经济圈旅游信息流空间网络与旅游经济空间网络存在显著的相关性，但区域旅游信息流与旅游经济发展的协调性一般。重庆、成都的旅游信息流网络权力与旅游经济权力地位在区域中均处于优势地位，旅游信息流与旅游经济发展实现了良好的互相促进效果；宜宾、自贡、绵阳的旅游信息流与旅游经济发展的协调性也较好；雅安、乐山、南充、眉山的旅游信

息流与旅游经济发展处于濒临失调的状态，雅安、眉山的旅游信息流空间网络权力较大，乐山、眉山的旅游信息流发展滞后于旅游经济发展；内江、泸州、遂宁、德阳的旅游信息流与旅游经济发展处于轻度失调的状态，旅游信息流与旅游经济发展的协调性较差；广安、资阳、达州的旅游信息流与旅游经济发展的协调性很差，旅游信息流网络权力和旅游经济权力在区域旅游发展中均不存在竞争优势。

第六章　研究结论与管理启示

第一节　研究结论

在国家“区域协调发展”“成渝地区双城经济圈建设”“巴蜀文化旅游走廊建设”和四川省委“四化同步、城乡融合、五区共兴”等重要战略部署的指导下，研究以四川省、成渝地区双城经济圈作为案例地，从网络密度、网络中心性、网络派系、结构洞、核心—边缘结构、网络权力等指标，分析区域旅游经济空间结构特征及演变规律；根据旅游空间结构特性与旅游产业绩效空间差异程度，分析旅游空间结构演化对旅游产业绩效的空间响应；以高速铁路和常规路线的最短旅行时间为基础，探讨高速铁路运行与发展对区域旅游交通可达性、旅游经济联系、旅游空间结构的影响，分析旅游交通可达性与旅游经济发展的耦合协调性；以两两地区间旅游信息的互相搜索量为基础数据，构建旅游信息流空间网络矩阵，分析旅游信息流空间网络结构特征，探讨旅游信息流空间网络结构演变对旅游经济发展的溢出效应。主要得到以下结论：

一、区域旅游经济联系量快速增长，但旅游经济空间网络紧密度不高

四川省区域整体旅游经济联系量处于快速增长的趋势，但区域旅游经济联系量分布较为集中，不同市（州）间的旅游经济联系量差异较大，成都与其他地市的旅游经济联系量占比在整个四川省达到47%左右。四川省旅游经济空间网络旅游经济联系紧密度不高，但旅游经济空间网络的整体密度在不断提高，旅游经济联系呈现从松散向紧密的趋势发展。旅游经济空间网络派系数量及派系内部成员的数量均在增加，区域旅游合作的广度和深度进一步扩展。成德绵城市主轴线的辐射带动作用进一步加强，纵向加强与乐山、眉山的旅游经济联系，横向与南充、遂宁、内江等市（州）交往密切，并进一步辐射雅安、宜宾、资阳等市（州），基本形成“一轴两支线”的旅游经济空间分布格局，攀枝花、甘孜州、凉山州等处于边缘位置的市（州）也开始接受区域核心节点市（州）的旅游辐射。新冠肺炎疫情使得四川省旅游经济空间网络区域成员间的经济联系变得松散，网络派系及派系内部的成员数量均有明显的减少，跨区域旅游合作受到限制。

二、旅游经济空间网络权力差异明显，中心城市旅游经济竞争优势显著

成都在四川省旅游经济空间网络中的权力地位一直最高，属于四川省的核心旅游目的地，在区域中拥有最大的网络权力，是区域的旅游客流聚集和扩散中心，具有最强的控制其他市（州）旅游客流的能力。2015—2020年，南充、遂宁、内江、乐山是四川省的次核心旅游目的地，自贡、绵阳、眉山、宜宾、资阳、德阳是四川省的重要旅游目的地，广元、广安、雅安、巴中是一般旅游目的地，攀枝花、达州、阿坝州、甘孜州、凉山州为边缘旅游目的地。四川省区域旅游经济发展的均衡性在提高，核心区内市（州）的数量在

不断增加，边缘区内市（州）的数量在不断减少，核心区旅游客流对边缘区的辐射带动作用在提升。受新冠肺炎疫情的影响，核心区与边缘区之间的旅游经济互动明显减少，乐山、南充、遂宁的旅游经济空间网络权力地位在下降，绵阳、宜宾、内江、资阳的权力地位有明显提升。旅游经济空间网络结构的形成与演变，受地理空间相邻、最短公路距离、经济发展水平、旅游资源禀赋、旅游接待能力等因素的影响，对外开放水平和产业结构比重等对旅游经济空间网络结构的演化影响不显著。

三、旅游发展业绩与效率整体提升，网络权力与经济发展的协调性一般

四川省旅游发展业绩整体增长，但区域不均衡性较为严重。成都的旅游发展业绩远远超过其他 21 个市（州），不仅旅游业发展规模较好，增长态势也较为强劲。乐山的旅游业绩处于区域第二的位置，但距离成都的差距过大。宜宾、南充、绵阳的旅游发展业绩分别列区域 3—5 位。旅游发展的规模效率和综合效率提升明显，技术效率的均值变化不大，四川省旅游发展效率的提高主要依靠旅游资源要素的投入，21 个市（州）均保持了较高的旅游资源要素投入，旅游产业先进技术的应用或者利用效率还有待提高。四川省旅游发展的全要素生产率变化与技术进步变化相对增长幅度较大，技术进步是引起旅游发展全要素生产率提高的主要因素，旅游资源禀赋和科学技术投入正向影响旅游发展绩效。四川省旅游业绩与旅游效率整体处于中度失调的状态，旅游经济空间网络优势度与旅游业绩、旅游效率分别处于中度失调和初级失调的状态。

四、高速铁路提升区域交通可达性，旅游经济发展滞后性的状态得到改善

高速铁路的运行使得区域旅游交通可达性条件整体得到改善，降低了区

域间的加权旅行平均时间。但是，旅游交通可达性的提升存在明显的空间不均衡性，成都和重庆两大区域中心城市的旅游交通可达性提升幅度最大，依次是成德绵城市带沿线的地区。旅游交通可达性条件的改善使得区域旅游经济联系的方向趋于集中化，高铁沿线地区受益明显，形成了成德绵乐高铁旅游经济带；除成都和重庆外，内江和南充是主要的旅游客流转移方向，内江开始在区域旅游客流的空间移动上扮演更加重要的角色。高速铁路对成渝地区旅游经济潜力的提升效果显著，进一步凸显了内江、资阳、德阳、成都、绵阳等地区的区位优势；高速铁路带来的时空压缩效应加强了区域间的旅游经济联系，成都在区域旅游经济中的核心地位得到进一步加强。高速铁路的发展改善了区域旅游经济发展滞后性的状态，提升了成都、重庆、德阳的交通可达性与旅游经济联系的耦合协调程度。

五、快速交通压缩区域间的时空距离，驱动旅游经济空间网络结构演变

高速铁路的建设与运行提升了成渝地区双城经济圈旅游经济空间网络的整体密度，区域间的旅游经济空间联系进一步得到加强，旅游经济空间网络成员之间的凝聚力变得更强，区域间旅游经济要素空间流动的距离更短。旅游经济空间网络的中间中心度均值和标准差均呈现下降的趋势，区域旅游经济空间网络中间中心度差异在缩小，更多的地区参与到区域旅游客流的空间转移中来。高速铁路提升了区域整体旅游客流移动的自由度，大多数地区的旅游客流限制度得到了改善。成都、德阳、绵阳、乐山、眉山、达州、资阳的旅游经济空间网络权力地位在上升，自贡、宜宾、雅安的旅游经济空间网络权力地位在下降。成渝地区双城经济圈旅游经济空间网络存在明显“核心—边缘”结构，重庆、成都、自贡、德阳、绵阳、乐山处于旅游经济空间网络的核心位置。高速铁路的运行加强了核心区内地区与边缘内地区的旅游经济互动，增加了旅游经济空间网络的派系数量和成员数量，进一步拓展了区域旅游合作的广度与深度。

六、旅游信息流联系强度呈现集中分布趋势，旅游信息流空间联系不紧密

成渝地区双城经济圈旅游信息流呈现“快速增长—缓慢下降—快速增长—快速下降”的波动式变化趋势，旅游信息流空间网络整体密度不高，区域间的旅游信息流空间流动不紧密。旅游信息流联系强度在2011—2018年明显增大，旅游信息流在不同区域间的流动更为频繁，区域间旅游信息流向外辐射和内向吸引的范围更加广泛。区域旅游信息流流动方向在空间上呈现集中化分布，成都、重庆是其他地区旅游信息流的首位关联地区，旅游信息流流入最多和流出最多的方向均分布在成都和重庆。成都和重庆处于区域旅游信息流空间流动的核心位置，绵阳、雅安、宜宾、自贡、南充、乐山与区域内其他地区间的旅游信息流空间交换也较为密切。成都、重庆、绵阳、南充、德阳、宜宾等地区的旅游信息流流出较多，属于旅游信息流强输出区域；重庆、成都、雅安、宜宾、自贡、绵阳、乐山的旅游信息流流入较多，属于旅游信息流强输入区域。

七、旅游信息流与旅游经济发展存在相关性，整体耦合协调发展状态一般

成渝地区双城经济圈旅游信息流空间网络度数中心度整体呈现增加的趋势，成都、重庆拥有最高的中间中心度和度数中心度，处于旅游信息流空间网络的核心位置，核心区内地区之间的旅游信息流交往较为密切。旅游信息流空间网络与旅游经济空间网络存在显著的相关性，但区域旅游信息流与旅游经济发展的协调性一般。重庆、成都的旅游信息流网络权力与旅游经济权力地位在区域中均处于优势地位，旅游信息流与旅游经济发展实现了良好的互相促进效果；宜宾、自贡、绵阳的旅游信息流与旅游经济发展的协调性也较好；雅安、眉山的旅游信息流空间网络权力较大，乐山、眉山的旅游信息

流发展滞后于旅游经济发展；内江、泸州、遂宁、德阳的旅游信息流与旅游经济发展处于轻度失调的状态，旅游信息流与旅游经济发展的协调性较差；广安、资阳、达州的旅游信息流网络权力和旅游经济权力在区域旅游发展中均不存在竞争优势。

第二节 管理启示

旅游空间网络优势度与旅游业绩、旅游效率具有显著的相关性，旅游空间网络权力处于优势地位的地区，通常也具有较高的旅游业绩与旅游效率。旅游客流的空间流动，会引起区域间交通运输流、网络信息流等要素的交互，进而对区域旅游经济产生影响。旅游交通系统的发展有助于提高旅游目的地的交通可达性，对游客的旅游决策行为、目的地旅游产品开发及旅游空间结构优化产生重要影响。网络旅游信息流不仅对本地旅游流有正向影响，还会通过空间效应促进邻近地区旅游流增长。旅游经济空间结构的形成与演变，受到地理空间相邻、最短公路距离、经济发展水平、旅游资源禀赋、旅游接待能力等多种因素的影响。为进一步促进四川省、成渝地区双城经济圈旅游经济协调发展，拟提出以下管理建议：

一、完善旅游交通网络建设，发挥核心地区旅游辐射作用

快速便捷的旅游交通网络能够缩短游客运输的时间成本，促进旅游资源要素的经济交换能力，增强核心区旅游经济对边缘市（州）的辐射带动作用，应加快四川省高速铁路路网的建设，促进高速铁路网络化格局的形成。完善南遂广城镇密集区和川南城镇密集区内部的高铁网络，尤其是要加快川南城镇密集区内自贡、泸州等城市的高铁线路建设，促进区域局部旅游经济圈的形成。加强除成德绵乐城市带外的纵向高铁线路的建设，发展以南充、遂宁、内江、自贡、宜宾（泸州）的纵向次要交通轴线，加强四川省南北区域之间

的旅游经济联系；把内江、遂宁建设为贯通四川省东西、南北两条交通轴线的旅游集散中心；通过建设成南达万高速铁路和增加成都—雅安的高铁车次等方式，提高达州、雅安与核心城市的交通连接能力和通达效率。建设乐山成为四川旅游交通“第二极”的枢纽作用，做好成都平原经济区旅游客流的承接、中转、输送作用，加强对川南经济区、攀西经济区的旅游经济辐射。以成渝地区双城经济圈建设国家战略为契机，完善成渝发展主轴沿线城市的高铁网络建设，改善成都→资阳→内江→重庆和成都→遂宁→南充→重庆构成的次要交通轴线的交通可达性，充分发挥资阳、内江和遂宁、南充的旅游节点作用，加强重庆和成都之间的旅游经济联系，发挥成都、重庆两大区域核心城市对沿线站点城市的旅游经济辐射作用，并通过重庆带动川东北和川南区域旅游经济的发展。

二、加强互联网信息技术应用，提升旅游产业信息化水平

以互联网为代表的现代信息技术的不断发展和在旅游行业的应用，为传统旅游行业的发展注入了新的动能，促使旅游企业在产品业态、经营形态、流通渠道、盈利模式等方面变革创新。应加强互联网信息技术在旅游产品的生产、经营、流通、消费等产业链环节的应用，提升区域旅游产业的信息化应用水平。进一步建设完善四川省文化和旅游大数据监测平台，各市（州）要建设本区域的旅游大数据云平台，并接入四川省文化与旅游大数据平台，与重庆市文化和旅游数据中心实现信息共享。各级旅游行政管理机构通过大数据平台及时准确地掌握游客的旅游活动信息和旅游企业的经营信息，实现旅游行业监管的过程管理和实时管理。大力发展旅游电子商务，使游客在旅游信息获取、旅游计划决策、旅游产品预订、旅游经历评价等环节中享受到信息技术带来的便利体验。借助网络平台与游客积极沟通，建立对游客的意见和建议的快速反馈机制，提高游客在川渝旅游的满意度。通过旅游舆情和大数据挖掘旅游热点和游客兴趣点，策划设计满足游客需求的旅游产品；利用自媒体、社交媒体、在线旅游平台等开展营销活动，提高旅游产品的信息

传播和经营流通效率，进而推动旅游行业的产品创新和营销创新。注重对互联网在线旅游点评数据的日常管理，提高旅游目的地的接待服务质量和游客满意度。推动区域内 A 级景区完善门票预订与在线预约功能，建设智慧导游、导览服务小程序，建设智慧旅游景区。

三、立足旅游网络搜索关注特征，提高旅游营销的针对性

旅游网络关注度在时间和空间上的分布差异，体现出不同时间段和不同区域对各地区旅游的潜在认知和需求情况。旅游信息网络搜索量与实际旅游接待人次存在显著的相关性，旅游信息流在时间上的淡旺季差异和空间上的区域差异，可为目的地提前预测旅游客流和识别主要客源流入地提供依据，根据网络搜索趋势制定灵活的营销方案。在时间上要进一步加强在传统旅游旺季的旅游营销，旅游淡季和平季时保持常规的营销力度即可，即在每年的 4—10 月保持旅游营销的高频次，要注重节假日来临前的提前营销；尤其是在“五一”“十一”“春节”黄金周前期，有计划、有组织地做好旅游系列主题宣传，强化旅游网络营销渠道的应用。在空间上旅游营销要有明确的指向性，要对区域内核心旅游目的地、旅游信息流强联系地区、空间相邻地区实行重点营销，提高旅游营销的针对性。通过策划周边游、周末游等精品旅游线路或产品，对周边邻近地区开展定期和不定期的旅游营销宣传活动，提高旅游目的地在周边地区的关注度。借助互联网传播媒介加大对川渝文化旅游的品牌输出，扩大区域旅游营销的网络流量，提高区域旅游的整体知名度，将网络流量转化为实际的旅游消费客流。加强在手机移动端的网络营销，不仅要与携程、去哪儿网、途牛等在线旅游平台合作，更要与美团生活、高德地图、腾讯地图等生活类平台进行合作，根据游客的实时位置进行旅游信息的即时推送。

四、利用地理空间邻近优势，发挥区域旅游发展协同效应

地理空间相邻对区域旅游协同发展起到了重要作用，空间相邻的地区开

展跨区域旅游合作的可能性较大。由于地理空间上的位置相邻，旅游资源要素流动的成本也较低，旅游信息流向邻近地区输入、输出的流量较高，旅游经济联系量也主要集中在邻近地区。区域旅游经济空间网络结构派系分析中，同处于一个派系的成员也大都空间相邻，派系成员间已经产生了一定的旅游合作基础。因此，要充分利用地区间的地理空间邻近优势，在旅游基础设施建设、旅游资源开发与规划、旅游线路设计与优化、旅游营销宣传与推广等方面开展区域旅游合作，推动景区间旅游公路的建设完善、行政边界线高品质旅游资源的联动开发、旅游线路景点的跨区域串联、旅游客源的互引互送互动、旅游形象的整体设计与整合营销等旅游协同发展效应的产生。处于川渝地理空间边缘位置的地区，要主动加强与邻近地区的旅游信息流与旅游经济空间联系，承载邻近地区或通过邻近地区承载区域核心旅游目的地的旅游信息流和旅游经济辐射。如雅安要主动对接成都、乐山，接受核心旅游经济圈层的客流辐射，通过乐山连接与川南城镇密集区及重庆方向的旅游辐射，并发挥好甘孜州和区域内其他市（州）旅游客流空间交互的中转枢纽作用；凉山州和攀枝花要合理利用独特的生态、民俗、康养、度假等旅游资源，做强攀西区域的旅游经济；阿坝州要主动对接成都、德阳、绵阳，接受成都都市圈的旅游辐射。

五、培育新型旅游业态产品，提高旅游目的地对客吸引力

新时代旅游消费需求呈现散客化、多元化、个性化、高端化的变化趋势，基于健康诉求的户外、生态、康养旅游成为游客新的消费热点，有着鲜明文化性格的网红城市成为年轻游客的打卡重地，以旅游景区为代表的传统旅游产品的游客吸引力在不断弱化。川渝地区旅游产业的发展要以新时代游客需求变化为驱动，创新培育新型旅游业态产品，提高旅游目的地的对客吸引力。发挥峨眉山、乐山大佛、大熊猫栖息地等世界遗产资源优势，打造主题研学、禅茶康养、高山户外等特色产品；发挥嘉陵江、古蜀道、古蜀文化等自然和人文资源优势，发展人文旅游、山水观光、康养旅游、红色旅游；发挥大足石刻、安岳

石窟等人文资源优势，深入挖掘成渝中部乡村旅游开发潜力，打造石窟艺术、涪江诗画、田园度假等特色产品；发挥大巴山、长江三峡、巴文化、红色文化等资源优势，发展自然观光、人文旅游、生态旅游、康养旅游、红色旅游、体育旅游；发挥武隆喀斯特、金佛山等世界遗产以及乌江流域自然生态和人文资源优势，打造乌江画廊、巴渝村寨、工业遗产等特色产品；发挥华蓥山、明月山红色文化资源和自然生态资源优势，开发红色旅游、生态旅游、康养旅游、山地避暑等旅游产品；发挥长江及其多条支流（岷江、赤水河、沱江等）自然风光，井盐、酿酒、彩灯、安陶、夏布等非物质文化遗产资源和特色产业优势，打造醉美酒乡、川盐古道、长征漫道等特色产品[142]。

六、优化旅游要素资源投放结构，提高旅游要素资源利用效率

持续较高的旅游要素资源投入，是四川省旅游产业发展效率提高的主要原因。先进科学技术的投入和在旅游产业的应用差异，引起四川省旅游产业发展综合效率存在差异，不少市（州）的旅游产业发展效率处于非 DEA 有效状态，旅游产业发展存在投入冗余和产出不足的非有效状态。技术进步的不明显和在旅游产业的应用不足，导致投入的旅游要素资源未充分发挥其规模效率，限制了区域旅游发展综合效率的提升。因此，旅游要素资源投放冗余的凉山州、南充、巴中、达州、广安等市（州），要注重优化旅游要素资源投放结构，避免旅游基础设施的无序建设、同类型旅游景区的过度开发、低品质星级酒店的盲目扩张，防止出现旅游供给能力过剩和资源闲置的情况；南充、绵阳、广元、广安、巴中、泸州、凉山州等产出不足的市（州），要加大对于先进生产技术和优秀旅游人才的引进和投入，提高旅游产业的生产、经营、管理效率，实现旅游要素资源的有效利用，推动旅游产业发展从粗放式向集约型转变。同时，引进国内外知名旅游集团及文化演艺、主题乐园等品牌企业在川各市（州）开展连锁经营，优化旅游市场主体的资本结构、治理能力和发展环境；以新技术、新业态、新服务为重点，培育一批具有竞争力、特色化、成长性的中小微旅游企业，发挥小微旅游企业在丰富旅游业态、创

新旅游产品、优化旅游服务等方面的发展潜力和竞争活力。

七、做好旅游经济角色分工，促进区域旅游经济协调发展

旅游空间网络结构与旅游发展绩效具有显著的相关性，旅游空间网络权力较大的地区吸引和辐射外部旅游要素资源的能力较强，通常具有较好的旅游发展业绩和旅游发展效率。区域旅游经济的协调发展，应明确各地区的旅游网络权力地位和旅游目的地的层次结构，做好旅游经济空间网络角色分工和旅游目的地发展定位。对于旅游经济空间网络核心节点的成都、重庆，要充分发挥其核心引擎的旅游聚集和辐射带动作用，建设世界旅游名城、国际消费中心城市、世界知名都市旅游目的地；完善成都、重庆与区域内其他地区的高铁网络建设，承接核心地区旅游要素资源的溢出效应，实现“双核”旅游经济发展从极化效应转向扩散效应。打造雅安—乐山—自贡—重庆、重庆—泸州—宜宾、遂宁—南充—广安—重庆、绵阳—遂宁—内江、成都—自贡—宜宾的纵横向旅游通道，提升自贡、内江、遂宁、乐山等重要旅游目的地的旅游集散和客流中转能力。川南城镇密集区的内江、自贡、宜宾、泸州均属于重要旅游目的地，地区之间的旅游经济联系较强，应进一步培育其成为成都都市圈、重庆都市圈外的区域旅游第三极。绵阳、德阳、眉山、广安、雅安等一般旅游目的地，应注重改善目的地的旅游服务供给能力，以增加游客在目的地的逗留时间。其他处于旅游经济空间网络的边缘旅游目的地，要加快交通基础设施的建设提高外部可进入性，提高与区域核心节点的旅游联系，加大旅游营销宣传力度提升目的地旅游吸引力。

参考文献

[1] 人民日报 . 深入实施区域协调发展战略 [EB/OL].(2023-02-21)[2023-06-05].http://www.qstheory.cn/qshyjx/2023-02/21/c_1129383411.htm.

[2] BELDONA S. Cohort analysis of online travel information search behavior：1995-2000[J].Journal of Travel Research, 2005, 44(2): 135-142.

[3] KOTLER.Marketing Management[M].Beijing: Tsinghua University Press, 2010.

[4] 苏勤 . 旅游学概论 [M]. 北京 : 高等教育出版社 , 2004.

[5] 曾可盈 , 周丽君 . 基于百度指数的东北三省 4A 级及以上景区网络关注度分析 [J]. 东北师大学报 (自然科学版), 2019, 51(1): 133-138.

[6] 黄金火 , 吴必虎 . 区域旅游系统空间结构的模式与优化——以西安地区为例 [J]. 地理科学进展 , 2005(1): 116-126.

[7] 卞显红 . 城市旅游空间结构研究 [J]. 地理与地理信息科学 , 2003(1): 105-108.

[8] 周慧玲 . 空间网络视角下省域旅游经济一体化区域的优选研究——以湖南省为例 [J]. 求索 , 2016(2): 123-127.

[9] PEARCE D.Tourist Districts in Paris: Structure and Functions[J].Tourism Resource Development &Market Management, 1998, 19(1): 49 — 65.

[10] FENNELL D A.Ecotourism[M].2nd ed.London: Routledge, 2003: 49-50.

[11] DREDGE D.Destination Place Planning and Design[J].Annals of Tourism Research, 1999, 26(4): 772-791.

[12] 杨曦，王兆峰．基于交通网络的湖南旅游流空间集聚与扩散测度研究 [J]. 地域研究与开发，2014, 33(4): 96-100.

[13] 杨新菊，吴晋峰，王奕祺．上海口岸入境外国旅游流的空间扩散和网络结构研究 [J]. 浙江大学学报 (理学版), 2014, 41(6): 696-702.

[14] 马晓龙，吴必虎．西安旅游区旅游流空间结构研究 [J]. 地理与地理信息科学，2004(5): 95-97.

[15] 方叶林，黄震方，涂玮．社会网络视角下长三角城市旅游经济空间差异 [J]. 热带地理，2013, 33(2): 212-218.

[16] 刘春．基于社会网络方法的中部地区城市群旅游空间结构研究 [J]. 世界地理研究，2015, 24(2): 167-176.

[17] 王泽宇，孙然，韩增林，等．环渤海地区滨海旅游经济空间联系变化特征的网络分析及机理研究 [J]. 海洋开发与管理，2013(10): 109-118.

[18] 陈浩，陆林，郑嬗婷．基于旅游流的城市群旅游地旅游空间网络结构分析——以珠江三角洲城市群为例 [J]. 地理学报，2011, 66(2): 257-266.

[19] 陈菁．海西城市群旅游空间网络结构分析 [J]. 科技和产业，2016, 16(4): 29-33.

[20] 尚雪梅，王国强．基于社会网络理论的区域旅游空间结构研究——以京津冀地区为例 [J]. 特区经济，2010(11): 66-68.

[21] 于洪雁，刘继生．基于流空间的东北地区城市旅游网络体系和空间结构研究 [J]. 商业时代，2016(1): 208-210.

[22] 周慧玲，许春晓．湖南旅游经济空间网络结构特征研究 [J]. 财经理论与实践，2015, 36(6): 126-131.

[23] 孙勇，史春云，唐雯雯，等．云南省旅游线路网络与空间结构特征 [J]. 人文地理，2016, 31(1): 147-153.

[24] 于洪雁，李秋雨，梅林，等．社会网络视角下黑龙江省城市旅游经济联系的空间结构和空间发展模式研究 [J]. 地理科学，2015, 35(11): 1429-1436.

[25] 冯晓兵．基于社会网络的川渝旅游经济空间结构特征分析 [J]. 乐山师范学院学报，2018, 33(11): 36-45.

[26] 王佳，何杰，项清．网络城市视角下的成渝城市群旅游经济空间网络特征[J]. 国土资源科技管理，2019, 36(3): 106–117.

[27] 冯晓兵．时间距离视域下成渝城市群旅游空间结构研究 [J]. 铁道运输与经济，2020, 42(10): 55–61.

[28] 谢正蕾，官永彬．成渝地区双城经济圈旅游经济联系的空间结构及驱动因素研究 [J]. 西南师范大学学报（自然科学版），2022, 47(12): 87–97.

[29] 刘大均，谢双玉，逯付荣，等．四川省优秀旅游城市空间结构分形研究 [J]. 长江流域资源与环境，2013, 22(3): 285–290.

[30] 周蓓．四川省航空旅游网络空间特征及其结构优化研究 [J]. 地理与地理信息科学，2008(1): 100–104.

[31] 郭凌，孙根紧．四川省 A 级旅游景区空间结构分析 [J]. 统计与决策，2015(24): 118–121.

[32] 唐雯雯，史春云，冯亮，等．基于旅游线路的 A 级景区空间结构研究——以四川省为例 [J]. 旅游研究，2016, 8(2): 75–81+88.

[33] 梅燕，颜梦琴．四川省 A 级旅游景点空间结构演变研究 [J]. 地理信息世界，2021, 28(3): 49–53.

[34] 杨国良，张捷，艾南山，等．旅游系统空间结构及旅游经济联系——以四川省为例 [J]. 兰州大学学报（自然科学版），2007(4): 24–30.

[35] 冯晓兵，郑元同，郭剑英．四川省旅游经济空间网络结构优化研究 [J]. 西华大学学报（哲学社会科学版），2017, 36(3): 71–78.

[36] 崔永慧．川渝旅游合作的模式选择与保障机制分析 [D]. 重庆：重庆工商大学，2010.

[37] 鲁宜苓，孙根年，刘焱，等．区域旅游双核结构与川渝地区旅游协同发展[J]. 资源开发与市场，2021, 37(11): 1388–1393.

[38] 唐志浩．成渝地区双城经济圈旅游产业与区域经济耦合协调发展研究[D]. 成都：西华大学，2023.

[39] 廉梦柯．成渝城市群高铁与旅游业的耦合协调及旅游效率研究 [D]. 石家庄：石家庄铁道大学，2021.

[40] 孙婉颖 . 成渝城市群交通优势度与旅游地空间格局耦合研究 [D]. 南京师范大学 , 2021.

[41] 史春云 , 张捷 , 尤海梅 , 等 . 四川省旅游区域核心—边缘空间格局演变 [J]. 地理学报 , 2007(6): 631-639.

[42] 耿宇 , 杜文 . 四川旅游资源交通系统综合布局分析 [J]. 交通运输工程与信息学报 , 2008(1): 61-64.

[43] 王领 . 基于生态位理论的旅游发展空间格局研究——以四川省为例 [D]. 成都 : 四川师范大学 , 2018.

[44] 张舒宁 , 李勇泉 , 阮文奇 . 成渝经济区旅游发展效率测度及其影响因素研究 [J]. 资源开发与市场 , 2017, 33(12): 1523-1528.

[45] 李想 , 刘春霞 , 李月臣 . 成渝地区双城经济圈旅游经济空间溢出效应 [J]. 资源开发与市场 , 2021, 37(6): 753-760.

[46] 周贝婕 . 川渝地区区域性旅游经济合作发展竞争力研究 [J]. 科技经济市场 , 2021(4): 104-106.

[47] 杨红 , 胡志毅 . 成渝双城经济圈旅游联动开发模式研究 [J]. 四川旅游学院学报 , 2021(3): 60-64.

[48] 叶沐阳 . 交通基础设施对川渝地区旅游经济发展的影响研究 [D]. 厦门 : 厦门大学 , 2019.

[49] 徐乙尹 . 四川旅游产业竞争力提升研究 [D]. 成都 : 西南财经大学 , 2010.

[50] 方澜 . 四川区域旅游竞争力提升策略思考 [J]. 企业经济 , 2010(05): 132-134.

[51] 景光裕 . 四川旅游发展对区域经济影响研究 [D]. 成都 : 四川师范大学 , 2012.

[52] 聂桢祯 . 四川省旅游业对区域经济增长的影响研究 [D]. 咸阳 : 西北农林科技大学 , 2013.

[53] 董子容 , 杨霞 , 徐邓耀 . 四川五大经济区旅游产业与区域经济耦合分析 [J]. 内江师范学院学报 , 2020, 35(12): 66-71.

[54] 杨风 , 李继红 . 旅游经济空间差异研究——以四川为例 [J]. 西部经济管理

论坛 , 2018, 29(1): 72–81.

[55] 陈志峰 . 重庆和四川区域旅游合作的 SWOT 分析 [J]. 改革与开放 , 2008(12): 9–11.

[56] 武光 , 王清雨 , 张海龙 . 重庆与四川旅游合作研究 [J]. 重庆师范大学学报 (自然科学版), 2008(3): 81–85.

[57] 丁向华 . 四川与云南两省开展区域旅游合作的探讨 [J]. 乐山师范学院学报 , 2009, 24(1): 104–105.

[58] 任鹏飞 . 川渝地区旅游合作博弈与对策研究 [J]. 当代经济 , 2020(7): 85–87.

[59] 徐明 , 谢彦君 . 旅游学概论 [M]. 北京 : 国际文化出版公司 , 1995: 59.

[60] 任瑞萍 . 五台山风景名胜区旅游流空间结构研究 [J]. 山地学报 , 2020, 38(3): 461–472.

[61] 冯晓兵 . 中国民宿网络关注时空特征及影响因素研究 [J]. 世界地理研究 , 2022, 31(1): 154–165.

[62] 阮文奇 . 区域旅游信息流——空间网络、动力机制与溢出效应 [D]. 泉州 : 华侨大学 , 2019.

[63] 周慧玲 , 许春晓 . 中国城市旅游信息流空间网络结构特征分析 [J]. 统计与决策 , 2019, 35(20): 91–94.

[64] 汪秋菊 , 黄明 , 刘宇 . 城市旅游客流量—网络关注度空间分布特征与耦合分析 [J]. 地理与地理信息科学 , 2015, 31(5): 102–106.

[65] 李啸虎 , 施谌谌 , 王立明 , 等 . 网络旅游信息流对国内旅游流影响的空间效应——基于中国省域空间面板计量模型的研究 [J]. 西北师范大学学报 (自然科学版), 2022, 58(5): 119–126.

[66] 路紫 , 刘娜 , ZUI Z. 澳大利亚旅游网站信息流对旅游人流的导引 : 过程、强度和机理问题 [J]. 人文地理 .2007(5): 88–93.

[67] 钟业喜 , 吴思雨 , 冯兴华 , 等 . 多元流空间视角下长江中游城市群网络结构特征 [J]. 江西师范大学学报 (哲学社会科学版), 2020, 53(2): 47–55.

[68] 张广海 , 袁洪英 . 中国城市旅游信息流空间网络格局及其复杂性 [J]. 经

济地理, 2023, 43(1): 197-205.
[69] 吴睿怡, 史春云, 宋祝建, 等. 长三角城市旅游信息流网络结构及影响因素 [J]. 江苏师范大学学报 (自然科学版), 2020, 38(2): 61-66.
[70] 刘利利, 杨秀平, 王里克, 等. 甘肃省旅游信息流影响因素研究 [J]. 地域研究与开发, 2022, 41(2): 101-106.
[71] 龙茂兴, 孙根年, 马丽君, 等. 区域旅游网络关注度与客流量时空动态比较分析——以四川为例 [J]. 地域研究与开发, 2011, 30(3): 93-97.
[72] 马莉, 刘培学, 张建新, 等. 景区旅游流与网络关注度的区域时空分异研究 [J]. 地理与地理信息科学, 2018, 34(2): 87-93.
[73] 刘玉芳, 王爱忠, 王春宝. 贵州省旅游网络关注度与游客客流量时空相关分析 [J]. 桂林理工大学学报, 2020, 40(2): 450-456.
[74] 田董炜, 仇阿根, 陈岳涛, 等. 旅游目的地网络关注度与关注重心的时空变化——以南京市为例 [J]. 亚热带资源与环境学报, 2018, 13(2): 54-63.
[75] 丁鑫, 汪京强, 李勇泉. 基于百度指数的旅游目的地网络关注度时空特征与影响因素研究——以厦门市为例 [J]. 资源开发与市场, 2018, 34(5): 709-714.
[76] 蒯步青, 史春云, 吴睿怡. 淮海经济区城市旅游网络关注度时空动态分析 [J]. 旅游研究, 2019, 11(3): 46-56.
[77] 马丽君, 张家凤. 旅游危机事件网络舆情传播时空演化特征与机理——基于网络关注度的分析 [J]. 旅游导刊, 2019, 3(6): 26-47.
[78] 刘嘉毅, 陈玲, 陈玉萍. 旅游舆情网络关注度时空演变特征与影响因素 [J]. 地域研究与开发, 2019, 38(1): 88-94.
[79] 林炜铃, 邹永广, 郑向敏. 旅游安全网络关注度区域差异研究——基于中国 31 个省市区旅游安全的百度指数 [J]. 人文地理, 2014, 29(6): 154-160.
[80] 邹永广, 林炜铃, 郑向敏. 旅游安全网络关注度时空特征及其影响因素 [J]. 旅游学刊, 2015, 30(2): 101-109.
[81] 王章郡, 方忠权, 杜坤. 中国自驾车旅游网络空间关注度的时空演变——基于 Google 搜索解析的分析 [J]. 地域研究与开发, 2011, 30(5): 112-117.

[82] 孙伟宇 . 中国工业旅游网络关注度研究 [D]. 上海 : 上海师范大学 , 2014.

[83] 何小芊 , 刘宇 , 吴发明 . 基于百度指数的温泉旅游网络关注度时空特征研究 [J]. 地域研究与开发 , 2017, 36(1): 103-108.

[84] 郝诗雨 , 赵媛 . 中国邮轮旅游网络关注度的时空格局及影响因素研究 [J]. 首都师范大学学报 (自然科学版), 2019, 40(2): 69-78.

[85] 刘若鹏 . 中国研学旅行网络关注度时空特征及影响因素分析 [D]. 成都 : 四川师范大学 , 2022.

[86] 马静 . 中国红色旅游网络关注度的时空分异及其影响因素研究 [D]. 乌鲁木齐 : 新疆大学 , 2020.

[87] OKADA H.Features and economic and social effects of the Shinkansen[J]. Japan Railway& Transport Review, 1994(3): 9-16.

[88] REG H.High speed trains and the development and regeneration of cities[J]. London: Green gauge 21, 2006, 6: 5-126.

[89] GUTIERREZ J.Location economic potential and daily accessibility: an analysis of the accessibility impact of the high-speed line Madrid-Bardelona-French border[J].Journal of Transport Geography, 2001, 9(4): 229-24.

[90] Givoni M.Development and impact of the modern high- speed train: A review[J].Transport Reviews, 2006, 26(5): 593-611.

[91] Reg H.High speed trains and the development and regeneration of cities[J]. London: Green gauge 21, 2006, 6: 5-126.

[92] JAVIER G.Location economic potential and daily accessibility: an analysis of the accessibility impact of the high-speed line Madrid-Barcelona French border[J].Journal of Transport Geography, 2001, 9(4): 229-242.

[93] RANDOLPH S.California High-speed Rail: Economic Benefits and Impacts in the San Francisco Bay Area[R].San Francisco, USA: Bay Area Council Economic Institute, 2008.

[94] 汪德根, 钱佳, 牛玉. 高铁网络化下中国城市旅游场强空间格局及演化 [J].

地理学报, 2016, 71(10): 1784-1800.

[95] Guo, J.; Wang, S.; Li, B.; et al. The spatial effect of Harbin-Dalian high-speed rail to the northeast city tourism economic link. Scientia Geographica Sinica, 2016, 36: 521-529.

[96] WANGD, WANGL, ChRNT, et al.HSR mechanisms and effects on the spatial structure of regional tourism in China[J]. Journal of Geographical Sciences, 2016, 26(12): 1725-1753.

[97] JAVIER G, RAFAEL G, Gabriel Gdmez.The European high-speed train network, predicted effects on accessibility patterns[J].Journal of Transport Gevgraph, 1996, 4: 227-238.

[98] 杨莎莎, 邓闻静. 高铁网络下的中国十大城市群旅游交通格局及其经济联系的比较研究 [J]. 统计与信息论坛, 2017, 32(4): 102-110.

[99] MASSON S, PETIOT R.Can the high speed rail reinforce tourism attractiveness?The case of the high speed rail between Perpignan(France)and Barcelona(Spain)[J/OL].Technovation, 2009, 29(9): 611-617.

[100] 王帮娟, 姜博, 王爽, 等. 哈大高铁影响下沿线区域空间演变特征研究——基于旅游视角的分析 [J]. 资源开发与市场, 2017, 33(12): 1519-1522.

[101] 郑德高, 杜宝东. 寻求节点交通价值与城市功能价值的平衡——探讨国内外高铁车站与机场等交通枢纽地区发展的理论与实践 [J]. 国际城市规划, 2007, 22(1): 72-76.

[102] WANG X, HUANG S, ZOU T, et al.Effects of the high speed rail network on China’s regional tourism development[J/OL].Tourism Management Perspectives, 2012, 1(1): 34-38.

[103] 冯英杰, 汤澍. 高速铁路对江苏省城市旅游经济联系的影响研究 [J]. 江苏科技信息, 2020, 37(7): 68-73.

[104] 李浩丹. 大西高铁对沿线区域交通可达性及旅游经济的影响 [D]. 太原: 山西师范大学, 2018.

[105] 叶茂, 王兆峰. 武陵山区交通通达性与旅游经济联系的耦合协调分析 [J]. 经济地理, 2017, 37(11): 213-219.

[106] 穆成林, 陆林, 黄剑锋, 等. 高铁网络下的长三角旅游交通格局及联系研究 [J]. 经济地理, 2015, 35(12): 193-202.

[107] 孟德友, 陆玉麒. 基于铁路客运网络的省际可达性及经济联系格局 [J]. 地理研究, 2012, 31(1): 107-122.

[108] 李一曼, 陈斌, 孙平军, 等. 路网演化对旅游空间结构的影响及其耦合关系——以浙江为例 [J]. 地域研究与开发, 2019, 38(4): 80-84.

[109] 叶茂, 王兆峰. 武陵山区交通通达性与旅游经济联系的耦合协调分析 [J]. 经济地理, 2017, 37(11): 213-.

[110] 郭向阳, 穆学青, 明庆忠, 等. 旅游地快速交通优势度与旅游流强度的空间耦合分析 [J]. 地理研究, 2019, 38(5): 1119-1135.

[111] 郭向阳, 穆学青, 明庆忠. 云南省旅游经济与交通系统耦合空间态势分析 [J]. 经济地理, 2017, 37(9): 200-206.

[112] 王永明, 马耀峰. 城市旅游经济与交通发展耦合协调度分析——以西安市为例 [J]. 陕西师范大学学报 (自然科学版), 2011, 39(1): 86-90.

[113] 毕丽芳. 区域旅游经济与交通业耦合协调发展的时空分异研究——以我国西南地区为例 [J]. 资源开发与市场, 2017, 33(8): 1001-1004.

[114] 罗金阁, 张博, 刘嗣明. 粤港澳大湾区交通可达性与旅游经济联系空间关系 [J]. 经济地理, 2020, 40(10): 213-220.

[115] 王新越, 刘晓艳. 黄河流域旅游城市交通可达性与旅游经济联系动态演变研究——以青岛为例 [J]. 中国海洋大学学报 (社会科学版), 2021(6): 61-71.

[116] ZIPF G K.The P1 P2/D hypothesis: On the intercity movement of persons[J]. America Sociological Review, 1946(6): 677-686.

[117] 吴志才, 张凌媛, 黄诗卉. 粤港澳大湾区旅游经济联系的空间结构及协同合作模式 [J]. 地理研究, 2020, 39(6): 1370-1385.

[118] 周慧玲, 许春晓. 湖南旅游经济空间网络结构特征研究 [J]. 财经理论与

实践, 2015, 36(6): 126-131.

[119] 李航飞, 韦素琼, 陈松林. 海峡西岸经济区市域经济网络结构及成因分析 [J]. 经济地理, 2017, 37(7): 63-70.

[120] 虞虎, 陈田, 陆林, 等. 江淮城市群旅游空间网络空间结构与空间发展模式 [J]. 地理科学进展, 2014, 33(2): 169-180.

[121] 李勇泉, 阮文奇. 中国西部经济区旅游空间网络时空演化及影响因素——以“十二五”期间成渝经济区为例 [J]. 资源开发与市场, 2018, 34(5): 698-702.

[122] 尹建军, 曹雪静, 杨雯惠, 等. 大别山区旅游经济联系空间结构特征及驱动因素 [J]. 华中师范大学学报 (自然科学版), 2022, 56(1): 201-210.

[123] 王凯, 甘畅, 杨亚萍, 等. 长江中游城市群市域旅游空间网络结构演变及其驱动因素 [J]. 地理与地理信息科学, 2019, 35(5): 118-125.

[124] 黄睿, 王坤, 黄震方, 等. 绩效视角下区域旅游发展格局的时空动态及耦合关系——以泛长江三角洲为例 [J]. 地理研究, 2018, 37(5): 995-1008.

[125] 陈浩, 陆林, 郑嫱婷. 珠江三角洲城市群旅游空间格局演化. 地理学报, 2011, 66(10): 1427-1437.

[126] 秦伟山, 张义丰, 李世泰. 中国东部沿海城市旅游发展的时空演变 [J]. 地理研究, 2014, 33(10): 1956-1965.

[127] 方世敏, 黄琰. 长江经济带旅游效率与规模的时空演化及耦合协调 [J]. 地理学报, 2020, 75(8): 1757-1772.

[128] 邓洪波, 陆林. 基于 DEA 模型的安徽省城市旅游效率研究 [J]. 自然资源学报, 2014(2): 313-323.

[129] 张舒宁, 李勇泉, 阮文奇. 成渝经济区旅游发展效率测度及其影响因素研究 [J]. 资源开发与市场, 2017, 33(12): 1523-1528.

[130] 曹芳东, 黄震方, 徐敏, 等. 风景名胜区旅游效率及其分解效率的时空格局与影响因素：基于 Bootstrap- DEA 模型的分析方法 [J]. 地理研究, 2015, 34(12): 2395-2408.

[131] 方叶林, 黄震方, 李东和, 等. 中国省域旅游业发展效率测度及其时空

演化 [J]. 经济地理 , 2015(8): 189−195.

[132] 李瑞 , 吴殿廷 , 殷红梅 , 等 .2000 年以来中国东部四大沿海城市群城市旅游业发展效率的综合测度与时空特征 [J]. 地理研究 , 2014(5): 961−977.

[133] 曹芳东 , 黄震方 , 吴江 , 等 . 城市旅游发展效率的时空格局演化特征及其驱动机制 : 以泛长江三角洲地区为例 [J]. 地理研究 , 2012, 31(8): 1431−1444.

[134] 马晓龙 , 保继刚 . 中国主要城市旅游效率的区域差异与空间格局 [J]. 人文地理 , 2010, 25(1): 105−110.

[135] LI R, GUO Q, WU D, et al.Spatial characteristics of development efficiency for urban tourism in eastern China: A case study of six coastal urban agglomerations[J]. Journal of Geographical Sciences, 2014, 24(6): 1175−1197.

[136] 梁明珠 , 易婷婷 , Bin Li. 基于 DEA−MI 模型的城市旅游效率演进模式研究 [J]. 旅游学刊 , 2013, 28(5): 53−62.

[137] 曹芳东 , 黄震方 , 徐敏 , 等 . 风景名胜区旅游效率及其分解效率的时空格局与影响因素 : 基于 Bootstrap− DEA 模型的分析方法 [J]. 地理研究 , 2015, 34(12): 2395−2408.

[138] 魏俊 , 胡静 , 朱磊 , 等 . 鄂皖两省旅游发展效率时空演化及影响机理 [J]. 经济地理 , 2018, 38(8): 187−195.

[139] 尹建军 , 曹雪静 , 杨雯惠 , 等 . 大别山区旅游经济联系空间结构特征及驱动因素 [J]. 华中师范大学学报 (自然科学版), 2022, 56(1): 201−210.

[140] 王宁宁 , 陈锐 , 赵宇 . 基于网络分析的城市信息空间与经济空间的综合研究 [J]. 地理与地理信息科学 , 2018(4): 60−68.

[141] 中华人民共和国文化和旅游部 . 文化和旅游部　国家发展改革委　重庆市人民政府　四川省人民政府关于印发《巴蜀文化旅游走廊建设规划》的通知 [EB/OL].(2022−05−22)[2022−05−22].https://zwgk.mct.gov.cn/zfxxgkml/zykf/202205/t20220526_933202.html.

项目策划：段向民
责任编辑：沙玲玲
责任印制：钱　宬
封面设计：弓　娜

图书在版编目（CIP）数据

区域旅游经济空间结构、产业绩效与协调发展研究 / 冯晓兵著 . -- 北京 : 中国旅游出版社，2024. 11.
ISBN 978-7-5032-7484-8

Ⅰ. F592.77

中国国家版本馆 CIP 数据核字第 2024KP6480 号

书　　名：区域旅游经济空间结构、产业绩效与协调发展研究

作　　者：冯晓兵
出版发行：中国旅游出版社
（北京静安东里 6 号　邮编：100028）
https://www.cttp.net.cn　E-mail:cttp@mct.gov.cn
营销中心电话：010-57377103，010-57377106
读者服务部电话：010-57377107
排　　版：北京旅教文化传播有限公司
经　　销：全国各地新华书店
印　　刷：北京工商事务印刷有限公司
版　　次：2024 年 11 月第 1 版　2024 年 11 月第 1 次印刷
开　　本：720 毫米 × 970 毫米　1/16
印　　张：14.75
字　　数：234 千
定　　价：49.80 元
I S B N　978-7-5032-7484-8